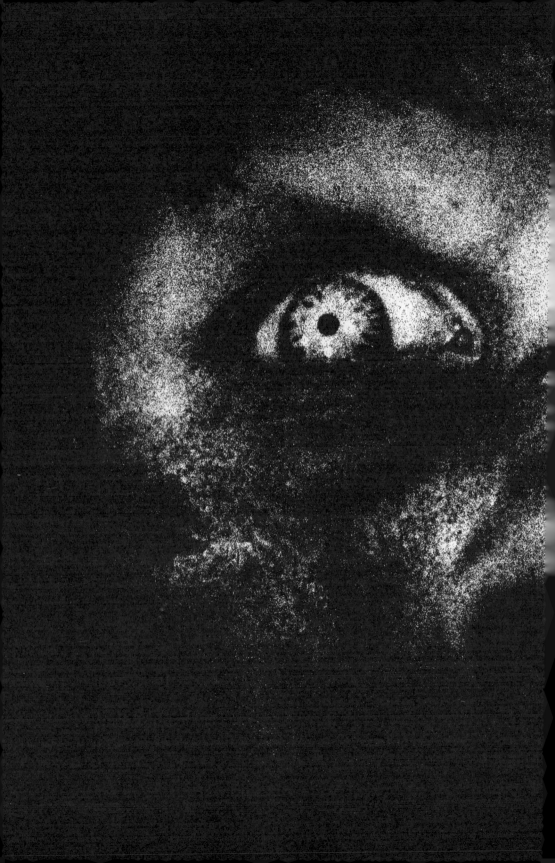

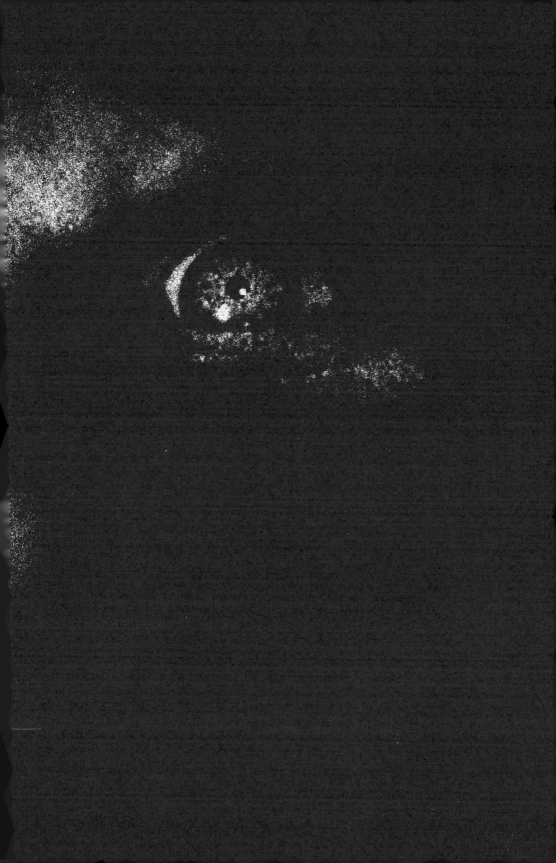

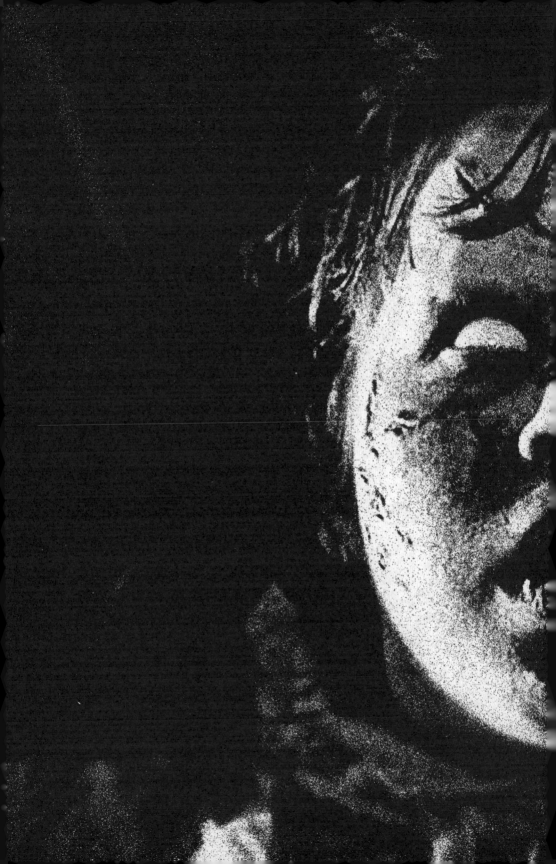

THE EXORCIST

DIRECTED BY WILLIAM FRIEDKIN

WINNER O...
TH...
THE NUMBER...

THE...
STARRING ELL...
LEE...

THE EXORCIST: BFI FILM CLASSICS
© Mark Kermode 1997, 1998, 2003, 2020.

Todas as imagens são de propriedade do BFI. As demais fotografias de *O Exorcista* são de propriedade da Warner Bros./Hoya Productions. Componentes do projeto gráfico foram licenciados em © Warner Bros. Pictures/Sunset Boulevard/Corbis; © Warner Bros./Courtesy of Getty Images / This photograph was the one used in the advertising campaign for the film; © Frank Barrat/Keystone/Getty Images; © Shutterstock; © Freepik Images; © Michael Ochs Arquives; © Larry Ellis/ Express; © Frank Edwards/Fotos International; © Alan Band/Keystone; © Silver Screen Collection; © Warner Bros. Pictures/Sunset Boulevard/Corbis

Tradução para a língua portuguesa
© Leandro Durazzo, 2023

O Exorcista: Um Olhar Amoroso
Curiosidades e Descobertas Sobrenaturais do Captain Howdy
© Marcia Heloisa, 2023

A Quem Recorrer em Caso de Possessão Demoníaca
© Renan Santos, 2023

Diretor Editorial
Christiano Menezes

Diretor Comercial
Chico de Assis

Diretor de MKT e Operações
Mike Ribera

Diretora de Estratégia Editorial
Raquel Moritz

Gerente Comercial
Fernando Madeira

Coordenadora de Supply Chain
Janaina Ferreira

Gerente de Marca
Arthur Moraes

Gerente Editorial
Bruno Dorigatti

Editora
Marcia Heloisa

Capa e Ilustrações
Retina 78 e Vitor Willeman

Projeto Gráfico
Retina 78

Coordenador de Arte
Eldon Oliveira

Coordenador de Diagramação
Sergio Chaves

Finalização
Sandro Tagliamento

Preparação
Isadora Torres

Revisão
Francylene Silva
Retina Conteúdo

DADOS INTERNACIONAIS DE CATALOGAÇÃO NA PUBLICAÇÃO (CIP)
Jéssica de Oliveira Molinari - CRB-8/9852

Kermode, Mark
   O exorcista : segredos e devoção / Mark Kermode; tradução Leandro Durazzo. — Rio de Janeiro : DarkSide Books, 2023.
   320 p. : il.

   ISBN: 978-65-5598-312-8 (Dark Edition)
            978-65-5598-311-1 (Slime Edition)
   Título original: The Exorcist: BFI Film Classics

   1. O exorcista (Filme) 2. Terror I. Título II. Durazzo, Leandro

23-4840   CDD 791.43
23-4841
            Índice para catálogo sistemático:
                 1. O exorcista (Filme)

[2023]
Todos os direitos desta edição reservados à
DarkSide® Entretenimento LTDA.
Rua General Roca, 935/504 — Tijuca
20521-071 — Rio de Janeiro — RJ — Brasil
www.darksidebooks.com

CLÁSSICOS DO CINEMA BFI

Escrito por MARK KERMODE

O EXORCISTA
SEGREDOS & DEVOÇÃO

Traduzido por LEANDRO DURAZZO

DARKSIDE

Agradecimentos

A menos que se informe o contrário, todas as citações a seguir, do capítulo 1 ao 4, foram extraídas de entrevistas que conduzi entre 1989 e 1997. Para esta nova edição foram incluídas entrevistas concedidas de 1998 a 2000 aos capítulos seguintes, ao apêndice e às notas. Agradeço a William Peter Blatty, cujo livro *O Exorcista*, bem como seus comentários sobre o filme — publicados em *William Peter Blatty on The Exorcist: From Novel to Film* —, foram fonte de muitas citações, e a William Friedkin, cujo apoio e incentivo tornaram esta obra possível. Agradecimentos especiais a Linda Blair por sua ajuda e colaboração constante ao longo dos anos; ao reverendo Thomas Bermingham S.J., a Ellen Burstyn, Terence A. Donnelly, Buzz Knudson, Bill Malley, Jason Miller, Ron Nagle, reverendo William O'Malley S.J., Mercedes McCambridge, Owen Roizman, Nat Segaloff, Dick Smith, Bud Smith, Marcel Vercoutere e Max von Sydow, cujas contribuições foram de vital importância para este livro; a Nick Freand Jones, responsável por *The Fear of God*; a Nigel Floyd, Alan Jones e Tony Timpone, pelas orientações jornalísticas; e a Tim Lucas, cujo indispensável *Video Watchdog* deu o pontapé inicial nesta estranha jornada. Por fim, agradeço a Rob White e a Tom Cabot, da BFI Publishing, pelo entusiasmo e profissionalismo, e a Linda Ruth Williams por seu amor e paciência.

Para Linda Ruth Williams
e em memória de William Peter Blatty
e William Friedkin

EXORCIST

DIRECTED BY WILLIAM FRIEDKIN

Clássicos do Cinema BFI

A série Clássicos do Cinema BFI apresenta, analisa e celebra os grandes marcos do mundo cinematográfico. Cada volume defende o *status* de "clássico" de seu filme correspondente, aliando a essa defesa uma discussão sobre o histórico de produção e de recepção da obra, seu lugar em determinado gênero cinematográfico ou no panorama de produções de seu país, comentários acerca de sua importância técnica e estética e, em muitos casos, a visão do próprio autor com relação ao impacto que o filme lhe tenha causado. Uma coleção fundamental para todos os amantes da Sétima Arte, agora no Brasil em uma parceria entre o BFI e a DarkSide® Books.

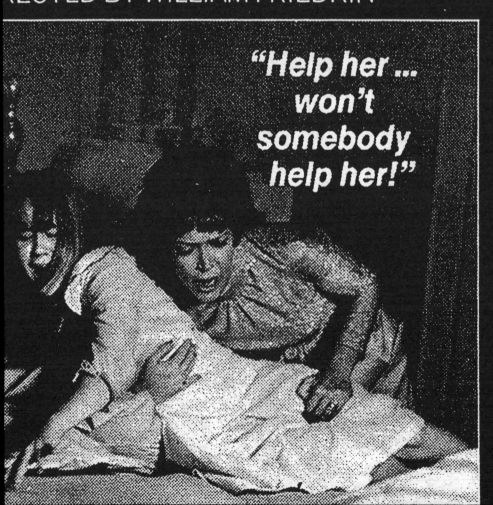

SUMÁRIO

NOTA SOBRE A
EDIÇÃO DEFINITIVA *.19*

PRÓLOGO *.21*
O INÍCIO *.27*
O LIMIAR *.41*
O ABISMO *.63*
Sl. 118:169 *.93*
EPÍLOGO *.123*
APÊNDICE: SESSÃO DUPLA
À MEIA-NOITE *.155*

BIBLIOGRAFIA *.168*
NOTAS *.170*

O EXORCISTA:
UM OLHAR AMOROSO *.177*

CURIOSIDADES E DESCOBERTAS
SOBRENATURAIS DO
CAPTAIN HOWDY *.180*

CRÉDITOS *.298*

A QUEM RECORRER EM CASO
DE POSSESSÃO DEMONÍACA *.303*

ORAÇÃO DA MEDALHA
DE SÃO BENTO *.315*

DARKSIDE
WILLIAM PETER BLATTY'S
THE EXORCIST

Ritual of Exorcism Repeated

Priest Frees Mt. Rainier Boy Reported Held in Devil's Grip

By Bill Brinkley
Post Reporter

In what is perhaps one of the most remarkable experiences of its kind in recent religious history, a 14-year-old Mount Rainier boy has been freed by a Catholic priest of possession by the devil, Catholic sources reported yesterday.

Only after between 20 and 30 performances of the ancient ritual of exorcism, here and in St. Louis, was the devil finally cast out of the boy, it was said.

In all except the last of these, the boy broke into a violent tantrum of screaming, cursing and voicing of Latin phrases—a language he had never studied—whenever the priest reached the climactic point of the ritual, "In the name of the Father, the Son and the Holy Ghost, I cast thee (the devil) out."

In complete devotion to his task, the priest stayed with the boy over a period of two months, during which he said he personally witnessed such manifestations as the bed in which the boy was sleeping suddenly moving across the room.

A Washington Protestant minister had previously reported personally witnessing similar manifestations, including one in which and fell over, throwing the boy on the floor.

The final rite of exorcism in which the devil was cast from the boy took place in May, it was reported, and since then he has had no manifestations.

A priest here voiced the belief that it was probably the first casting out of the devil through the ritual in at least a century of Catholic activities here and perhaps in the entire history of the church in this area.

The ritual in its present form goes back 1500 years and from there to Jesus Christ.

But before it was undertaken, said a priest here, all medical and psychiatric means of curing the boy—in whose presence such manifestations as fruit jumping up from the refrigerator top in his home and hurling itself against the wall also were reported—were exhausted.

The boy was taken to Georgetown University Hospital here, where his affliction was exhaustively studied, and to St. Louis University. Both are Jesuit institutions.

Nota Sobre a Edição Definitiva

Quando a primeira edição deste livro foi publicada em 1997, havia apenas uma versão autorizada de *O Exorcista*: o corte de duas horas projetado originalmente nos cinemas em 1973. O paradeiro das chamadas "cenas perdidas" era, à época, fonte de especulação e controvérsia entre o escritor e produtor William Peter Blatty, que se recordava de uma versão melhor e mais longa de *O Exorcista*, e o diretor William Friedkin, que insistia no fato de que a versão "finalizada" era definitiva. Na edição anterior do livro que vocês agora têm em mãos, eu especulava sobre a natureza das tais "cenas perdidas" de que Blatty se lembrava, mas que seguiam sumidas e encobertas em mistério.

Em 1998, ao pesquisar para o documentário *The Fear of God*, da BBC, pude reconstituir muitas dessas cenas a partir de tomadas recém-descobertas, material que discuti em um novo epílogo presente na segunda edição. Por fim, no ano 2000, a despeito de toda a resistência anterior, Friedkin produziu uma nova versão de *O Exorcista*, agora com 132 minutos de duração, incluindo cenas que antes cortara por considerá-las "redundantes". A "Segunda Edição Revista" deste livro apresenta um epílogo especialmente escrito com detalhes de *O Exorcista: A Versão Que Você Nunca Viu* (*The Exorcist: The Version You've Never Seen*), assim como houve uma nova atualização nas notas para dar conta das pesquisas mais recentes. Contudo, a fim de preservar a integridade do texto original, e para ressaltar a atitude volátil de Friedkin com relação a esse material, o prólogo e os capítulos de 1 a 4 permanecem inalterados desde 1997.

O debate Friedkin/Blatty, de 1998, que já aparecia na versão original da segunda edição, surge aqui como um apêndice.

À esquerda, The Washington Post, *20 de agosto de 1949*

PRÓLOGO

No início dos anos 1970, os Estados Unidos eram uma nação tomada por ansiedade. As tensões sociais, raciais e geracionais eram constantes. Não muito tempo havia passado desde que a Força Aérea enviara mantimentos a uma multidão extasiada com o festival de Woodstock, e logo a Guarda Nacional já estava alvejando universitários que protestavam contra a Guerra do Vietnã. Os hippies, antes tolerados, viram-se de repente associados à mesma má reputação de Charles Manson, cultista assassino responsável por fazer cabelos bagunçados, sexo e drogas se tornarem sinônimos de crimes brutais e sacrifício pagão. A morte de Meredith Hunter no Altamont Free Festival, em 1969, deixou uma geração inteira de *bichos-grilos* se perguntando o que teria acontecido com toda aquela história de paz e amor com a qual pretendiam salvar o mundo. O próprio governo vinha se mostrando indefensável, com o presidente Richard Nixon cada vez mais associado a esquemas suspeitos, até mesmo criminosos. Já no final de 1973, a presidência estava a ponto de implodir, os veteranos mutilados do Vietnã podiam ser vistos por todos os lados e a única coisa que os Estados Unidos conseguiam exportar com sucesso era a paranoia.

Por volta dessa mesma época, uma tempestade mais sutil se formava na Europa: o papa Paulo VI comunicara sua profunda preocupação com as influências demoníacas que operavam no mundo moderno.

Em 15 de novembro de 1972, ele declarou:

> "O mal não é apenas uma ausência, mas um agente eficaz, uma entidade viva e espiritual, perversa e pervertida. Uma horrível realidade. [...] Sabemos, pois, que esse espírito obscuro e perturbador de fato existe, e que segue agindo por traiçoeiros estratagemas; é ele o inimigo que semeia equívocos e desgraças na história humana. A questão do Diabo, e a influência que é capaz de exercer tanto sobre indivíduos quanto comunidades [...] é tema de suma importância para a doutrina católica e tem sido pouco considerado atualmente, devendo ser estudado outra vez."[1]

Foi em meio a essa insatisfação social e religiosa que *O Exorcista* estreou nos Estados Unidos, um dia depois do Natal de 1973 — um ano após o controverso pronunciamento do papa e apenas sete meses antes da Câmara dos Representantes dar início a um processo de impeachment contra Richard Nixon, tornando-o o primeiro presidente da história dos Estados Unidos a renunciar ao cargo. Produzido por um grande estúdio, adaptado de um romance best-seller e dirigido por um cineasta vencedor do Oscar, *O Exorcista* tinha tão pouca semelhança com os filmes de horror gótico dos anos 1960 quanto Nixon tinha com relação a John Kennedy. Evitando os maneirismos rocambolescos típicos da produtora Hammer, o filme retratava um mundo moderno e urbano bastante crível, subitamente perturbado por um mal antigo e obsceno. A audiência pôde ver, pela primeira vez no circuito comercial, a representação visual do maior sacrilégio já cometido contra o que, até então, era considerado íntegro e bom a respeito do moribundo "Sonho Americano" — o lar, a família, a igreja e, ainda mais chocante, a infância.

Embora filmes como *O Bebê de Rosemary*, de Roman Polanski, já tivessem brincado com tais conceitos, nenhum chegara perto de se igualar à violência explícita e visceral de *O Exorcista*. Só ele nos deu cenas de uma jovem branca e norte-americana urinando no chão de sua casa de classe média, vomitando no clérigo da paróquia, espancando e humilhando a própria mãe, profanando artefatos religiosos e pronunciando obscenidades que fariam até mesmo o comediante Lenny Bruce corar — tudo isso envolto em uma produção cinematográfica experiente e explosiva, que contava com edição de vídeo e de som avançadíssimas para mergulhar profundamente na psique já superestimulada da plateia.

Mas, sob sua superfície espalhafatosa, algo mais complexo e contraditório operava em *O Exorcista*. E isso porque, apesar de todo o estarrecimento que o filme causou nos moralistas de plantão e na direita religiosa, as tensões ali representadas eram reconhecíveis e críveis, mesmo para aqueles que o abominavam. Jovens rebeldes, a corrupção da família, o desrespeito às tradições religiosas, a destruição dos lares, todos assuntos que perturbavam de maneira intensa os elementos conservadores dos Estados Unidos. Mas o mais importante era o fato de que as soluções que *O Exorcista* parecia oferecer se mostravam estranhamente reconfortantes àqueles que ansiavam pelo retorno de uma ordem moral absoluta. Na tela, afinal, via-se um claríssimo confronto entre o bem e o mal, no qual os sacerdotes, os policiais, as boas mães e os filhos a elas devotados travavam uma justa batalha a fim de libertar jovens rebeldes e desrespeitosos do jugo de um demônio lascivo e corruptor. Mesmo com sua reputação assustadora, não seria *O Exorcista* uma fantasia a respeito do anseio pelo bem, mais do que um pesadelo sombrio?

É neste ponto de tensão entre progresso e conservadorismo, divino e depravado, oculto e evidente, que reside o poder de *O Exorcista*. Escrito por um católico, dirigido por um judeu e produzido pela multinacional Warner Bros., este é um filme já defendido por radicais políticos como Jerry Rubin, boicotado por receosos grupos de interesse, assistido

por milhões de espectadores ávidos, elogiado pelo *Catholic News* devido à sua profunda espiritualidade, mas também tachado de satânico pelo evangelista Billy Graham.[2] Nenhum outro filme comercial, nem antes nem depois, provocou reações tão divergentes. No Reino Unido, essa força fez com que o banissem das lojas e videolocadoras.[3] Quase um quarto de século desde sua criação, segue sendo um mistério, com o poder tanto de enlevar quanto de perturbar a audiência, de animá-la ou aterrorizá-la, de atraí-la ou repeli-la. Como veremos, é também um filme em guerra consigo mesmo, uma entidade cindida que, mesmo após sua estreia avassaladora, foi considerada incompleta por seu autor, continuamente provocando um misto oscilante de concordância e divergência entre seus criadores.

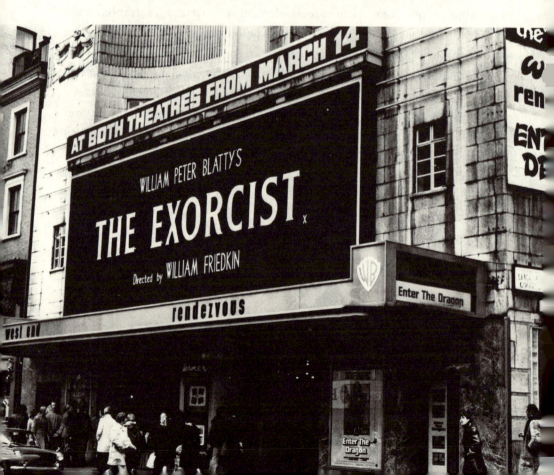

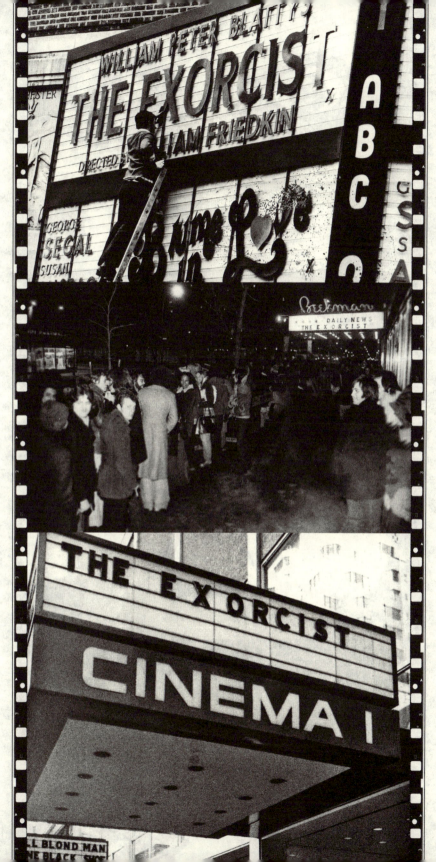

O EXORCISTA
SEGREDOS & DEVOÇÃO

CAPITULUM I

O INÍCIO

Em 1993, o escritor Thomas B. Allen publicou um livro fruto de uma pesquisa bem detalhada, intitulado *Exorcismo (Possessed)*. Ao recontar a suposta possessão demoníaca e o subsequente exorcismo de um menino de 14 anos em Mount Rainier, Maryland, em 1949, o livro prometia fortes emoções a cada virar de página, tudo a partir de uma "reconstrução arrepiante e factual do exorcismo mais bem documentado da história". A versão que Allen deu dos acontecimentos, bastante afamada nos anos 1940, ainda que por pouco tempo (tendo sido revivida de forma mais sensacionalista nos anos 1970), era em grande parte baseada nos diários do padre Raymond J. Bishop, que auxiliara o padre William S. Bowdern no tal exorcismo. Os diários de Bishop tinham sido escritos como relatórios oficiais do evento, a serem usados pelos jesuítas e pelos médicos que cuidaram do menino. Ao que tudo indica, Allen teria chegado aos diários graças ao padre Walter Halloran, que também auxiliara no exorcismo.[4]

Ao desenvolver sua obra com extensas citações extraídas dos diários de Bishop, Allen foi bem-sucedido onde o escritor William Peter Blatty falhara quase trinta anos antes. Mas se Blatty tivesse conseguido — como bem desejara — persuadir os envolvidos no exorcismo de 1949 a dar sua bênção a uma obra de não ficção baseada no caso, é provável que nem o romance best-seller, nem o filme arrasa-quarteirões, O Exorcista, tivessem ganhado vida. Mas a julgar pelo o que aconteceu, o fracasso do projeto de Blatty serviu como ponto de partida para um dos filmes mais famosos dos Estados Unidos.

Em seu livro de bastidores, *William Peter Blatty On The Exorcist: From Novel to Film*, Blatty recorda quando, em 1949, sendo ainda um calouro da Universidade Jesuíta de Georgetown, deparou-se com um artigo do *Washington Post* que descrevia, por alto, como se dera o exorcismo em Mount Rainier — como um menino atormentado por fenômenos beirando o sobrenatural havia ficado, por um longo tempo, sob os cuidados de clérigos, e como os fenômenos haviam cessado desde então. "Nesta que pode ser chamada de uma das experiências mais extraordinárias da recente história das religiões", começava o artigo, "um garoto de 14 anos, morador de Mount Rainier, foi liberto de uma possessão demoníaca graças a um padre católico." De acordo com a história do jornal, os "sintomas" do menino incluíam a movimentação, sem causa aparente, de sua cama, do colchão, de uma poltrona pesada e de uma série de outros objetos menores, ruídos inexplicáveis que pareciam arranhar o ambiente onde estava, além de seus próprios berros, impropérios e balbucios de frases em latim, idioma que jamais estudara. Aquele relato marcou profundamente o jovem Blatty, que viu na situação uma "evidência palpável da transcendência... Se houver demônios, há de haver anjos, Deus e também a vida eterna".[5]

Estimulado por seus orientadores a preparar uma apresentação sobre exorcismos, Blatty foi tomado pela crença de que um relato crível e minucioso poderia servir como um documento inspirador, relembrando aos céticos da existência absoluta de Deus. Como o próprio Blatty contaria a Peter Travers e a Stephanie Reiff, autores de *The Story Behind The Exorcist*:

> Assim como muitos católicos e outros crentes, sempre imaginei que seria interessante poder tocar nas chagas de Cristo ou vê-lo aparecer para mim no Empire State Building, como uma

revelação. Nenhum de nós jamais viu Lázaro ou a Ressurreição. Então, se todos aqueles relatos de paranormalidade fossem reais, talvez eu tivesse não exatamente uma prova de tudo que me haviam ensinado, mas pelo menos uma confirmação realmente empolgante.[6]

O caso, como descrito por Allen, é de fato intrigante. Os eventos teriam se iniciado em 15 de janeiro de 1949, quando o menino — a quem Allen apelida de "Robbie Mannheim" — e sua avó passavam a tarde juntos, no número 3210 da Bunker Hill Road, em Mount Rainier, Maryland.[7] Ruídos de algo gotejante e rascante, cuja origem não conseguiam encontrar, motivou uma busca mais apurada nos quartos do andar superior, mas sem sucesso. O pai de Robbie chegou à conclusão de que se tratavam de ratos. Onze dias depois, "Harriet", tia de Robbie, veio a falecer em St. Louis, o que impressionou o garoto, que sempre nutrira uma afeição, quiçá exagerada, pela irmã esquisitona de seu pai. Autoproclamada médium, Harriet passava um tempo considerável com Robbie, ensinando-o a utilizar um tabuleiro Ouija e lhe explicando como as almas dos mortos eram capazes de estabelecer contato com os vivos. Com a morte da tia, os distúrbios na casa dos Mannheim se intensificaram drasticamente; o colchão de Robbie se agitava durante a noite, seu quarto era tomado por ruídos que não cessavam de martelar, e pareciam responder, quando questionados, pelo nome de tia Harriet.

Na quinta-feira, 17 de fevereiro, com os fenômenos *poltergeist* tendo se tornado recorrentes na Bunker Hill Road, Robbie passou a noite na casa do ministro luterano que servia à comunidade da qual os Mannheim faziam parte, o reverendo Luther Miles Shulze. Incrédulo quanto a possessões demoníacas, Shulze testemunhou a cama de Robbie chacoalhando e também o movimento de uma pesada poltrona, além do colchão no qual repousava Robbie, o que o levou a sugerir aos Mannheim: "Vocês precisam consultar um padre. Os católicos entendem dessas coisas". E, em algum momento entre o dia 27 de fevereiro, um domingo, e 4 de março, uma sexta-feira, Robbie foi submetido a um malfadado exorcismo presidido pelo padre Albert Hughes, no hospital jesuíta de

Georgetown, durante o qual o menino avançou contra Hughes empunhando uma lasca de madeira arrancada da cama, rasgando seu braço do ombro até o pulso.

As coisas seguiram cada vez mais estranhas. Seguindo instruções supostamente marcadas com letras vermelhas no corpo de Robbie — "Louis", "Sábado" e "3½ semanas" —, os Mannheim foram se hospedar na casa de parentes em St. Louis (onde a tia Harriet vivera e morrera) que lhes indicaram os padres Raymond Bishop e William Bowdern. Enquanto Bishop e Bowdern investigavam a possibilidade de uma possessão demoníaca, os parentes de Robbie realizavam sessões espíritas improvisadas, chegando à (bizarra) conclusão de que a tia Harriet estava, de fato, possuindo o menino como forma de indicar a seu pai onde estaria escondida certa quantia de dinheiro que devia ser destinada à filha de Harriet.

Na quarta-feira, dia 16 de março, sob orientação do arcebispo Joseph Ritter, Bowdern realizou um exorcismo na casa dos tios de Robbie, auxiliado pelo padre Bishop e pelo jovem padre Walter Halloran. Durante a cerimônia, o menino teria cuspido no rosto dos sacerdotes, enquanto vergões e marcas apareciam em seu corpo, alguns deles formando as palavras "Inferno" e "Vá", a letra x e uma imagem do Diabo que, segundo Bishop, "tinha os braços erguidos para o alto, aparentando ter membranas em meio às palmas, o que lhe dava a impressão horrenda de um morcego". Outros exorcismos caseiros se seguiram, durante os quais Robbie teria soltado peidos, fingido se masturbar e urinado aos cântaros, sempre gritando que seu pênis ardia em chamas.

Embora o quadro de Robbie não tenha melhorado, Bowdern concordou em acompanhá-lo de volta a Mount Rainier, onde realizaram outros exorcismos, e novamente a palavra "Inferno" apareceu na pele do menino, agora acompanhada de "Ira", além dos números 4, 8, 10 e 16. Essas marcas continuaram surgindo, por vezes rompendo a pele e fazendo escorrer sangue, enquanto o menino seguia ofendendo aqueles à sua volta com uma voz gutural. "Eram impropérios horrendos, e espasmos também", recorda-se Bishop ao falar de uma das piores convulsões de Robbie, "e obscenidades sem fim contra aqueles que o rodeavam, falando de masturbação e contraceptivos, de sexo entre padres e freiras."

Por fim, sem conseguir internar Robbie em uma instituição psiquiátrica de Baltimore, o padre Bowdern retornou a St. Louis com o menino que, em um Domingo de Ramos, foi admitido na ala psiquiátrica do hospital da Irmandade Alexiana. Mais um exorcismo, e a palavra "Saída" apareceu estampada em seu peito, com uma seta apontando na direção do pênis do garoto — o que levou a um violento golpe contra a genitália do próprio Bowdern. No Domingo de Páscoa, Bishop lembra-se de um tom cada vez mais autoritário naquela "voz demoníaca" com a qual Robbie falava durante seus ataques, e outras testemunhas chegaram a mencionar um ar gélido que enchera o aposento, um fedor insuportável e uma expressão grotesca no rosto do menino. Por volta das 23h da segunda-feira, dia 19 de abril, Robbie proclamou: "Satanás! Satanás! Sou São Miguel e vos comando, Satanás, a vós e aos outros espíritos malignos, para que deixeis este corpo em nome do *Dominus*. Imediatamente! Agora! *Agora! Agora!*". Após isso, as perturbações de Robbie subitamente cessaram.[8]

É perfeitamente possível explicar a situação de "Robbie Mannheim" como um caso típico de histeria associada a uma leve telecinese como sintoma secundário.[9] Além do mais, observando a história de um ponto de vista mais contemporâneo, é difícil não aventar alguma forma de trauma, de sexualidade reprimida na relação de Robbie com sua tia Harriet. Thomas B. Allen afirma que a "tia Harriet parece ter tratado o menino mais como um amigo especial do que como sobrinho",[10] e segue refletindo se "não teria havido algo entre ela e Robbie, algo tão profundamente secreto que o teria atormentado?".[11]

Conforme ficamos sabendo pelos diários de Bishop, muitos dos impropérios ditos pelo menino eram de natureza sexual, demonstrando uma obsessão violenta com seus genitais e o ato sexual em si. De forma ainda mais evidente, nos estágios posteriores de sua condição, Robbie parecia manifestar sintomas de "possessão" apenas à noite, depois de trocar as roupas com que passara o dia, vestir seus pijamas e ir deitar. Esse tema recorrente aparece bastante na história de Allen, assim como se destaca a reação violenta de Robbie frente a uma estátua de Jesus sendo despido ao longo da Via-Crúcis. Não seria essa a manifestação de alguma vergonha traumática envolvendo nudez? Tanto foi assim que, quando o arcebispo Ritter, que primeiro autorizara os exorcismos, indicou um jesuíta para revisar o caso, a conclusão oficial foi de que Robbie *não* fora afligido por demônios, mas sofrera de uma "desordem psicossomática associada a ações telecinéticas".[12]

Mas Bowdern tinha uma opinião contrária, que contou a William Peter Blatty cerca de vinte anos depois: "Posso garantir uma coisa... esse caso em que estive envolvido era mesmo real. Eu não tive a menor sombra de dúvidas na época e não tenho a menor sombra de dúvidas agora".[13] Após mais vinte anos, Blatty me diria de sua convicção quanto a realmente ter havido uma possessão demoníaca genuína no caso de Mount Rainier:

> Sim, sim, com certeza. E não é que esse caso tenha sido *apenas um* em meio a outros que conheço... Se eu não tivesse me deparado com ele, duvido que teria conseguido escrever *O Exorcista*. Meu plano inicial não era que esse livro fosse um romance. Eu pretendia escrever um estudo de caso a respeito de uma autêntica possessão demoníaca. Era isso que me empolgava no projeto. E eu mantive contato com o exorcista responsável, mas ele não conseguiu, de jeito nenhum, a autorização do arcebispo. Por causa da família.

Blatty sugeriu que essa relutância da família em atrair publicidade para o caso era mais uma prova de sua legitimidade: "A família não estava atrás de nenhum tipo de fama, e chegaram a se enfurecer de verdade quando passaram a ouvir comentários, nos programas de televisão, de que *O Exorcista* havia sido baseado em sua história".

A relação entre o caso de Mount Rainier e os eventos narrados em *O Exorcista* se tornariam pauta de muita especulação. Mas àquela altura, contudo, Blatty já estava capturado pelo fascínio que a história lhe inspirava, e pela crença de que ela poderia ser base para um projeto que o tiraria do beco sem saída ao qual sua escrita humorística o havia metido. Tendo adquirido uma reputação invejável como escritor de comédia nos anos 1960 — ele fora responsável pelos divertidos *Papai, Você Foi*

Herói? (What Did You Do in the War, Daddy?), *A Deliciosa Viuvinha (Promise Her Anything)* e *Um Tiro no Escuro (A Shot in the Dark)*, um filme do inspetor Clouseau —, Blatty começou a se sentir frustrado com a falta de oportunidade para escrever algo mais sério. Depois, compreendeu com certo pesar que, depois da estreia de *O Exorcista*, "toda uma carreira bastante promissora no humor desapareceu como um passe de mágica".

A primeira tentativa de Blatty de se aproximar do padre Bowdern se deu quando um amigo de Los Angeles lhe informou o nome e o endereço do exorcista. Ao longo dos primeiros encontros, diz-se que o autor insistiu com Bowdern para que o ajudasse a escrever um relato sobre o caso de Mount Rainier, um que pudesse "fazer mais pela Igreja e pelo cristianismo do que oitenta romances seriam capazes".[14] A resposta de Bowdern foi complexa: "Eu tinha para mim que seria realmente bom caso a história viesse a público, e as pessoas compreendessem que a presença e a atividade do Diabo são reais. E hoje, possivelmente, mais reais do que nunca". Entretanto, seus superiores o haviam orientado, de modo enfático, para que não divulgasse o caso, com a alegação de que isso seria "muito embaraçoso, e potencialmente perturbador e doloroso para o rapaz, caso viesse a ser associado a um livro que detalhasse acontecimentos ocorridos em sua vida apenas alguns anos antes. Como os casos de possessão demoníaca são acontecimentos raros, ele na certa identificaria sua própria experiência em tal relato".[15] Ousado, Blatty passou a trabalhar em uma obra de ficção, inspirada pelo caso de 1949, mas, o que era crucial, sem relacioná-la a ele de forma direta. O resultado foi *O Exorcista*.

A história de possessão ficcional de Blatty acompanha uma atriz e mãe solo, Chris MacNeil, cuja filha, Regan, passa a apresentar sérios problemas comportamentais quando as duas estão morando em Georgetown, Washington DC. Uma série de exames médicos e psicológicos não é suficiente para elucidar a transformação tão drástica da personalidade de Regan, nem os tremores violentos de sua cama. A situação se agrava quando Burke Dennings, diretor do filme em que Chris está trabalhando, é encontrado morto próximo à casa de MacNeil, e um detetive, o tenente Kinderman, desconfia que ele tenha sido morto e arremessado pela janela do quarto de Regan. Na tentativa desesperada de salvar a filha, Chris, uma ateia convicta, busca a ajuda do padre Damien Karras, um sacerdote local em crise de fé, até que ele aceita realizar um exorcismo. Karras conta com a ajuda de um exorcista de idade já avançada, o padre Lankester Merrin, e este acaba morrendo devido a um ataque cardíaco durante o ritual. Assolado pela morte de Merrin e furioso com os impropérios de Regan, Karras exorta o "demônio" a abandoná-la e entrar em seu próprio corpo, e em seguida se atira para a morte, caindo pela janela de Regan. O sacrifício do padre é a salvação da jovem.

Obviamente, a julgar pelos relatos de Thomas B. Allen, há relativamente pouca semelhança direta entre os eventos de 1949 e os fenômenos descritos em *O Exorcista*. A suposta possessão de "Robbie Mannheim" não chegou a apagar sua personalidade como ocorreu com Regan MacNeil, cujo sofrimento espetacular testemunhamos no filme. Ainda que existam muitas referências um tanto enigmáticas com relação a Robbie não se recordar do que aconteceu durante seus exorcismos, diz-se que ele permaneceu lúcido a maior parte dos dias ao longo de seus três meses de provação, sendo subjugado apenas durante as noites. Em *O Exorcista* não há qualquer calmaria nos distúrbios de personalidade, nos quais a pacata jovem de 12 anos é consumida por uma demência descomunal, tendo expressões faciais e pensamentos distorcidos até ficarem irreconhecíveis. No momento em que o padre Karras vê Regan pela primeira vez, a personalidade da menina já foi inteiramente tomada pelo demônio, o que leva Chris MacNeil a afirmar, depois da morte do padre, que "ele sequer chegou a conhecê-la".[16]

Blatty com frequência lembrava que não houve mortes relacionadas aos acontecimentos de 1949, e as diferenças entre os casos de "Robbie Mannheim" e Regan MacNeil não terminavam aí. Robbie jamais vomitou como é descrito em *O Exorcista* — ainda que tenha cuspido, ao que tudo indica, certeira e profusamente —, e seu pescoço não demonstrou nada da elasticidade peculiar que tornaria célebre uma determinada cena do filme. O estouro das portas e do teto, mostrados no filme de William Friedkin, não foram documentos no caso Mannheim, tampouco a atmosfera congelante com que Blatty preencheu o quarto

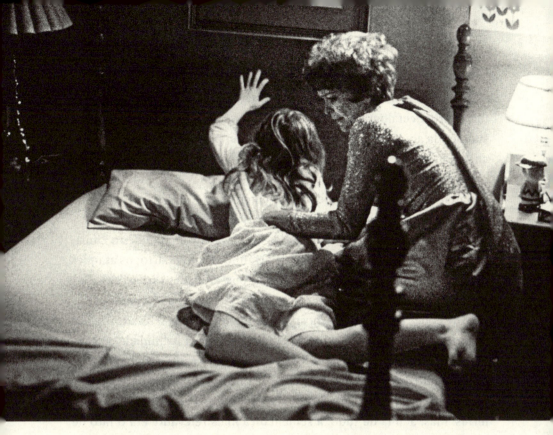

de Regan — ainda que certo "arrepio frio" tenha sido testemunhado por algumas pessoas. Robbie Mannheim não chegou a levitar, não falava inglês de trás para a frente, não fez gestos obscenos com um crucifixo nem teve seu rosto ou sua língua transmutados do modo como se descreve no livro ou no filme.

Acima de tudo, e talvez mais importante, Robbie Mannheim não foi submetido à batelada de exames médicos pelos quais Regan MacNeil passou antes que a Igreja fosse chamada para oferecer uma cura. Pelo que se sabe, transcorreu apenas um mês entre o primeiro sinal de perturbação na casa dos Mannheim e o envolvimento direto da Igreja, dois meses até o primeiro exorcismo e três antes que os ataques de Robbie chegassem ao fim. Essa ordem cronológica é replicada no romance de Blatty, em que Chris MacNeil ouve as primeiras "pancadas ruidosas" tomarem sua casa em Georgetown no dia 1º de abril, exaure todas as possibilidades médicas e recebe a recomendação de procurar um padre no dia 11 de maio, e alcança um desfecho bem-sucedido antes mesmo de junho. Mas para a Regan MacNeil do livro de Blatty, a bateria de exames realizada no primeiro mês de sua "possessão" incluía uma radiografia, um eletroencefalograma e uma punção lombar, isso tudo antes de ser submetida a uma análise psiquiátrica e a um período de observação na clínica Baringer, em Dayton. A versão cinematográfica de Friedkin adicionaria, ainda, uma angiografia que levou diversos espectadores a desmaiarem quando o filme chegou aos cinemas.

De fato, parece que os elementos mais significativos ligando as histórias de Robbie e Regan eram estes: a utilização de um tabuleiro Ouija; os inexplicáveis sons de batidas e de arranhões pelo quarto; os ataques de fúria incontrolável, acompanhados de obscenidades verbais e físicas; um aparente aumento de força física durante tais ataques; demonstrações de poder telecinético e, possivelmente, telepático; o uso de línguas aparentemente "desconhecidas" pelo hospedeiro; a habilidade de cantar em um tom afinadíssimo, algo que aparece no romance, mas não no filme, e a de distorcer a voz; além da manifestação de fenômenos corporais como arranhões, marcas e vergões, muitas vezes semelhantes à letras. Mas, acima de tudo, a semelhança mais relevante era o fato de tanto Robbie quanto Regan serem adolescentes, vivendo em um ambiente urbano e contemporâneo, cujos processos de cura pareciam remeter mais à Idade Média do que ao racional século xx.

Blatty chegou a afirmar ter localizado o verdadeiro "Robbie", mas decidiu não procurá-lo:

> Consegui seu endereço até. E cheguei a ter um impulso de ir atrás dele. Mas acabei não indo porque [o padre Bowdern] estava muito preocupado com a possibilidade de traumatizar ainda mais [o menino] se relacionasse seu caso ao meu livro, então deixei para lá. Mas eu queria muito saber do que ele se recordava, se é que lembrava de algo.

Blatty concluiu a primeira versão de *O Exorcista* no verão de 1970, e a mostrou à sua vizinha, a atriz Shirley MacLaine, em quem baseara a personagem Chris MacNeil. "Ela era uma versão do que Bill pensava de mim", MacLaine me afirmou em 1997:

> Bill e eu discutíamos muito a respeito do céu e do inferno, e eu sempre dizia 'olha, você é um católico libanês, *no que mais* poderia acreditar? Você é o que é'. Mas *eu* não sou daquele jeito. É até estranho o tanto que concordo com Gandhi: os únicos demônios que nós temos são aqueles que se arrastam em nossos corações. Não acredito em um Diabo andando por aí. Acredito que o potencial para as más ações, para a maldade, está aqui dentro.

Ainda assim, conhecendo o papel que teria na história, MacLaine disse querer gravar uma adaptação cinematográfica já em novembro, como parte de um acordo que fizera com Lew Grade. Mas Grade não pareceu tão impressionado com a obra de Blatty e fez uma oferta um tanto baixa pelo projeto. Por conta disso, MacLaine acabou estrelando um filme concorrente, *Possuídos pelo Mal* (*The Possession of Joel Delaney*). Aliás, independentemente dos protestos de Blatty, MacLaine seguiu dizendo que a imagem na capa de *O Exorcista* era uma fotografia distorcida de sua filha Sachi. "Eu sei que ele nega, mas aquela é sim uma foto da menina", insistiu a atriz, dizendo que Blatty a teria fotografado no set de filmagem de algum de seus trabalhos. Ele negou categoricamente.

A editora Bantam, nesse meio-tempo, negociava uma edição de capa dura, tendo recebido uma oferta generosa da Harper and Row que, por sua vez, exigira algumas modificações no manuscrito, entre as quais que o prólogo passado no Iraque, que dava certo tom à história, fosse excluído — ao que Blatty se opôs — e que o final fosse reescrito de modo "menos óbvio". Na versão original, Blatty colocara Regan explicando em detalhes à sua mãe que o padre Karras, ao se atirar pela janela, o fizera para impedir que o "animal" que antes invadira o corpo da menina pudesse ferir outras pessoas. Esse pedido da Harper por um desfecho mais ambíguo para o livro, (que o escritor, de maneira hábil, forneceu), seria apenas o início de uma longa disputa que assombraria, primeiro, o romance, e depois o filme, tornando-se fonte de conflito entre autor e diretor.

Enquanto transcorriam as negociações com a Harper, Paul Monash — produtor de *Butch Cassidy* (*Butch Cassidy and the Sundance Kid*) — ofereceu 400 mil dólares a Blatty para garantir, por seis meses, a preferência em uma adaptação da obra, que ele acabou por negociar com a Warner Bros. pelo valor de 641 mil dólares.[17] Contudo, em um imbróglio digno de uma história de espiões, Blatty ouviu dizer que Monash estaria exigindo mudanças em sua obra, com as quais jamais concordara — alterando a locação para Washington, cortando o prólogo, mudando a profissão de Chris, atenuando a personalidade espalhafatosa do detetive Kinderman e, simplesmente, tirando o padre Merrin da história. Teria, então, obtido acesso a documentos confidenciais do escritório de Monash, provas incontestáveis de que estavam "sacaneando o autor". Confrontada com tais evidências, a Warner não teve saída a não ser afastar Monash — com algo entre 7 e 9% dos lucros da produção[18] —, deixando Blatty como o único produtor. Depois disso, Blatty escreveu um primeiro tratamento do roteiro, publicado em *O Exorcista*, com cerca de 225 páginas, correspondendo a quase quatro horas de filme, mesmo sem o prólogo do Iraque, e a partir daí se iniciaram as negociações com a Warner para a elaboração de uma lista de possíveis diretores. Os nomes incluíam Stanley Kubrick (desconsiderado porque insistia em também produzir), Arthur Penn (ocupado, na época, com as aulas que dava em Yale) e Mike Nichols (que não queria rodar um filme que dependesse tanto da atuação de uma criança). Também dizem que a Warner sugeriu que Blatty considerasse John Cassavetes, cujo novo filme[19] estava na fase de edição, além de iniciar tratativas com Mark Rydell, que mais tarde dirigiria *Num Lago Dourado (On Golden Pond)*. Quando perguntado a respeito disso em 1991, Rydell apenas riu e respondeu, enigmático: "Ah, aquilo não tinha como acontecer...".

A preferência pessoal de Blatty era por William Friedkin, que ao final dos anos 1960 lhe havia causado grande impressão quando achincalhou — olhando-o frente a frente — o roteiro que Blatty havia escrito para *Peter Gunn em Ação (Gunn)*, perdendo, assim, um trabalho de direção quase garantido. Depois disso, Blatty procurara Friedkin outra vez para que buscassem trabalhar juntos em *A Nona Configuração*, versão revisada do que mais tarde se tornaria a segunda parte de seu tríptico sobre o "mistério da fé", formado por *O Exorcista*, *A Nona Configuração* (anteriormente chamado de *Twinkle, Twinkle, "Killer" Kane*) e *O Exorcista III* (*Legion*). A Warner Bros., em um primeiro momento, se recusou a considerar o nome de Friedkin, mas dois acontecimentos fizeram com que mudassem de ideia: a ameaça de Blatty processá-los[20] e a estreia de *Operação França* (*The French Connection*), pelo qual Friedkin recebeu o Oscar de melhor diretor.

Friedkin foi contratado e, como era de seu feitio, de imediato criticou o tão amado roteiro inicial de Blatty. Suas objeções ao roteiro inquestionavelmente complicado eram tão fortes que ele se recusava a usá-lo, filmando, em vez disso, cenas e diálogos extraídos de um exemplar surrado do romance. Blatty, então, preparou uma nova versão, deixando de lado uma série de subtramas que serviam apenas para desviar o foco, insinuando que a morte de Burke Dennings teria sido culpa de Karras e do empregado de Chris, Karl. Houve, também, um corte considerável na progressão dos distúrbios de Regan, e mais cortes assim ocorreriam na edição, o que resultou em um par de lacunas na lógica do filme. Para piorar, o papel do tenente Kinderman foi reduzido de forma drástica nessa reescrita, ainda que, como veremos, certa dose de mistério ainda ronde seu papel nas diferentes versões do filme.

Finalmente, em agosto de 1972, Friedkin e Blatty começaram a filmar *O Exorcista* a partir do roteiro que viria a ganhar o Oscar de melhor roteiro adaptado. Mas Blatty nunca abandonou a sensação de que seu *primeiro* tratamento era ainda superior, e que de algum modo ele havia sido demovido de algo em que realmente acreditava, para a realização de um trabalho com o qual estava meramente contente. "Friedkin me disse que aquele primeiro roteiro não era digno do romance", recorda Blatty, não sem uma pontada de lamento. "Mas ele *era*..." E esse era um sentimento que ele viria a experimentar diversas vezes ao longo da produção do filme.

CAPITULUM II

O LIMIAR

O Exorcista abre com um prólogo, de atmosfera densa, que se passa no norte do Iraque — o mesmo que Blatty, a princípio, defendera com unhas e dentes, tendo depois se questionado e excluído o trecho do roteiro original. Filmado não por Owen Roizman (o diretor de fotografia em todas as outras locações), mas pelo câmera Billy Williams, esse tétrico levantar de cortinas estabelece uma série de temas sonoros e visuais que reverberam ao longo de todo o filme. Somado ao letreiro vermelho sobre um fundo preto que mostra o título do filme, um guincho dissonante parece anunciar, de forma agourenta, os estalos da cama se desfazendo em farpas e os ruídos rascantes que mais tarde tomarão de assalto o quarto de Regan MacNeil, em Georgetown.[21] Conforme os sons atonais vão se tornando identificáveis, soando como preces em árabe, os créditos dão lugar a um enorme sol ocre crestando as ruínas de Nínive. Um garoto passa saltando entre as valas de uma extensa escavação arqueológica, os movimentos ligeiros de suas pernas cortando a tela que, por si só, parece tremeluzir a um ritmo quase estroboscópico. Por todo lado da escavação, picaretas afundam na terra seca que se dispersa no ar, criando um pulso disrítmico que será estabilizado poucos minutos

depois, quando alguns trabalhadores surgem martelando uma bigorna em meio a uma forja quente como o inferno. O som da bigorna será ouvido outra vez durante o exorcismo, mesclado à enxurrada de estalos e gemidos que conferem tanta força ao ritual.

Com a câmera passando pelos cambitos do menino, prenunciando as visões grotescas de Regan MacNeil, vemos o padre Lankester Merrin (Max von Sydow) ser informado, em árabe, que "encontraram alguma coisa... uns caquinhos" na base do monte. Remexendo em uma coleção de lamparinas, pontas de flecha e moedas, Merrin encontra o que parece ser uma medalha de São José, e comenta, atônito: "Que estranho...". Embora se dê pouca importância ao achado de Merrin, que não aparece nem no livro nem no roteiro de Blatty, Friedkin, com isso, é capaz de apresentar de forma sutil um mágico talismã cinematográfico que de maneira misteriosa aparecerá ao longo do filme, sem maiores explicações narrativas, associando personagens e eventos sem aparente conexão. A descoberta de uma medalhinha cristã enterrada em uma rocha pré-cristã, ou até mesmo pagã — o achado subsequente de Merrin é um amuleto de pedra verde esculpido como o demônio Pazuzu —, serve não apenas como um símbolo da vindoura batalha entre o bem e o mal, mas também entre o passado e o presente.

Um dos temas mais fortes em *O Exorcista* é a discrepância angustiante entre as locações modernas e elegantes de Washington DC e a solução aparentemente arcaica que surge para dar conta da aflição de Regan. "Você está me dizendo que devo levar minha filha a um feiticeiro?",[22] Chris questiona, atônita, tão logo o exorcismo é sugerido por seus médicos ultramodernos, sendo que o próprio padre Karras insiste no fato de que, para realizar um ritual de tal natureza, precisariam antes encontrar uma máquina do tempo que os levasse até o século XVI. Mesmo no prólogo do Iraque, esse conflito já se faz evidente: um relógio para de funcionar enquanto Merrin, de volta à sala de curadoria, encara com suspeita o amuleto de Pazuzu. Isso sugere que o tempo aqui tenha parado, que o fluxo normal do presente foi interrompido por uma força do passado.

As andanças de Merrin entre a escavação e as ruas de Mossul estão recheadas de referências aos horrores vindouros — desde o olho cego de um ferreiro, que anuncia a agitação dos olhos endemoniados de Regan, até o rosto desfigurado de uma velha em uma charrete, lúgubre prenúncio do rosto devastado da garota. Conforme Merrin escala o monte a fim de se pôr diante da enorme estátua de Pazuzu, cães raivosos rosnam e se engalfinham na terra seca, compondo um tom de agressividade que acompanha o momento *Matar ou Morrer* (*High Noon*) de Merrin frente a um inimigo ancestral.

Com o prólogo chegando a seu clímax, o rosnado dos cães enfurecidos dá lugar ao ronco dos motores, ao passo que vamos sendo apresentados à imagem do rio Potomac e, progressivamente, ao interior de uma casa em Georgetown, onde mora Chris MacNeil (Ellen Burstyn). Em seu quarto, uma luminária de cabeceira se encontra acesa, em um *close* fechado, e o súbito brilho que emana da lâmpada parece emular aquele sol escaldante sobre Nínive com o qual o filme se inicia. É nesse momento que Chris ouve, pela primeira vez, um som rascante vindo do sótão, uma sequência de golpes desritmados que parecem ter transbordado diretamente do prólogo.[23] Com uma introdução incrivelmente sintética, de pouca significância narrativa à primeira vista, Friedkin foi capaz de evocar um campo de batalha ancestral e exótico onde dispôs o confronto entre o bem e o mal, inserindo-o rapidamente no lar de uma mulher branca, moderna, rica, solteira e sem quaisquer filiações religiosas aparentes. A cena também prepara o terreno à futura contenda entre ciência e religião, na qual médicos e padres disputam espaço para domar uma criança descontrolada, cujo comportamento sociopata ameaça destruir sua já vulnerável família.

Na casa da rua Prospect, Chris segue o ruído de arranhões até o quarto da filha, onde sente uma friagem inesperada. Os lençóis na cama de Regan estão desarrumados, e vemos a janela escancarada, o que sugere que algo tenha se arrastado para o interior do quarto, chegando, talvez, à cama da menina. Essa janela, de cortinas esvoaçantes, terá papel significativo ao longo da história, portal por onde um homem será arremessado para a morte e outro se arremessará a ela[24] após um embate direto com "a pessoa dentro de Regan".

Tendo pedido a seus empregados Karl e Willie que comprassem ratoeiras para o sótão, Chris se dirige à Universidade de Georgetown, próxima dali, para atuar no filme em que está trabalhando no momento, *Crash Course* — posteriormente descrito como a versão Disney da história de Ho Chi Minh—, momento em que a luz de palco nos recorda, uma vez mais, do primevo sol do prólogo. Aqui, somos apresentados a dois personagens de suma importância para o desenrolar da trama: o diretor Burke Dennings (Jack MacGowran), um beberrão boca-suja, mas adorável — inspirado em J. Lee Thompson, que dirigira *O Harém das Encrencas* (*John Goldfarb, Please Come Home!*), de Blatty, e que a princípio fora cotado para interpretar Dennings —; e Damien Karras (Jason Miller), um jovem padre soturno que vemos rir pela primeira vez ao escutar uma das obscenidades de Burke, para logo se afastar da cena, absorto em pensamentos. Há também, uma breve e cômica participação especial de Blatty como o indignado produtor de *Crash Course*, implorando, sem sucesso, ao diretor que reconsidere: "Essa cena é mesmo necessária?". (O que se revela bastante irônico, já que Blatty, produtor de *O Exorcista*, se flagrou depois tendo que implorar para que seu diretor *deixasse* cenas extras na versão final do filme, com resultados também infrutíferos.)

Mais uma vez, temos aqui um material de pouco valor narrativo — o filme-dentro-do-filme mal é mencionado depois disso —, mas densamente embalado com pistas e sinais dos horrores que virão. De modo mais óbvio, *Crash Course* é uma história de insurreição juvenil, na qual estudantes em protesto ameaçam derrubar as paredes históricas da Universidade de Georgetown. E embora nem Friedkin, nem Blatty pareçam gostar muito dessa ideia, não é difícil ler *O Exorcista*, tanto o livro quanto o filme, como, em certos aspectos, um tratado pedofóbico que reflete as ansiedades mais arraigadas dos pais quando confrontados com a natureza sempre mutável da "infância". Em seu trabalho ensaístico, *Dança Macabra* (*Danse Macabre*), Stephen King menciona *O Exorcista* como um filme de horror social por excelência, lembrando que nos anos 1970 a cisão geracional entre adultos e adolescentes havia chegado a um ponto crítico, e brinca ao dizer que todo espectador adulto do filme teria entendido, implicitamente, que a possuída Regan "responderia com entusiasmo às palavras de ordem de Woodstock".[25] De fato, um dos médicos que examina o adoecimento da menina chega a perguntar a Chris: "Você tem drogas em casa?". Isso, ao que tudo indicava, seria uma explicação plausível para os violentos distúrbios no comportamento de sua filha.

Sob camadas mais profundas, as cenas de *Crash Course* possuem significantes de grande importância, sobretudo relacionados à agitação íntima de Karras e a seu papel central na história que se desenrolaria. Ao

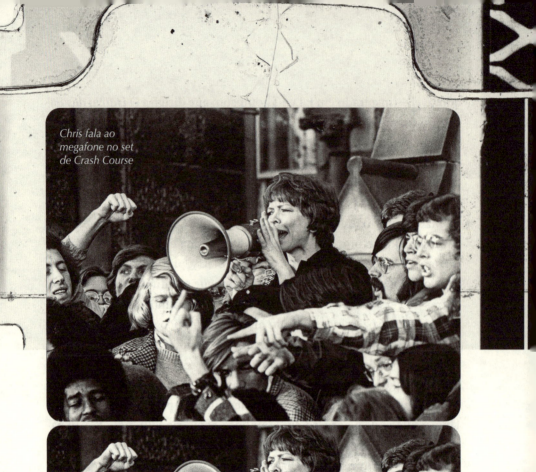

Chris fala ao megafone no set de Crash Course

passo que a câmera de Friedkin parece se esgueirar atrás de outros personagens — Dennings é abordado pelas costas, de um jeito que já anuncia sua morte —, Karras é apresentado de frente, sorridente, radiante, sugerindo que esta é *sua* história, que *ele* é quem há de triunfar. Logo em seguida, uma tomada aérea impressionante mostra-o caminhando para longe da multidão, afastando-se sozinho, circunspecto. Conforme o observamos, ouvimos a voz de Chris de fundo, gritando para o grupo de estudantes: "Se quiserem promover qualquer mudança, precisam agir *dentro* do sistema". Como bem explica Jason Miller, a sobreposição dessa fala com a imagem é de enorme importância subliminar, pois indica os conflitos de Karras com a Igreja, sua perda de fé no "sistema" e seu desejo de "se despir" de sua própria carreira de padre.[26] "Preciso sair, eu não me encaixo...", ele diz a um amigo, mais tarde, antes de descobrir que sua salvação se encontra *no interior* da Igreja, no seio do sistema.

Terminada a filmagem, Chris percorre o curto caminho que separa o campus de sua casa, acompanhada pelo som hipnotizante de "Tubular Bells", de Mike Oldfield, o que dá a entender que algum tipo de magia possa existir dispersa pelas ruas modernas de Georgetown.[27] Com as folhas de outono redemoinhando a seus pés — o filme altera a estação que vemos no livro, primavera, levando a história mais para o fim do ano —, Chris passa por algumas crianças que, com suas máscaras de Halloween, correm pela cena. Em seguida, a câmera de Friedkin foca em duas freiras de hábitos brancos e ondulantes que caminham pela base da íngreme escadaria junto à casa de MacNeil. Aqui, mais uma vez, essas duas imagens, inexistentes tanto no livro quanto no roteiro de Blatty, servem para que Friedkin estabeleça um robusto imaginário que irá ressoar mais adiante, de forma ainda mais visual: a face endemoniada de uma criança rebelde contraposta aos trajes sóbrios de dois devotos membros da Igreja, cujos esforços chegarão ao fim na base daquelas escadas. Outro subtexto se infiltra nessa passagem, quando os sons tilintantes de "Tubular Bells" são logo sufocados pelo ronco de uma motocicleta que explode atrás de Chris, rompendo com a calma contemplação de sua caminhada e ecoando os gritos de protesto dos estudantes em manifestação. No instante em que tais elementos são apresentados, Chris esbarra em Karras, entretido em uma conversa com outro padre. "Não tem um só dia em que eu não me sinta uma fraude", ela escuta. Outra vez, em um trecho extraordinariamente curto, nos são entregues informações cruciais para o desenrolar dos eventos futuros.

Nosso encontro seguinte com Karras, padre-psiquiatra a quem já fomos apresentados formalmente, ocorre em uma estação de metrô de Nova York, lugar infernal onde golfadas de vapor sobem dos trilhos e acompanham seu martelar rítmico (como as bigornas de Nínive?). Karras surge do subterrâneo, ascendendo pela claridade das escadas, até chegar à plataforma tomada de penumbra. Nesse ponto, encontra um bêbado maltrapilho que lhe estende a mão e suplica: "Padre, por favor, ajude um velho coroinha. Sou católico também". Essa fala retornará como uma das provocações demoníacas mais poderosas de Regan, atingindo em cheio a fé vacilante de Karras e debochando de sua incapacidade de

"Ajude um velho coroinha. Sou católico também."

exercer a caridade mesmo aos mais desvalidos. Como Blatty define em seu romance: "Ele era incapaz de tolerar a busca de um Cristo naqueles olhares vazios e viciados; de procurar pelo Cristo que é feito pus, sangue e excrementos, o Cristo que jamais poderia estar lá".

Na tela, Friedkin leva a associação do bêbado com o demônio um passo além: o rosto daquele pobre desamparado é, por um instante, iluminado por um trem que se aproxima, anunciando a visão demoníaca que virá como um lampejo mais adiante, durante o sonho angustiado e culposo de Karras com sua mãe. Eis, mais uma vez, todos os elementos-chave para o desenrolar da história se amalgamando em uma montagem ágil: o ancestral campo de batalhas entre bem e mal; a possessão de Regan; a fé abalada de Karras; e até mesmo sua ascensão final e redentora. Tudo isso está presente em um simples encontro em uma estação de metrô.

Os símbolos se tornam mais explícitos conforme Karras se embrenha em Hell's Kitchen, bairro onde sua mãe parece estar convalescendo de uma queda que sofreu em uma escadaria — tanto Burke Dennings quanto o próprio Karras encontrarão suas mortes, em não muito tempo, ao pé das escadas que levam à casa das MacNeil. Do lado de fora, enquanto algumas crianças correm ensandecidas pela rua (mais um aceno ao tema da rebeldia infantil?), no interior temos Karras amarrando a perna de sua mãe, no que vemos o brilho de uma medalhinha em seu pescoço, que faz lembrar daquela encontrada por Merrin no Iraque. Em uma tocante e íntima sequência de interações, presenciamos Karras tentando sufocar a culpa que sente pela miséria em que vive sua mãe, o próprio abandono de que se julga responsável, tendo se mudado para Georgetown devido ao sacerdócio, e, novamente, seu desespero frente à decrepitude do mundo material.

Embora tenha um papel pequeno em *O Exorcista*, Vasiliki Maliaros (supostamente descoberta por Friedkin em um restaurante grego)[28] é uma presença marcante. Obviamente inspirada na mãe do próprio Blatty — descrita em detalhes na sua emocionante não ficção, *I'll Tell Them I Remember You* —, Maliaros impressiona no papel de uma imigrante turrona e estoica que fincou raízes em Nova York e não aceita "ir para nenhum outro lugar". Aqui, mais do que em todo o restante do filme, a experiência de Friedkin como documentarista[29] assume o primeiro plano, e ele dirige a atuação de Miller e Maliaros de forma nada intrusiva, atento à intimidade de ambos como se não passasse de uma mosca na parede.

De volta a Georgetown, os acontecimentos começam a se intensificar na casa das MacNeil. Solitária e desanimada por não ter outra companhia que não sua mãe — uma mesa de pingue-pongue largada no porão, um jogo para o qual faltam jogadores —, Regan (Linda Blair) começa a brincar com um tabuleiro Ouija que encontrou no armário. Através dele, a menina entra em contato com um amigo imaginário, um tal "Capitão Howdy", cujo nome é, de forma um tanto desconfortável, parecido com o de seu pai ausente, Howard, citado nominalmente no livro, mas anônimo na película. Quando Chris tenta se juntar a Regan no "jogo", a prancheta gira sob seus dedos, o primeiro evento aparentemente sobrenatural que presenciamos. Mais tarde, ao colocar Regan para dormir, outra vez percebemos o "documentarista respeitoso", que permite que as personagens conversem de maneira despretensiosa, como se não houvesse qualquer câmera à sua volta.[30]

Dois elementos cruciais nos são apresentados nessa cena, de forma casual, como o último respiro antes da tormenta. Primeiro, Chris tira das mãos de sua filha uma revista em que ela e Regan estão estampadas na capa, comentando com certa zombaria: "Não é nem uma foto boa. Você parece madura demais nessa aqui". Mesmo sendo um aparte, esse texto se encaixa com perfeição na leitura do filme como dramatização do terror de Chris diante do inevitável amadurecimento da filha. Em seguida, e mais importante, Regan diz a Chris que ela pode, caso queira, convidar Burke Dennings para seu passeio de aniversário. Quando questionada do porquê daquilo, Regan cora ao responder que "ouviu dizer" que sua mãe está para se casar com Dennings. A menina se recusa a revelar a fonte de tal boato, mas fica clara a insinuação de que essa informação equivocada teria vindo do Capitão Howdy ("Eu faço as perguntas, ele dá as respostas."). Já nesse ponto, o que quer que esteja afligindo Regan começa a marcar seu território, criando um muro de mentiras entre ela e a mãe, destruindo o vínculo mãe/filha que até então tínhamos testemunhado.

Conversando com o Capitão Howdy; Regan e a revista

A cena do passeio de aniversário parece que chegou a ser filmada, mas nunca entrou na montagem final do filme. No roteiro revisado de Blatty, a cena se situava logo após aquela em que Chris sobe ao sótão atrás de ratos, e abria com uma montagem de Regan e a mãe passeando alegres — passeio que Chris ainda promete a Regan, na versão final. De acordo com o texto, a montagem se encerra com uma transição suave para o Túmulo do Soldado Desconhecido, onde Regan pergunta, com tristeza: "Mãe, por que as pessoas têm que morrer? Por que Deus permite

Cena perdida: Chris e Regan conversam animadamente em seu passeio de aniversário

isso?".[31] A cena prepara o terreno para a crescente preocupação da menina com a morte, e o vaticínio que lança a um astronauta na festa de Chris: "Você vai morrer lá em cima".

Fotografias de Burstyn e Blair conversando em um cenário externo reforçam a hipótese de que essa cena tenha sido filmada, pois em nenhuma parte do filme Regan é vista em semelhante ambiente. Em outros momentos da obra, vemos a menina enclausurada na casa das MacNeil, confinada a camas de hospital ou atada a macas de exame clínico. Talvez Friedkin tenha percebido, com muita astúcia, que uma cena como aquela enfraqueceria a crescente sensação de claustrofobia da obra, dos eventos que vão se fechando em torno de Regan e a prendendo em um mal cada vez mais asfixiante.

Na versão final, a conversa de Regan e Chris ao pé da cama, sinistramente pacata, antecede uma cena barulhenta em um bar, onde Karras comunica a seu superior, Tom, que acredita ter perdido a fé. Uma vez mais, temos aqui uma insinuação subliminar, e provavelmente não intencional, de que a iminente crise de Regan está, de algum modo, ligada à rebeldia juvenil que vimos interpretada no set de *Crash Course*. Friedkin compõe a cena com hordas e hordas de jovens descabelados, de roupas floridas, agitando-se ao som de um rock esmerilhado na guitarra. As figuras sombrias de Tom e Karras sentados ali, conversando calmamente, bem como a revelação de que o último perdeu sua fé, são contrastadas com a efusiva vida noturna adolescente. Embora seja pouco provável que Blatty ou Friedkin tenham pensado nessa insinuação, a justaposição dessa cena com o primeiro conflito de Chris com sua filha "madura demais" possui, *sim*, reverberações muito poderosas. Em um momento, Regan é aquela filhota sorridente e risonha, cheia de beijos e abraços em sua mãe, mas no instante seguinte insinua, maliciosa, a possibilidade de uma relação sexual entre Chris e Burke Dennings. Corta para um antro cheio de adolescentes beberrões, com uma jukebox nas alturas, onde um sacerdote preocupado, atormentado pela culpa, conta a seu superior: "É minha mãe, Tom... Eu nunca devia tê-la abandonado... Preciso largar esse emprego. Está tudo errado, não dá para continuar assim". O subtexto está aí, mais alto do que o rock and roll...

Aqui, é pertinente mencionar a reação de Friedkin quando questionado sobre a possibilidade de que *O Exorcista* fosse um reflexo da crise geracional que os Estados Unidos experimentavam à época. Em 1991, quando lhe fiz essa pergunta, ele respondeu rindo:

> Não acho que o clima daquela época tenha tido algo a ver com o sucesso de *O Exorcista*... Na verdade, não me vem à mente nenhum tipo de grande crítica social que *O Exorcista* tenha desempenhado. Isso normalmente acontece depois, quando as pessoas já disseram tudo que tinham para dizer sobre um filme, daí começam a refletir sobre suas implicações sociais. Eu não tinha isso em mente na época, nem tenho agora. Mas cheguei a ler algumas teorias maravilhosas a respeito do filme. Incríveis mesmo, brilhantes — mas sem *qualquer relação* com o que a gente estava fazendo. Um cidadão escreveu algo dizendo que o filme, na verdade, era

uma espécie de sonho lúbrico e homossexual envolvendo os dois padres, ambos amantes, e que por isso precisavam destruir o que havia ali de feminino. A menininha, nesse caso. Só assim poderiam consumar seu amor... Era *incrível*! Não tinha *nada a ver* com minhas intenções, mas não deixava de ser uma análise muito válida.

A cena no bar da universidade — a respeito da qual manterei minhas "teorias maravilhosas", a despeito da zombaria do diretor — se encerra com Karras declarando, desesperado: "Acho que perdi minha fé". Depois disso, Friedkin corta para um enquadramento de ângulo baixo, com uma tomada diurna mostrando o pé de vento que sopra na casa das MacNeil. Conforme as folhas secas redemoinham na calçada, Regan se recolhe ao quarto enquanto Chris lança impropérios contra seu marido, incapaz de telefonar para a menina no dia de seu aniversário. Outra vez, Friedkin, habilmente, sobrepõe imagens de tormento espiritual com cenas de um mundo material moderno onde os valores familiares viraram pó. Mas o alinhamento poderoso dessas cenas não foi sempre assim. No roteiro original de Blatty e, ao que tudo indica, também na primeira versão de Friedkin, a cena do bar não se segue à conversa de Chris e Regan conforme descrevi. Originalmente, a julgar pelo roteiro revisto de Blatty, Regan saía da cama para procurar Chris em seu escritório, reclamando: "Esses ratos fazem um barulho danado, mãe. Parece que estão sapateando. Não consigo dormir".[32] Colocando Regan para dormir outra vez, Chris se aventura até o sótão, na calada da noite, para ver se encontra os tais ratos, com resultados assustadores... Depois, surge na tela o passeio por Washington, e *só então* o filme corta de novo para a casa, onde Chris, nervosa, tenta sem sucesso contactar o pai de Regan. Uma fotografia da menina, com ar de sonâmbula e entrando no escritório da mãe, indica que toda essa sequência foi mesmo filmada, tendo sofrido uma edição e um rearranjo posteriores, quando Friedkin procurou adequar seu filme ao ritmo e à duração esperados, de não mais que duas horas. De acordo com ele, na primeira montagem do longa, o conflito de Karras com sua fé, ainda no bar, vinha antes de sua visita ao apartamento da mãe, mas essa ordem foi invertida por sugestão

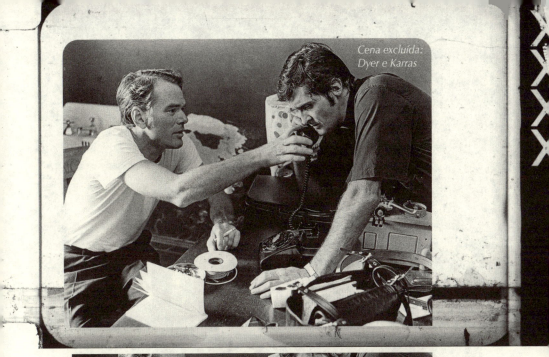

Cena excluída: Dyer e Karras

dos executivos do estúdio.[33] Pelo que se vê hoje, a crise de fé de Karras parece se desenrolar diretamente da culpa e do remorso que sente com relação à mãe, deixada sozinha em Nova York. A decisão de remanejar essas cenas se deve, sem dúvidas, a seu potencial dramático, e resulta em uma exposição bem mais poderosa dos temas centrais do filme. Outras decisões de edição parecem ter sido motivadas pelo pragmatismo, sobretudo a reordenação da subida de Chris ao sótão. Filmada, ao que parece, como uma cena noturna, exatamente como aparece no roteiro, essa passagem deve ter sido remanejada, na sala de edição, para ocorrer logo pela manhã bem cedo, ajudando a compor os cortes de cenas entre Regan e Chris. Qualquer olhar arguto, atento a erros de continuidade, perceberá que ao subir ao sótão, em vez de trajar o roupão cor-de-rosa com que está vestida durante o café da manhã, Chris aparece envergando um robe mais pesado e castanho, o mesmo que está usando ao conversar com Regan na cama, à noite, e que também aparece na fotografia da cena excluída do escritório.

Profanação religiosa

Na versão final, a ronda angustiante de Chris ao sótão é seguida por uma cena de profanação religiosa na capela Dahlgren, na Universidade de Georgetown. Aqui, uma estátua da Virgem Maria é encontrada vandalizada de modo grotesco, com seios pontudos e pênis pintados com um material vermelho semelhante ao que vimos Regan brincando no porão. Por sua vez, essa cena abre espaço para uma em que Karras, preocupado, caminha de um lado para o outro nos corredores do hospital psiquiátrico de Bellevue, em uma intensa discussão com o tio a respeito do brutal encarceramento de sua mãe. Tendo sido a primeira cena filmada, essa comovente altercação foi rodada em 14 de agosto de 1972 no hospital Goldwater, na Ilha Welfare, em Nova York. Ao passo que a força das cenas no hospital Bellevue se dão por razões pessoais e emocionais — a angústia representada por Miller e Maliaros é dolorosa de se assistir —, há uma série de sinais importantes em ação, que auxiliam no andamento da trama geral: vemos a demência de uma mulher enquanto ela gargalha, traçando símbolos invisíveis e incompreensíveis nos lençóis brancos; outra mulher esfrega o rosto cadavérico e os olhos fundos, em um desespero mudo; outra, ainda, jaz em coma, como se ausente. Todas prenunciam, de alguma forma, as crises físicas e comportamentais que virão a afligir Regan MacNeil. Quando Karras adentra o local, as pacientes se agitam, com sua presença parecendo atiçar os demônios internos de cada uma. A mesma reação se repetirá, é claro, quando, na primeira visita do padre ao quarto de Regan, ela o reconhece imediatamente como um inimigo, a despeito de seus trajes civis. Aqui, a insinuação é dupla, apontando não apenas para a possibilidade de que as aflições das pacientes psiquiátricas tenham uma natureza espiritual, mas também para o fato de que a "possessão" de Regan pode ser, em última instância, apenas uma forma de distúrbio psicológico.

A conexão entre Regan e a mãe doente de Karras se torna ainda mais explícita. Vemos a compleição abatida da sra. Karras atada por tiras de contenção, seus braços raquíticos assumindo um gesto de súplica. Ela não se dobrará ao consolo que seu filho choroso tenta lhe dar. "Por que você fez isso comigo, Dimmy?", ela pergunta, antes de se virar em uma fúria incoerente, lutando para escapar de sua atenção preocupada. Todas essas ações serão, mais tarde, replicadas em minúcias por Regan, como sintomas de sua aflição "demoníaca". Na clínica Baringer, e outra vez durante os exorcismos na casa da rua Prospect, ela também será atada à cama. Quando Merrin e Karras, respectivamente, tentam traçar o sinal da cruz na testa da menina, ela se debate e se afasta de um modo que lembra claramente a forma pela qual a sra. Karras evitou os cuidados de seu filho em Bellevue. Ainda mais alarmante, durante o exorcismo final Regan surge para Karras como uma miragem de sua mãe, imitando sua voz e dizendo: "Dimmy, por que você fez isso comigo?". Esse ataque se revela como o mais devastador, atingindo o ponto em que a fé de Karras é mais vacilante. Voltando ao hospital, enquanto o padre critica as condições deploráveis com que sua mãe está sendo tratada, ouvimos o guincho tênue e lúgubre que iniciou o prólogo no Iraque, um gemido prolongado que é, de súbito, interrompido pelo som ritmado de golpes em um saco de areia. O mal ancestral, ao que parece, está aqui, no seio da confusão de Karras, e sua reação violenta já anuncia a explosão que, por fim, o colocará junto ao "demônio".

A visita de Chris ao sotão

No roteiro revisto por Blatty, a conexão entre Regan e a sra. Karras é levada ainda mais longe, com as cenas do hospital de Bellevue antecedendo a do primeiro exame clínico que o dr. Klein, em seu consultório, realiza em Regan. Blatty afirma que essa cena foi incluída no corte de *O Exorcista* que ele aprovou, e insiste que sua exclusão de última hora, por Friedkin, foi "o primeiro talho na artesania da história". No roteiro de Blatty, a cena se inicia com a montagem sequencial de vários exames médicos pelos quais Regan passa, e durante os quais demonstra sintomas de hiperatividade — contorcendo-se, agitando o corpo e balbuciando sem parar.[34] Depois disso, seguimos para o consultório do dr. Klein, onde Chris é informada de que sua filha vem sofrendo de um distúrbio nervoso bastante comum entre adolescentes, sendo-lhe receitada Ritalina. A cena termina com Chris descobrindo que Regan passou a falar obscenidades; Klein relata: "Ela mandou que eu ficasse com as mãos bem longe da 'sua maldita boceta'".[35] Diversas fotografias das locações — a maior parte usada nas primeiras peças promocionais de *O Exorcista* — confirmam a existência dessa cena.

Friedkin tinha duas razões para excluir tal cena. Primeiro, queria arredondar a duração do filme para cerca de duas horas; depois, acreditava que a audiência já teria entendido que a doença de Regan era de ordem sobrenatural, e talvez se impacientasse com tantas tentativas de explicá-la cientificamente. Eis suas palavras: "Uma das coisas com que tomei bastante cuidado ao editar *O Exorcista* foi mantê-lo fluido, sem deixar nenhum ponto em que os espectadores pudessem parar e dizer 'Ah, peraí, meu amigo...'". Ao cortar a cena dessa primeira consulta médica, Friedkin foi, de fato, bem-sucedido em manter o ritmo da ação contínuo, mas sua exclusão também criou um sério problema narrativo, como veremos.

Na montagem final, o filme se afasta rapidamente do ambiente miserável do hospital Bellevue, graças à explosão enfurecida de Karras, e chega à casa glamurosa de Chris MacNeil, na rua Prospect, onde ocorre uma festança. Dando sequência a uma aparição anterior, e mais feliz, Regan surge na sala vestindo um roupão, urina no tapete e diz a um dos convidados, o astronauta: "Você vai morrer lá em cima". Tomando a filha em seus braços, Chris balbucia: "Perdão. Ela tem andado doente. Não sabe o que está dizendo". Mais tarde, Regan pergunta a Chris o que há de errado com ela, ao que a mãe responde: "É o que o médico disse. São só os nervos, nada de mais, tá? Você só precisa tomar seus remédios e vai ficar tudo bem". Blatty comenta que esse diálogo causa bastante confusão, já que Friedkin excluiu a cena à qual ele se refere. "Soa assim: 'O que há de errado, querida? É só continuar com os remédios'. Mas que remédios? Quando foi que ela adoeceu? Não faz nem um minuto que a menina apareceu, rindo animada lá embaixo!"

A bem da verdade, poucos espectadores percebem esse buraco na estrutura de *O Exorcista*, certamente porque a partir desse ponto o filme começa a se desenrolar cada vez mais rápido. Depois de consolar a filha, Chris enfim testemunha a cama se agitar sozinha, algo de que Regan já reclamara, e os golpes que se ouvem da cabeceira repercutem todos os anteriores, das bigornas, dos trilhos de metrô, do saco de areia e dos ruídos no sótão, tudo parecendo, agora, culminar em um conjunto ensurdecedor. Conforme Regan grita "Faça isso parar! Faça isso parar!", uma lâmpada pisca no corredor pelo qual Chris passa correndo para chegar ao quarto da filha.

Embora se trate de um poderoso artifício cinematográfico, o recurso recorrente de *aproximar* a câmera da porta fechada de Regan sempre antes de que um novo horror se revele já era, na verdade, algo presente no romance de Blatty. No livro, cada uma das manifestações mais significativas é preparada de antemão pela sinistra aproximação de algum observador, subindo as escadas e atravessando o corredor até chegar ao palco de horrores em que se transformou o quarto de Regan. Ao longo do filme, Friedkin extrai o máximo que pode desse clássico artifício do cinema de horror, com a câmera correndo pela casa até *aquela* porta repetidas vezes, abrindo-a de supetão como se um apresentador de circo puxasse a cortina e revelasse a mais nova aberração. Nesse primeiro confronto explícito com a paranormalidade, o diretor ainda define um segundo tema visual que, por mais irônico que possa parecer, também tem sua origem na escrita cinematográfica de Blatty — mostra-se primeiro a *reação* de Chris aos horrores que acometem Regan, antes mesmo de mostrá-los aos espectador. Quando Chris abre a porta de uma só vez e invade o ruidoso e agitado quarto da filha, a cena corta da câmera portátil que até então corria atrás dela para um enquadramento estático e contrário, filmado *de dentro* do quarto. Aqui, tudo para por um instante, revelando o rosto da mãe que se contorce de puro choque e repulsa. Essa imagem fugidia não só aumenta nossa própria ansiedade com relação ao que estamos prestes a ver, mas também oferece uma pista sobre um dos temas mais fortes tanto do romance quanto do roteiro de Blatty — o fato de que o alvo do "demônio" não é exatamente Regan, mas todos em seu entorno, todos aqueles que *testemunham* o mal que a atinge. Como diz o padre Merrin no livro (mas não no filme, como veremos): "Acredito que o alvo do demônio não seja a possuída; somos nós... os observadores... cada um de nós nesta casa".

Tão logo o gênio sai da lâmpada, Friedkin é ligeiro em adensar a ferocidade visual e acústica de suas "reverberações". Do caos do quarto de Regan, a cena corta para os corredores do alojamento jesuíta na Universidade Georgetown onde, uma vez mais, estudantes alegres, barulhentos e à toa fumam e bebem em seu tempo livre. No aposento de Damien Karras, o padre Joe Dyer encontra o jovem sacerdote amargando um remorso pela morte recente e solitária de sua mãe, em Nova York. Assim que Dyer descalça os sapatos e apaga a luz, Karras mergulha em um sonho, e conforme ele o faz, *O Exorcista* também desliza do mundo simples do cinema para uma verdadeira arena de encantamento mágico...

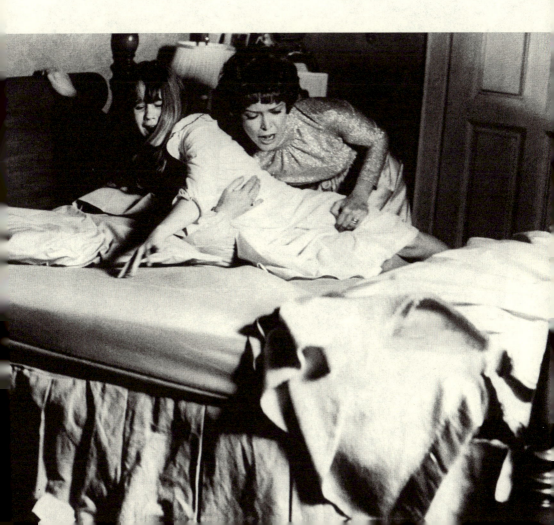

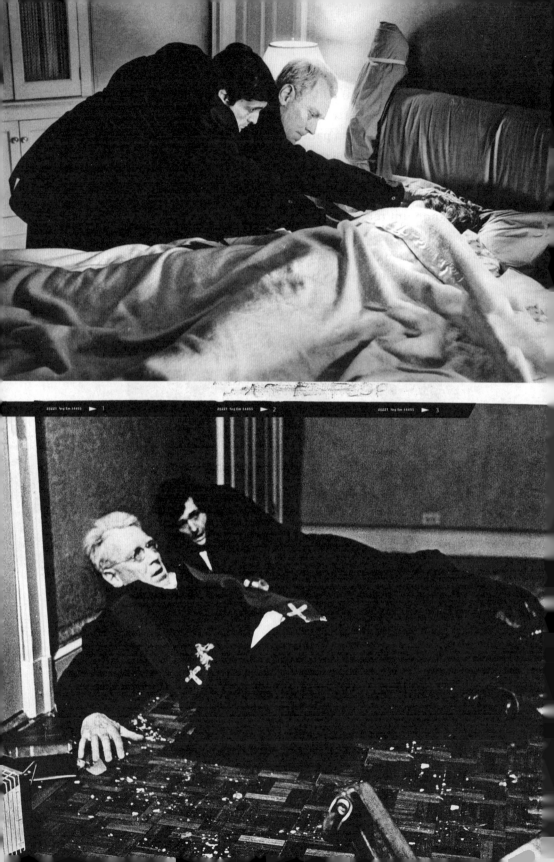

O EXORCISTA
SEGREDOS & DEVOÇÃO

CAPITULUM III

O ABISMO

A antiga denúncia de que *O Exorcista* está abarrotado de imagens demoníacas foi responsável, talvez mais do que qualquer outro aspecto do filme, pelas críticas furiosas que o veem como algo perigoso, maligno, perturbador. Caso emblemático, o evangelista Billy Graham afirmou que havia um mal encarnado no próprio celulóide da película, enquanto Hal Lindsey, escritor fundamentalista, descreveu a obra como que "preparando o terreno para o futuro ataque de Satanás".[36] Em uma observação um tanto mais mundana, o crítico Wilson Bryan Key dedicou um capítulo inteiro de seu *Media Sexploitation*, obra de 1976, com o intuito de detalhar o "repertório visual e acústico de inovações subliminares" que faziam de *O Exorcista* algo "ameaçador, ou mesmo perigoso" para uma pequena minoria de espectadores.

Assim como aconteceu com muitas das críticas contemporâneas a *O Exorcista*, as suposições de Key a respeito de subterfúgios subliminares são, em grande medida, exageradíssimas ou totalmente imprecisas. Não importa o quanto se tente esmiuçar uma foto congelada de alguma cena do filme, é impossível confirmar, como sugere o crítico, que "conforme [a respiração de Merrin] se condensa no ar, um rosto fantasmagórico

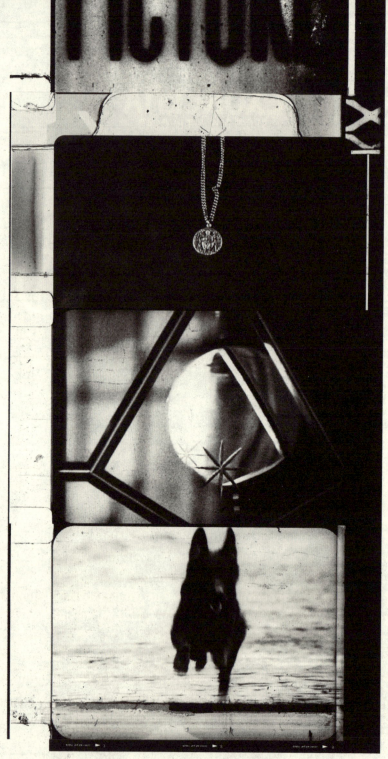

A sequência onírica começa

surge brevemente em meio à fumaça [que se mostra] invisível à audiência". Há um ponto em que Key se aproxima um pouco mais da verdade, quando afirma que durante o sonho angustiado de Karras com sua mãe, já falecida, há uma tomada subliminar na qual "o rosto do padre surge, em um lampejo, sob a forma de uma ampla máscara mortuária, tomando toda a tela — a pele de um branco ensebado, a boca, um rasgo rubro feito sangue, o semblante todo emoldurado por uma espécie de capuz ou mortalha branca".[37] Key tem razão quanto à sequência onírica — possivelmente o trecho mais denso de significados em todo o filme — *realmente* conter a tomada "subliminar" de um rosto sinistro e malévolo que lampeja pela tela em meio a uma montagem bem variada de imagens e símbolos dos mais disparatados. Mas o rosto não aparece envolto "por uma espécie de capuz ou mortalha". E tampouco se trata da face do padre Karras, como Friedkin bem explicou em 1991:

> Aquelas eram tomadas de um teste de maquiagem que acabou não dando certo, que fizemos com Eileen Dietz, dublê de Linda Blair. A ideia era usar aquela maquiagem na própria Blair. Mas rejeitei o teste porque não combinava com a organicidade do que estaria se passando com a garota no filme; aquilo parecia maquiagem mesmo. Ao mesmo tempo, me pareceu que poderia acrescentar algum peso se usada rapidamente, daquele jeito, então eu peguei essas tomadas que não deviam ser usadas na versão final e as coloquei lá, como um experimento. E achei que funcionou.

A aparição do rosto demoníaco em meio a uma enxurrada estroboscópica de imagens em preto e branco, por mais crucial que tenha sido para adensar a força de *O Exorcista*, acabou por ofuscar o significado real dessa incrível sequência onírica.[38] Assim como se deu com muitas outras das estratégias visuais de Friedkin, o sonho de Karras tem suas raízes profundas no livro de Blatty, onde é descrito deste modo:

Sonhara com sua mãe. Olhando por uma janela no meio de Manhattan, ele a viu subir pela escadaria do metrô, do outro lado da rua... Acenou. Ela não o viu. E seguiu caminhando pela rua. Ônibus. Caminhões. Multidões detestáveis. Pouco a pouco, ela estava se apavorando. Voltou ao metrô e começou a descer as escadas. Karras desesperou-se, saiu correndo pela rua e chorou enquanto gritava o nome da mãe; chorou enquanto não a encontrou; e enquanto a imaginou desamparada e confusa no labirinto de túneis sob a cidade.

No filme de Friedkin, o sonho repleto de culpa se expande para abarcar imagens e temas que surgem por todo o longa-metragem, desde o prólogo no Iraque até o final nas escadarias de Georgetown. A medalha de São José, os cães furiosos no deserto, o relógio de pêndulo, a face do demônio — todas essas imagens se amalgamam em uma montagem sem sentido, surreal, cuja potência segue inabalada mesmo após duas décadas e meia. Friedkin assim se refere à cena, bem como ao papel que as imagens "subliminares" desempenham na conjuração de uma atmosfera mágica:

> A primeira vez que vi uma edição subliminar foi no documentário maravilhoso de Alain Resnais, *Noite e Neblina* (*Nuit et brouillard*),[39] no qual ele inseria tomadas móveis magníficas, coloridas, retratando as áreas mais mortais dos antigos campos de concentração na Alemanha, hoje cobertos pelo mato, pacificados pela natureza. Conforme a câmera vai mostrando essas imagens lânguidas, a cena é entrecortada por rápidos lampejos em preto e branco dos cadáveres encontrados naquele lugar. Isso me pareceu incrivelmente profundo, quando assisti ao filme pela primeira vez, e foi minha inspiração para utilizar tomadas subliminares em *O Exorcista*. Queria que todas desempenhassem um efeito como o da memória. [...] O que eu queria mesmo fazer em *O Exorcista*, a ideia mais clara e objetiva que eu tinha ao abordar o filme, era explorar a noção de que duas pessoas diferentes, os padres Merrin e

Karras, estando em partes distintas do globo, ainda assim teriam passado por experiências, memórias, sonhos ou pesadelos capazes de criar uma espécie de síntese entre os dois. Para mim, essa é a chave para entender a sequência do sonho.

Veja só o que acontece: o padre Karras deita para dormir após a morte de sua mãe, e a série de imagens que se segue parece guardar relação com a morte dela e sua descida — mais do que sua ascensão — para os subterrâneos de Nova York. Isso é filmado de um jeito que deixa tudo com um ar de sonho, o que é uma imagem perturbadora. Mas também há a alternância com imagens relacionadas ao padre Merrin no Iraque; é possível ver a medalhinha de São José que ele encontra na escavação; vemos também os cães rosnando, raivosos, assim como aparecem na sequência inicial no Iraque — e tudo isso acontece no sonho de Karras. Me dei conta de que nosso entendimento sobre o tempo e o espaço é muito limitado e talvez não corresponda à realidade, talvez nada disso seja tão ordenado como costumamos pensar que é. Por isso brinquei com a ideia, colocando imagens de coisas que aconteceram ao padre Merrin nos sonhos de Karras. Porque os dois homens, um dia, se uniriam nessa espécie de campo de batalha.

A sequência onírica chega ao fim com um grito subliminar de Linda Blair se sobrepondo, e a cena logo corta para ela sendo examinada em um consultório médico, com um linguajar obsceno. Com isso, em menos de um minuto cheio de imagens e sons desemparelhados, muitos dos quais sendo apenas cortes subliminares, busquei dar uma ideia da simbiose que há nos sonhos. E foi *assim* que usei de percepção subliminar em *O Exorcista* — um tipo de percepção que acontece a todos nós, em que nossa mente, pregando peças na gente, lança mão de uma variedade de referências completamente desconexas com o contexto em que nos encontramos.

À luz do sonho de Karras, a narrativa começa a se desenrolar a um passo aceleradíssimo, como se a culpa incrédula do padre tivesse lançado, em meio ao mundo moderno e ordenado, algum tipo ancestral de magia caótica. Com a medalha de São José encravando uma antiga tapeçaria iraquiana no calçamento frio de uma rua em Georgetown, vemos Regan berrar, lançar ofensas e cuspir nos médicos que tentam, desesperadamente, injetar-lhe um sedativo. Corta para a Igreja da Santíssima Trindade, onde a recitação de Karras de uma antiga litania cristã — "Dizei uma só palavra e meu servo será curado" — é justaposta a encantamentos mágicos da medicina moderna: "É sintoma de uma espécie de distúrbio na atividade eletroquímica do cérebro", o dr. Klein informa a Chris. "No caso de sua filha, no lobo temporal."

Embora Friedkin tenha enfatizado, em numerosas oportunidades, que os bizarros exames a que Regan se sujeita são um retrato fidedigno das modernas técnicas clínicas — médicos verdadeiros trabalharam no filme, tanto dando consultoria quanto atuando —, é difícil não ver, nas cenas seguintes, uma preparação de terreno para que a medicina e a psiquiatria sejam mostradas como tristes bodes expiatórios. Apesar de toda sua acuidade técnica, as palavras e os atos dos médicos não parecem mais do que uma baboseira mística, um ritual inútil. A angiografia, em particular — que não aparece no livro, mas é inserida no filme para refletir o constante avanço da tecnologia—, chega a parecer uma verdadeira tortura da Inquisição, perversa por sua precisão e terrivelmente sexual quando de sua execução.

Com Regan deitada em uma mesa de exames, um médico, cuja vestimenta nos faz pensar na batina de algum tipo exótico de sacerdote, unge sua tez pálida com um iodo bem escuro. Os ombros da menina estão à mostra, e uma seringa indiscutivelmente fálica toma a cena, ereta, ejaculando. Ela choraminga quando a agulha lhe penetra a carne, com o sangue jorrando de um jeito orgástico, sorvido de maneira lasciva pela maquinaria médica. Surge uma série de instrumentos góticos a fim de registrar a cerimônia: um scanner marca uma cruz luminosa na testa de Regan, e o ar logo se enche de batidas rítmicas — o estrondar do oculto. Com a dor deflorando as feições desamparadas da garota, a

O demônio invade o sonho de Karras com sua mãe...

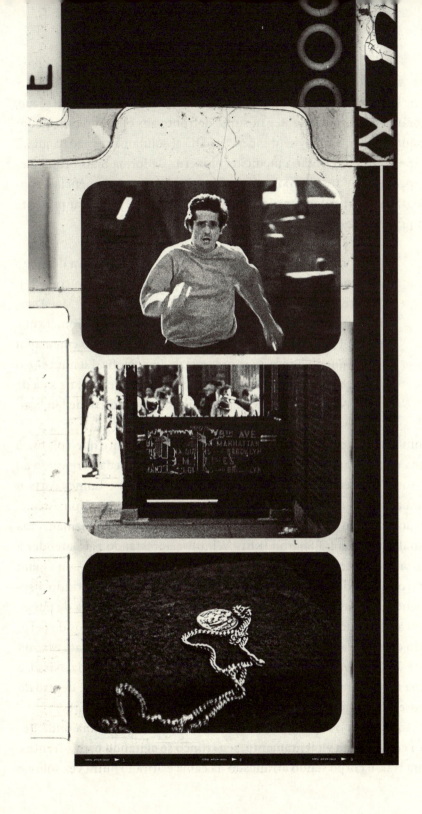

cena corta para uma tela branca, claríssima. No silêncio que se segue, o crânio descarnado de Regan surge defronte aos olhos do espectador enquanto o dr. Tanney sentencia: "Não há absolutamente nada aqui...".

Seria difícil retratar a medicina moderna de forma mais brutal, desesperançada e até mesmo pornográfica do que essa. A sequência da angiografia é particularmente traumática. Blatty lembra de estar presente na primeira vez que alguém desmaiou ao vê-la:

> Foi na primeira exibição teste de Nova York. Eu estava de pé no fundo, nervoso, e veio uma mulher caminhando pelo corredor, vacilante, com a mão no rosto e exclamando sem parar "Meu Deus do céu, meu Deus do CÉU!". Lembro de ter pensado: "Tomara que não seja Pauline Kael". [...] O trecho que a fez sair do cinema foi aquele a que eu nunca assisto: a cena da angiografia. Eu nunca vejo aquela cena [...] só a assisti uma vez, quando precisei, na sala de edição. Nunca mais olhei para aquilo. Sinto enjoo só de lembrar.

Com a audiência desequilibrada pelo clima torturante que conduz à cena da angiografia, Friedkin logo nos leva a uma queda livre rumo ao terror. Um telefonema faz com que os doutores Klein e Tanney corram para a casa da rua Prospect, onde um verdadeiro pandemônio está armado. Do meio da escadaria, a câmera portátil de Owen Roizman, uma Panaflex, enquadra Sharon (Kitty Winn) se apressando para atender a porta enquanto, em segundo plano, gritos surdos prenunciam algum horror ainda desconhecido vindo do andar de cima. Repetindo a sequência de tensão crescente que vimos mais cedo, a câmera dá passagem ao trio que corre escada acima, virando-se para segui-los de perto pelo corredor até chegar à porta fechada do quarto de Regan. Sharon bate à porta e avisa "Chris, são os médicos!", antes de abri-la. Nisso, a cena corta de maneira abrupta para um ângulo contrário, de dentro do aposento, enfocando uma aterrorizada Chris MacNeil.

Aqui, reina o caos. A câmera passa da porta para a cama onde Regan convulsiona violentamente, seu tronco se agitando para a frente e para trás, o corpo sendo arrancado da cama e atirado outra vez sobre o

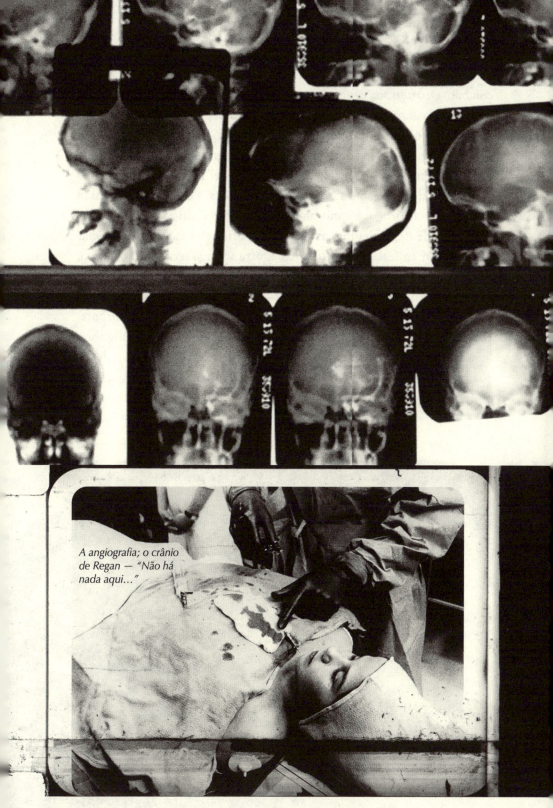

A angiografia; o crânio de Regan — "Não há nada aqui..."

colchão. Quando sua cabeça tomba no travesseiro, vemos seus olhos se revirando, a garganta inchando de forma grotesca, criando um grunhido animalesco. Aproximando-se da cama, o dr. Klein se vê estarrecido quando Regan arranca o próprio roupão e grunhe, com uma voz que claramente não lhe pertence: "Me fode! Me fode!". Em meio a uma onda cada vez maior de resmungos, gritos e palavrões, a câmera de Roizman se perde no alvoroço, e a montagem de Klein e Tanney tentando conter a fúria de Regan lembra as imagens confusas de turbas soltas pelas ruas ou de manifestações estudantis. Outra seringa terrível vem à cena, perfurando o braço de Regan em uma espécie de premonição desconfortável da cena do crucifixo. Com Chris sendo retirada do quarto, seus lamentos angustiados são interrompidos de súbito pela porta que bate, fechando o quarto e impondo silêncio pelo corredor, sinistro, lúgubre.

Sem dúvidas, tal cena apresenta uma série de problemas complexos para os cineastas, mas Friedkin está à altura do desafio. Os espasmos violentos do corpo de Regan foram possíveis com a utilização de um

Regan reage, possessa, à visita dos médicos

arnês em seu torso, o que permitiu que Marcel Vercoutere, supervisor de efeitos práticos, a içasse até uma prancha escondida. Com Linda Blair deitada à cama, os técnicos eram capazes de arremessar seu corpo para a frente e para trás — movimentos totalmente fora de seu controle. Como Marcel Vercoutere declarou à revista *Fangoria*, em 1983:

> Eu era o próprio demônio! [...] Atei a menina ali, e era eu quem lançava seu corpo de um lado para o outro [...] onde é que termina a atuação e começa o realismo? Por exemplo, ela estava sendo possuída, arremessada, sacudida, chacoalhada e derrubada, e tudo isso para chegarmos àquele nível de horror, mas sem exagerar demais, sem machucá-la nem nada disso. No começo é tudo divertido, mas vai chegando uma hora que começa a ficar mais violento. E ela diz assim "Tá bom, chega". Pronto, é aí que a coisa começa![40]

Linda Blair contaria à *Newsweek* o seguinte: "Eu me machuquei quando tive que ir para cima e para baixo rápido daquele jeito. Tinha uma coisa de metal presa em mim, e ela ficou meio frouxa, daí começou a bater no meu corpo. Eu tinha que gritar: 'Parem com isso!'. E era exatamente o que eu estava berrando. Mas ninguém entendeu que era de verdade".[41]

Blair me contou, em 1989, que os efeitos especiais utilizados nesse tipo de cena tinham se tornado um martírio. "Machuquei minhas costas durante *O Exorcista*", recorda. "Enquanto filmávamos algumas das cenas em que eu me agito na cama, uns equipamentos se soltaram e me feriram as costas. Por causa disso, me levaram a um monte de médicos e massagistas, e tudo bem, o corpo de uma criança se recupera rápido, eu era bem resistente. Mas foi dureza."

Ainda mais controverso foi o fato de haver, nessa cena, duas participantes ocultas que, mais tarde, moveriam ações legais para que seus nomes constassem nos créditos da produção. As falas "Se afaste, essa vaca é minha!" e "Me fode! Me fode!" são ditas não por Blair, mas pela atriz Mercedes McCambridge, procurada por Friedkin na pós-produção para dublar as vozes demoníacas. De fato, desse ponto em diante a voz de Linda Blair será cada vez mais encoberta pelo estranho rosnado de McCambridge, assim como a personalidade de Regan é consumida pelo "demônio" dentro dela.

Uma análise mais detida do filme parece indicar que essa cena, aparentemente, marca também a segunda participação não creditada da dublê Eileen Dietz, que no futuro tentaria ser creditada por *todas* as cenas de possessão. Mostrada rapidamente durante o estranho sonho de Karras, Dietz surge outra vez, por um breve período, quando Regan é vista de costas estapeando Klein e, de modo grotesco, fazendo movimentos como se estivesse se masturbando. Essa substituição parece ter se dado a fim de evitar que uma atriz menor de idade precisasse representar atos evidentemente obscenos, e trata-se da primeira vez, de três, em que Blair é substituída em *O Exorcista* por razões mais morais do que técnicas.[42] Na cena posterior em que Regan é controlada pela hipnose do psiquiatra Arthur Storch, a mão de Dietz aparece por um instante tocando as partes íntimas de Storch enquanto Regan se agita em uma fúria malévola. Ainda mais emblemática é a cena da masturbação com o crucifixo, em que também aparecem a mão e o corpo de Dietz, em um enquadramento que deixa de fora o rosto de Regan, mas revela a personagem estocando o crucifixo sob o roupão, bem como a cena que a mostra de costas esfregando o rosto de Chris em sua virilha ensanguentada.[43]

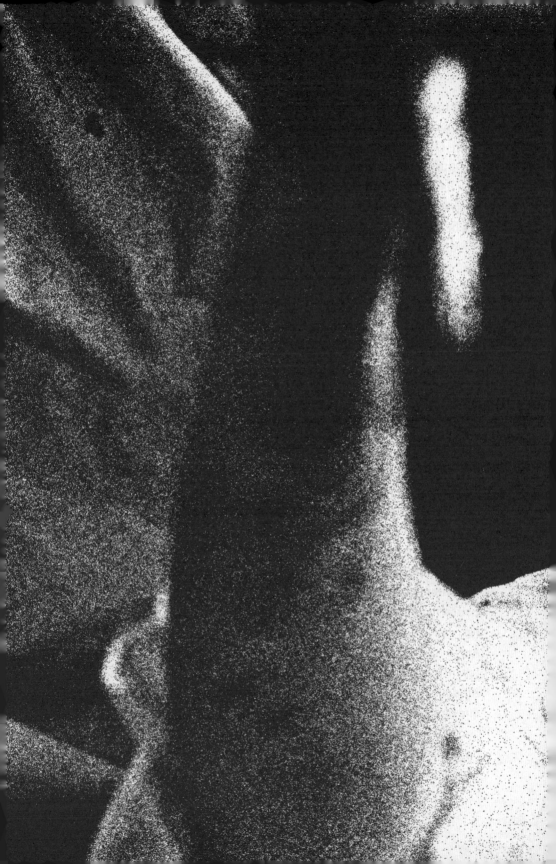

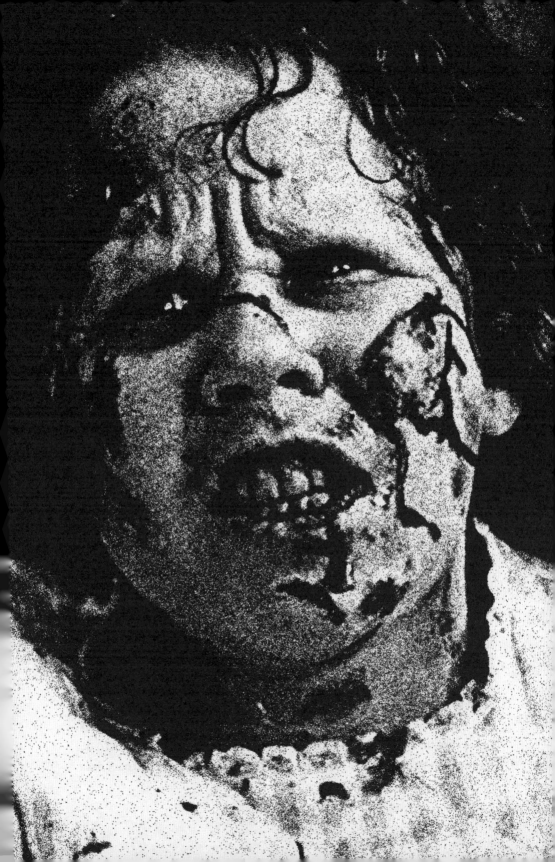

Do lado de fora, na penumbra do corredor da casa da rua Prospect, Chris e Sharon sentam-se quietas nos degraus, suas silhuetas compondo um quadro contemplativo, prefigurando um interlúdio posterior entre Merrin e Karras — que também se mostrará fonte de controvérsia. Quando a porta do quarto de Regan se abre de supetão, dela surgem os doutores Tanney e Klein, em estado de choque, saindo do aposento agora silencioso, demonstrando um comportamento que prefigura o dos dois padres a quem Chris se voltará quando os esforços *desses* feiticeiros tiverem fracassado. Segue-se mais um falatório médico, com o tom sombrio dos doutores incapazes de consolar Chris, que então explode, furiosa: "Meu Deus do céu, *do que* vocês estão falando?! Vocês não a viram, não? Ela parece que perdeu a porra do juízo!". Outros exames são feitos, uma pneumoencefalografia — acompanhada de ruídos feito os golpes de bigorna — reproduz brevemente a mesma infâmia ultratecnológica da angiografia, mas sem conclusão alguma. Por fim, quando o dr. Klein sugere que é chegada a hora de consultar um psiquiatra, Chris volta para casa e descobre que Burke Dennings — a quem deixara cuidando de Regan — está morto, tendo rolado pela íngreme escadaria de pedra que separa a rua Prospect de outra via ao pé da encosta.[44]

Como de costume, uma série de símbolos visuais e acústicos complementam a narrativa aqui, chamando-nos a atenção para temas cruciais que se conectam. Enquanto Chris dirige de volta para casa, ela cruza com uma multidão aglomerada ao pé das escadarias, onde Dennings se encontra caído em meio a uma poça de sangue, cercado por ambulâncias e curiosos. Absorta em seus próprios pensamentos, ela passa direto por essa cena grotesca, que antecipa a salvação de Regan graças ao padre Karras — que derrotará o "demônio" às custas de sua própria vida, que chegará ao fim na base daquela mesma escadaria. Enquanto ela dirige, ouvimos um *pizzicato* aleatório soando ao fundo, semelhante ao chiado das molas no colchão de Regan, enquanto seus lamentos já sugerem um estômago em revertério.

Chegando em casa, Chris segue pé ante pé até a cozinha, onde as luzes piscam sem parar, assim como havia ocorrido durante o surto de Regan, e o toque de um telefone rompe o silêncio agourento. A essa altura, até mesmo o som mais inocente e familiar, como o de um telefone tocando, já adquiriu um ar sinistro: uma campainha tocara para deixar entrar Klein e Tanney, que então testemunham a aparência aterradora de Regan; agora é um telefone que toca como que antecipando um novo horror — a notícia da morte de Burke Dennings. Mais tarde, nosso susto virá novamente na forma de um telefone tocando quando Karras ouve a gravação da voz demoníaca de Regan, e durante o último exorcismo, a campainha tocará no exato momento em que Karras estiver subindo as escadas, rumo a seu confronto final e mortal frente ao "demônio". Nesse ínterim, no quarto de Regan, Chris encontra a filha adormecida e a janela escancarada, como que aberta de maneira agourenta para a noite fria, cujo ar gelado serve como outro sinal dos eventos sobrenaturais que hão de ocorrer. Dado esse pano de fundo sinistro, a morte supostamente acidental de Burke pode ser qualquer coisa, menos natural...

Conforme Blatty escreve em seu romance e no roteiro, essas cenas também preparam o terreno para a famosa "sequência da aranha", a mais debatida de todas as "cenas perdidas" do filme. Numerada como a 143ª cena no roteiro de Blatty, tal sequência ocorre logo após Chris ter tomado conhecimento da notícia devastadora sobre a morte de Burke:

> [Chris] subitamente congela, olhando estarrecida para algo que desce as escadas atrás de Sharon. É Regan, de quatro. Vem se movendo com agilidade, feito uma aranha, quieta e célere pela escada, a língua se agitando para dentro e para fora da boca, como uma serpente. Para ao chegar às costas de Sharon... que se vira, sem perceber nada. E solta um berro ao sentir a língua de Regan serpenteando em seu tornozelo.[45]

Marcel Vercoutere confirmou que tal cena foi filmada, tendo sido ele o responsável por construir um equipamento que permitia à atriz descer as escadas, *de costas*, da forma como é descrito no livro de Blatty. Em 1983, ele contou à revista *Fangoria*:

> Fui eu quem a prendi, com um cinto, a dois cabos finíssimos de aço, para que fosse capaz de se virar. Quando ela começou a descer do alto da escada, eu conseguia mantê-la no nível que quisesse. Para ser bem honesto, a única coisa que ela precisou fazer foi movimentar pernas e braços; eu conseguiria fazê-la se mover com a velocidade que eu desejasse. Logo que a fiz chegar ao térreo, soltei as cordas. Daí ela saiu correndo pela sala e acabou mordendo não sei quem.[46]

Os comentários de Vercoutere, junto à descrição de Blatty no livro, de dar calafrios, resultaram em um grande interesse e especulação por parte dos fãs de O Exorcista. Em 1991, Linda Blair me diria não ter filmado a cena da aranha, mas se lembrava da atlética Eileen Dietz fazendo parte da sequência.

> Não era eu. Era a dublê, se não me falha a memória. Era sim, tenho quase certeza de ter sido Eileen Dietz. [...] Sei de que cena você está falando, e lembro que deu confusão para fazê-la. [...] Essa foi uma das razões para terem contratado essa dublê, na verdade, para fazerem um monte de coisas malucas. Mas nunca chegaram a usá-las, no fim.[47]

O motivo pelo qual a cena da aranha nunca foi usada na versão final do filme continua um mistério. De acordo com Vercoutere, a cena acabou se tornando "um tanto quanto sangrenta" e muito destoante da progressão natural do adoecimento de Regan, já que teria "cravado com certeza, para a audiência, que ela estava possuída". Uma explicação mais provável é a de que essa cena simplesmente não funcionou do ponto de vista técnico, mas que ainda assim evidencia como o arnês e os cabos de suspensão usados por Vercoutere estavam visíveis.[48] E como a descida de Regan se dá com um movimento lateral, teria sido impossível esconder as cordas em meio à balaustrada do corrimão ou mesmo aos padrões do papel de parede, como pôde ser feito na cena da levitação.

Ironicamente, apesar de todo o interesse que possa ter despertado, a cena da aranha parece ter sido cortada por unanimidade, e nem Blatty, nem Friedkin lamentam a sua ausência.

Na montagem final, a remoção dessa cena permite que a edição de Friedkin alcance uma transição primorosa, justificando a perda do material mais explícito. Quando, em desespero, Chris se vira após saber da morte de Burke, a câmera literalmente se fecha e o preto preenche toda a tela, mergulhando-nos em um silêncio fúnebre. Dele, emerge o gorgolejar sinistro com que o prólogo do Iraque se iniciava,[49] acompanhado da voz imponente e sisuda de Arthur Storch, o psiquiatra, comandando: "Quando eu tocar sua testa, abra os olhos". E o filme o obedece, abrindo-se para ver a face abatida de Regan, imergindo-nos ainda mais no feitiço hipnótico do longa.

A exclusão do episódio da aranha também preservou uma simetria aterrorizante que há na estrutura de O Exorcista, em que a cama chacoalhando se mostra um claro precursor da iminente masturbação com o crucifixo. Embora haja uma considerável distância narrativa entre

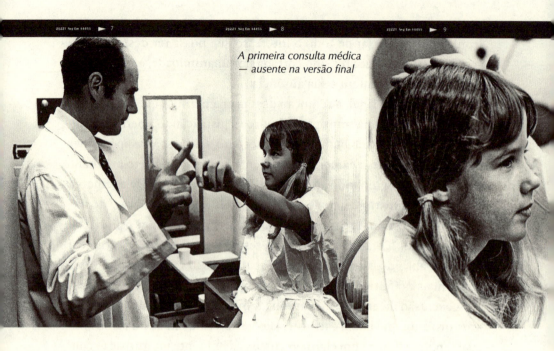
A primeira consulta médica — ausente na versão final

essas duas cenas, sua construção dramática é tão espantosamente semelhante que muitos críticos e espectadores chegam a confundir e misturar detalhes de uma e de outra. Assim como a cama que se agita, a cena do crucifixo tem início na porta de entrada da casa da rua Prospect, com Chris acenando de maneira agitada e se despedindo do tenente William Kinderman (Lee. J. Cobb). Kinderman a procurara para saber a respeito da morte recente de Burke Dennings que, conforme acredita o detetive, foi assassinado por um homem de força descomunal, depois teria sido atirado pela janela do quarto de Regan. Espectadores mais atentos recordarão — como o faz Chris — do dr. Tanney explicando que "estados patológicos são capazes de insuflar uma força anormal", e também do fato de que a janela de Regan estava aberta na noite do assassinato. Além disso, Kinderman encontra um animal esculpido em argila no pé da escadaria que leva à rua Prospect, escultura que combina com aquelas dispostas na casa das MacNeil. A descoberta desse talismã dispara uma série de alertas: é uma evidência

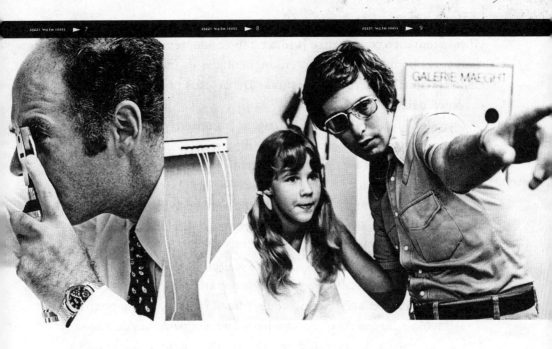

de que Dennings, de fato, caiu da janela daquela casa; ele possui uma clara semelhança com o amuleto de Pazuzu desenterrado por Merrin no Iraque, o que serve para indicar a presença de um demônio ancestral e estrangeiro; e é também um dispositivo dramático, com sua descoberta dando um tom sinistro à cena que se alterna, quando Chris encontra um crucifixo sob o travesseiro de Regan.

Todos esses elementos, apenas insinuados quando da visita de Kinderman a Chris, agora explodem com uma fúria medonha. Conforme Chris se afasta da porta, inutilmente trancada, o sussurro baixo da cena anterior é substituído por um estrondo vindo do quarto de Regan. Uma vez mais, a acompanhamos correndo escada acima, cruzando o corredor e chegando à porta do cômodo, pela qual podemos ver objetos — discos, livros, cerâmicas — voando na direção da janela fechada.[50] E mais uma vez, a cena corta para uma tomada estática a partir de dentro do quarto, enquadrando o olhar espantado de Chris antes mesmo que vejamos a obscenidade que se passa na cama de Regan: o crucifixo, cujo vínculo temático com Pazuzu já fora estabelecido, sendo enfiado repetidas vezes no meio das pernas ensanguentadas da menina, enquanto ela urra naquela voz rouca e gutural: "Deixa Jesus te comer, deixa ele te comer, deixa!".

Mais de vinte anos após sua filmagem, o impacto grotesco da cena — seu poder repulsivo, o espetáculo absolutamente vulgar — segue imbatível. Não importa o tanto de distanciamento acadêmico nem de familiaridade empolgada, o horror de tais imagens nunca diminui. Não causa surpresa, portanto, que a cena tenha sido motivo de debates acalorados não apenas entre crítica e público, mas também entre Blatty e Friedkin. Como diz Blatty:

> Pessoalmente, sempre achei que devíamos apenas insinuar o que ocorria na cena. Por mim, sequer filmaríamos abaixo do peito da menina. Eu queria que o crucifixo descesse para fora do enquadramento, subindo outra vez, já ensanguentado, e deixar que a mente completasse o acontecido, sem precisar mostrar as pernas nem nada disso. Até temos esse material. Não quero ser muito crítico, mas eu preferia assim.

Da forma como foi para a versão final, a imagem da face retorcida de Linda Blair, crucifixo em punho, é intercalada por uma tomada suplementar da mão de Eileen Dietz fincando o artefato sob seu roupão sujo de sangue. Em vez de afastar a câmera da cena, como que envergonhado, Friedkin a centraliza, enfatizando a sequência completa e fazendo com que o impacto visual seja acompanhado por um som repugnante de punhaladas. O efeito é chocante, ultrajante, repulsivo. De acordo com Blatty:

> Uma porção considerável do público deve ter se interessado apenas porque algo tão ofensivo e vulgar estava sendo mostrado nos cinemas dos Estados Unidos. Bill Friedkin sempre disse que seria bem esse o caso; que eles viriam querendo ver uma garotinha se

masturbar com um crucifixo. [...] Na época, não acreditei nele; pensei que fosse destruir o filme. Mas quando vi que ele estava totalmente certo, notei como aquilo era deprimente.

Quando Chris MacNeil sai engatinhando detrás da escrivaninha que deslizara por todo o quarto, a câmera, de um ângulo bem baixo, enquadra a cabeça de Regan girando de maneira brusca sobre seu tronco imóvel, estalando conforme gira, até que o rosto se volte às costas. No pandemônio pornográfico dessa sequência, o manequim modelado feito Linda Blair, do maquiador Dick Smith, apanha-nos desprevenidos — clássico exemplo de um efeito especial que funciona porque a audiência não o está esperando. Independentemente do brilhantismo da criação de Smith, ele não convenceria o público se este já estivesse esperando um susto. Mas na sequência da cena do crucifixo, da qual o espectador mal saiu, o boneco de Smith surge em um lampejo tão inesperado que, assim como Chris, ficamos sem saber o que presenciamos. A cabeça de Regan *girou no próprio eixo* bem diante de nossos olhos? Já tínhamos escutado Kinderman contando a Karras que Burke Dennings havia morrido com a cabeça torcida para trás, ao modo de um assassinato ritualístico e macabro. Antes que nos seja possível pensar melhor no assunto, Friedkin corta para um *close* no rosto ensanguentado de Blair, imitando com escárnio o inglês britânico, rascante, de Dennings: "Você sabe o que ela fez, a putinha da sua filha?".

Mais tarde, durante a cena do exorcismo, o manequim de Smith seria outra vez utilizado, não para um efeito tão arrepiante, mas ainda mais memorável. Em meio a uma enxurrada de manifestações diabólicas — levitação, vômito, telecinese, imprecações —, Regan de súbito para, senta-se ereta e faz um giro de 360 graus com a cabeça. Foi uma decisão sem dúvidas oportunista, pois essa passagem não se encontra nem no romance de Blatty, nem mesmo em seus roteiros, seja no original ou na versão revisada para as filmagens.

Esse trecho disparatado, feito para agradar ao público, parece ter sido trabalhado depois de rodado como cena independente, pois Blatty a considerara inadmissível. "Fui totalmente contrário à cena que mostrava a

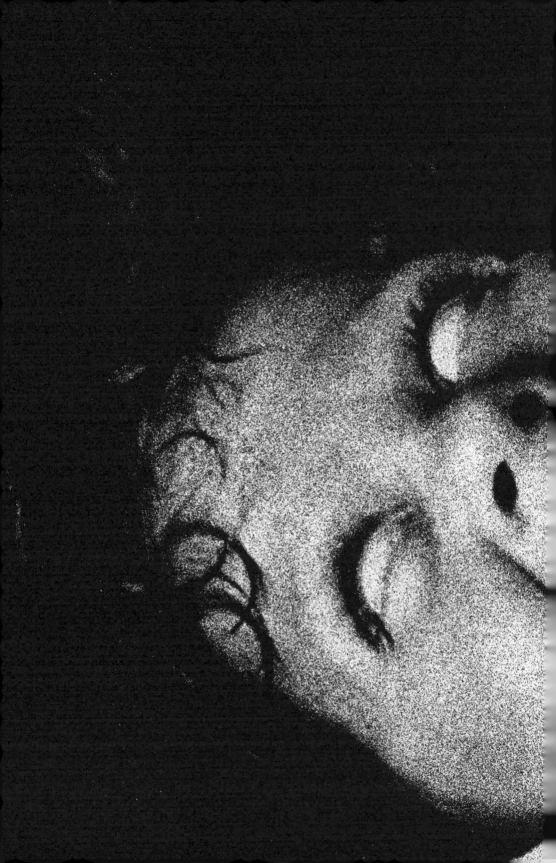

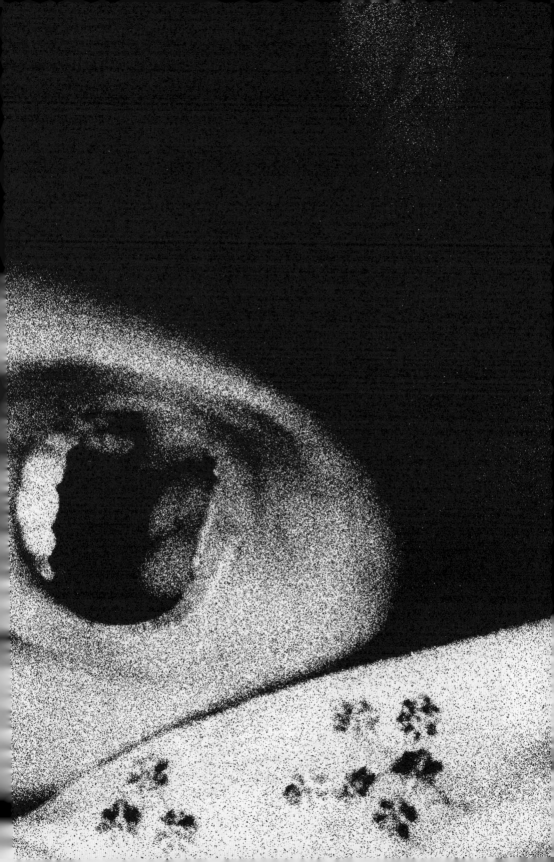

O manequim ganha vida

cabeça de Regan girando feito um pião", afirmou ele, que não escrevera nada mais enigmático do que uma tomada da cabeça "movendo-se como a de um manequim, estalando com o ruído de um mecanismo enferrujado".[51] "Eu disse a Bill: o sobrenatural não precisa ser impossível." Em consideração ao produtor, Friedkin intercalou a cena com um corte para o padre Karras, insinuando que aquele espetáculo pudesse ser uma alucinação — ainda que o público não tenha compreendido dessa forma ao longo dos anos. Mas como o próprio Blatty admite, no fim das contas: "A audiência adorou, o que só prova uma vez mais que eu não entendo nada".

A explicação para a força dessa cena não se encontra exatamente no efeito da cabeça girando, mas nas imagens complexas que se seguem. Da reação estoica de Karras, retornamos ao manequim de Smith, cujo rosto toma a cena, sobreposto pela face bastante maquiada de Eileen Dietz. De acordo com Tim Lucas, editor da *Video Watchdog*: "Linwood Dunn [supervisor de efeitos visuais] usou um divisor de luz a fim de produzir uma imagem viva, refletida em um vidro, de Dietz com a maquiagem de Capitão Howdy [...] que se projetava sobre a face do animatrônico em tamanho real de Blair, feito por Smith, enquanto o boneco se mantinha estático".[52] Essa justaposição dá vida ao manequim que, a despeito dos olhos móveis e do hálito sinistramente condensado, ainda assim guarda um olhar inexpressivo. Ver o manequim se "mover" e contrair o semblante confere autenticidade ao artifício da cabeça girante, o que não seria possível de outra forma. Em uma só imagem, Friedkin resgata o filme do ridículo e o coloca outra vez no sublime, criando horror onde teria sido tão fácil provocar risos. Para o público, esse é um momento de supremo terror, que embaça a linha entre ilusão e realidade.

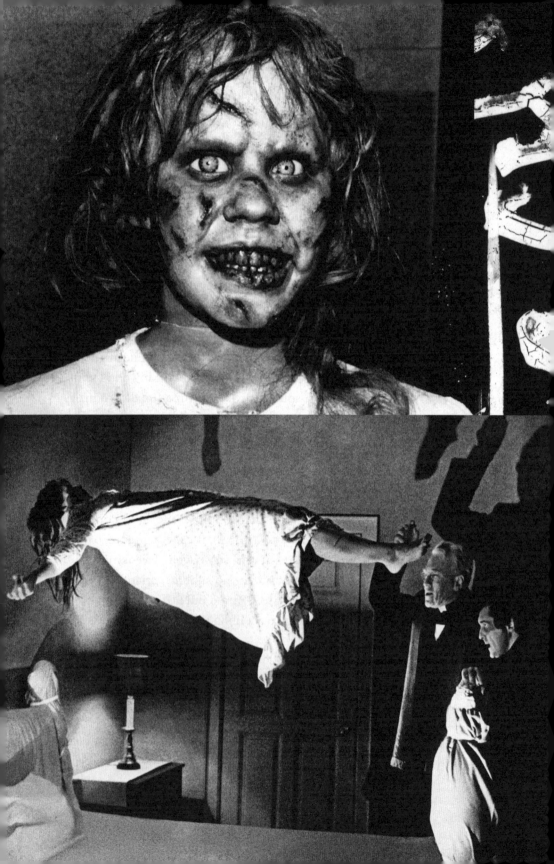

O EXORCISTA
SEGREDOS & DEVOÇÃO

CAPITULUM IV

SL. 118:169*

Por sua edição complexa, cheia de camadas densas, *O Exorcista* costuma ser lembrado como um *tour de force* de efeitos especiais — reputação que muitas vezes ofusca suas qualidades mais discretas. Desde o começo, sabia-se que o terceiro ato do filme, o exorcismo propriamente dito, precisava de efeitos visuais revolucionários caso quisesse se mostrar impactante. Mesmo com Ron Nagle, o técnico de som, passando dois meses atrás de registros sonoros de abelhas enfurecidas, de brigas de cães, hamsters hiperativos e porcos amedrontados,[53] Friedkin determinou que todos os eventos sobrenaturais na sequência do exorcismo fossem produzidos com efeitos práticos, no próprio set, conferindo à cena um tom de veracidade que poucas vezes se consegue na pós-produção. Para isso, o interior da casa das MacNeil foi reconstruído do zero nos estúdios Ceco de Nova York, ficando a casa verdadeira, em Georgetown, reservada apenas para as tomadas externas.[54]

---

* Salmos 118:169: *Chegue até vós, Senhor, o meu clamor; instruí-me segundo a vossa palavra.*

Agora sem as limitações daquele ambiente físico, a equipe de Friedkin reproduziu um modelo do quarto de Regan, repleto de paredes falsas para auxiliar no içamento da cama, um teto falso para que a menina pudesse levitar puxada por cabos de aço, e uma janela acoplada a um canhão de ar, que poderia escancará-la de um só golpe. Esse aposento inteiro, então, foi posto dentro de uma enorme câmara frigorífica, o que fazia a temperatura cair abaixo de zero, causando aquela extraordinária respiração condensada a que todos que se aproximavam dos domínios de Regan se viam expostos. Para além das histórias sobre lentes de contato que chegavam a congelar,[55] as pessoas que trabalharam no final satânico de *O Exorcista* também se recordam de incidentes com câmeras congelantes, incêndios elétricos, inundações causadas pelos dispersores e até mesmo uma nevasca interna, situações que acrescentaram algumas semanas a mais, e bastante custosas, a um cronograma de filmagem que já extrapolara seus prazos.

Para realizar o efeito especial mais assombroso, aquele incrível jato de vômito, Friedkin pediu que Dick Smith encontrasse um meio de garantir, no próprio set, uma tomada aberta do rosto de Regan, na qual a audiência veria sua boca escancarada projetando baldes e baldes de um material fumegante. Smith elaborou um arnês de plástico para acoplar à atriz, quase como um freio de cavalo, que bombeava sopa de ervilha em sua boca, fazendo-a esguichar por um bocal. De cada lado de seu rosto, o arnês foi escondido por uma maquiagem pesada de "possessão", enquanto o tubo de alimentação principal ficava oculto por seus cabelos. Embora muito se tenha escrito, ao longo dos anos, com relação ao sufoco que Linda Blair passou para utilizar essa engenhoca — sua posterior aversão a sopas de ervilha foi bastante divulgada —, o filme parece não ter mostrado seu uso. De acordo com Dick Smith, a primeira cena de vômito, durante o primeiro encontro de Regan com o padre Karras, foi filmada, originalmente, com Eileen Dietz usando o aparelho de Smith, a fim de gerar um efeito maior de "dispersão", com vômito saindo da boca de Regan para todas as direções. Mais tarde, Friedkin concluiu que a cena não o agradava, e regravou uma tomada com Linda Blair se pondo agitada na cama, momento em que inseriu um único jato de vômito utilizando os efeitos especiais que ele jurara não tolerar. Na montagem

final, essa cena corta para Jason Miller sendo lavado por uma gosma verde, e então retorna para Eileen Dietz, recuando de súbito com um derradeiro fio de "vômito" escorrendo por seus lábios. Depois, durante o exorcismo propriamente dito, o arnês de Smith é utilizado para gerar um jato lento de vômito que exsuda da boca de Regan e escorre pela estola púrpura com a qual o padre Merrin tenta benzê-la. Outra vez, de acordo com Smith, a sequência mostra Eileen Dietz, cujo rosto é identificável mesmo sob a maquiagem de possessão. "Quando você vê Dietz largada na cama", contou a Tim Lucas, em 1991, "com a cabeça de lado, o vômito grosso escorrendo lentamente pela estola de Max [...] aquela foi a única vez em que meu artefato foi usado no filme."[56]

Com absoluta esperteza, Friedkin nunca informou a Smith que sua complexa engenhoca de efeitos especiais havia sido eliminada, e seguiu afirmando para a imprensa que Linda Blair realizara todas as sequências de vômito. Isso apenas seguia o tom da campanha de desinformação

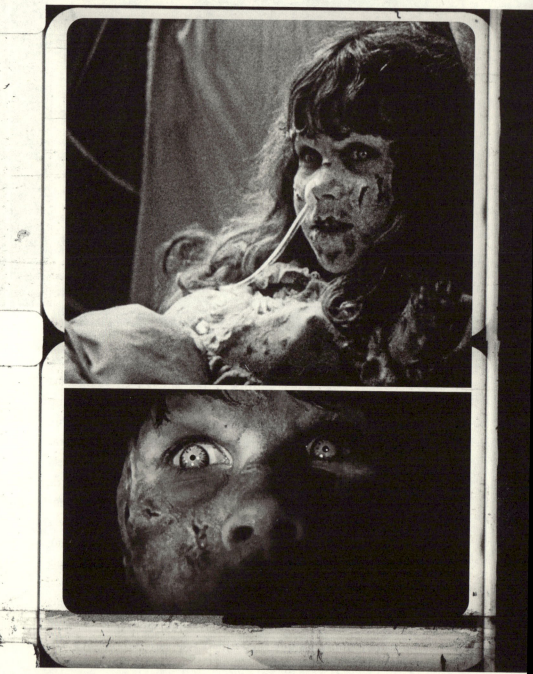

relativa aos efeitos especiais que o diretor vinha promovendo, e que atingiu seu ponto mais hilário quando ele anunciou que a cena da levitação fora "realizada com o uso de um campo magnético".[57] O motivo dessa insistência era claro: fazer com que os cabo de aço que suspendiam a atriz desaparecessem da tela apenas contando ao público que eles jamais estiveram ali. Ao mencionar algum passe de mágica pelo qual Linda Blair *realmente* tivesse levitado no set de gravação, Friedkin inseria um ar de mistério em torno de um dispositivo até bem bobo. Também o ouviram falar, com a mais esplêndida cara lavada, que apesar de não poder contar como Regan girara a cabeça daquele jeito, podia afirmar uma coisa: "Seja lá em que você esteja pensando, não foi assim que eu fiz".

Embora os esforços de Friedkin tenham sido bem-sucedidos em "ajudar o público a suspender sua descrença" em toda aquela maluquice em tela, conferindo-lhe uma estranha credibilidade, também serviram para criar uma situação com a qual Linda Blair acabaria sofrendo. Digna de nota, a afirmação recorrente de Friedkin segundo a qual a jovem atriz "não tivera dublês nem substitutas", tendo executado cada uma das cenas do filme, mostrou-se dupla e ironicamente prejudicial para ela. Em um primeiro momento, a notícia de que uma atriz adolescente atuara em *todas* aquelas atrocidades, incluindo a famosa cena da masturbação com o crucifixo, levaram a boatos na imprensa de que Blair sofrera traumas por fazer o filme.[58] Posteriormente, quando Eileen Dietz e Mercedes McCambridge moveram ações para que seus nomes constassem nos créditos, a reputação de Blair como atriz profissional foi injustamente posta em questão. "Não é verdade que algumas das palavras [de Blair] tenham sido mescladas às minhas, na versão final", McCambridge informou ao *New York Times* em 1974. "Todas as vocalizações demoníacas foram minhas — *todas. Cada palavra.*"[59] Friedkin, por fim, se viu obrigado a reconhecer o trabalho realizado por McCambridge, entre eles, engolir e regurgitar ovos inteiros, e ela teve seu nome incluído — embora não como a voz do demônio — em todas as cópias de *O Exorcista* depois das trinta primeiras.[60] Mas a essa altura sua pendenga com o diretor já havia interrompido o cronograma para o lançamento de um álbum com a trilha sonora, incluindo alguns diálogos.[61]

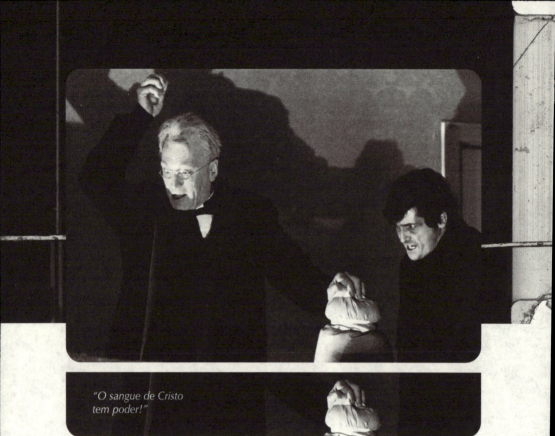

"O sangue de Cristo tem poder!"

Pior ainda, Eileen Dietz se envolveu em uma guerra aberta com Linda Blair, que ela alegava estar levando todo crédito pela atuação em cenas que haviam sido trabalho seu. Indignada com Friedkin, por suas negativas públicas com relação a ter havido dublê em tela, Dietz contra-atacou afirmando que *todas* as cenas de possessão eram obra sua. A Warner Bros., por fim, cronometrou o filme e admitiu que Dietz aparecera em tela por 28,25 segundos, mas negou que sua contribuição tenha sido dramaticamente significativa. Apelidada de "A Grande Guerra da Sopa de Ervilha", acredita-se que essa disputa nada discreta tenha jogado contra Blair na época do Oscar, embora não tenha servido, por estranho que pareça, para atenuar os rumores quanto à sua saúde mental. No que dependesse dos tabloides, Blair ainda era um excelente alvo, com ou sem dublê.

"A questão é a seguinte, eles realmente *queriam* que eu estivesse abalada", Linda Blair me confidenciou, resignada, em 1989.

> Escreveram todas aquelas matérias dizendo como eu estava perturbada, comentando os problemas psiquiátricos que eu devia ter. [...] A imprensa achou que conseguiria lucrar com fotos minhas fazendo coisas estranhas... e eu *não faço* coisas estranhas. Além disso... o público, eles *quiseram* ver um filme assustador, e talvez tenham acreditado naqueles boatos porque isso os ajudava na recepção. Talvez as pessoas quisessem acreditar que coisas esquisitas tinham acontecido porque isso as deixava mais amedrontadas.

Essa observação descreve a exata motivação de Friedkin ao promover *O Exorcista* por meio de um ladainha supersticiosa. Além de dizer a jornalistas que "há imagens estranhas na película, aparições que não haviam sido planejadas, algumas exposições sobrepostas no rosto da menina, no fim do filme, que simplesmente não dá para entender",[62] Friedkin também afirmava que o áudio de um exorcismo real, feito com um menino no Vaticano, havia sido mixado ao do longa.[63] E para arrematar, o diretor também parece ter inventado rumores a respeito de uma "maldição" que supostamente assombrava o filme, com a morte de Jack MacGowran, pouco após terminar suas filmagens como Burke Dennings, tendo sido o incidente mais difundido. Outras fatalidades atribuídas ao longa, ainda que de forma indireta, incluíam a morte do irmão de Max von Sydow (ocorrida na Suécia) e a do avô de Linda Blair. Some a isso o filho de Jason Miller, Jordan, sendo atropelado por uma moto em um passeio à praia, o que o deixou na UTI por algum tempo; o técnico de iluminação tendo os dedos — das mãos ou dos pés, depende da fonte — cortados no set de filmagem; e Ellen Burstyn machucando as costas ao ser arremessada por fios invisíveis, durante a cena da masturbação com o crucifixo. Enquanto tudo isso ocorria, a coordenadora de produção adoeceu de forma misteriosa, e os estúdios Ceco pegaram fogo... em um domingo, ainda por cima. "De fato, aconteceram umas treze situações durante a produção do filme que realmente pareceram intervenção do Diabo", declarou Howard Newman, responsável pela comunicação do projeto, com certa verve. "Coincidência ou não, numerologistas vão gostar de especular a respeito."[64]

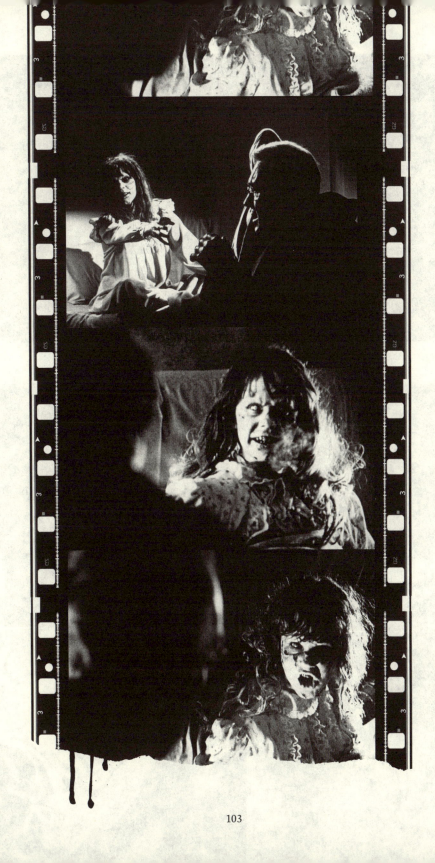

Uma Regan assustadora mostra a face demoníaca inteiramente maquiada

"Aquele papo todo de maldição era uma besteira", gargalhou Blatty, recordando como tudo começou:

> Billy Friedkin tinha se enrolado todo com os prazos, e deu uma entrevista para a *Newsweek* botando toda a culpa no Diabo. Depois disso, começaram a circular notícias sobre todos aqueles contratempos. Mas, pelo amor de Deus, se você grava algo por um ano, é claro que vai ter gente que vai acabar se machucando, morrendo... essas coisas acontecem.

Se um confronto com forças malignas estivesse ocorrendo em algum lugar da produção de *O Exorcista*, era na sala de edição. De acordo com Blatty, em algum momento do outono de 1973, Friedkin projetou uma versão do filme com 140 minutos, que o escritor e roteirista aprovou com entusiasmo. Mas com a estreia em 26 de dezembro chegando cada vez mais perto, Blatty se viu barrado da pós-produção enquanto Friedkin ia cortando uma e outra cena que acreditava estar prejudicando o andamento do longa. Comentando de maneira casual que "na edição de *O Exorcista*, estamos nos esforçando para reduzir a metafísica e ampliar o horror",[65] Friedkin decidira diminuir qualquer diálogo explicitamente teológico ao mínimo, deixando que a ação falasse por si. Blatty, que desde o princípio vinha desconfiando que seu trabalho corria o risco de ser espiritualmente prejudicado, decerto não concordaria com nenhum desses cortes, e por isso Friedkin o teria banido das dependências da Warner, alegando, de forma um tanto desbocada, que ele era "um pé no saco".

A discordância entre Friedkin e Blatty a respeito da mensagem teológica de *O Exorcista* já vinha desde seus primeiros encontros, quando Friedkin simplesmente se recusou a trabalhar a partir do tão amado primeiro roteiro de Blatty. Enquanto dava o segundo tratamento ao roteiro, para o qual o diretor ajudara marcando passagens do romance original, Blatty se agarrou a uma longa interação entre os padres Merrin e Karras, na qual era explicada a natureza da possessão de Regan. Presente tanto no romance quanto na primeira e na segunda versões do

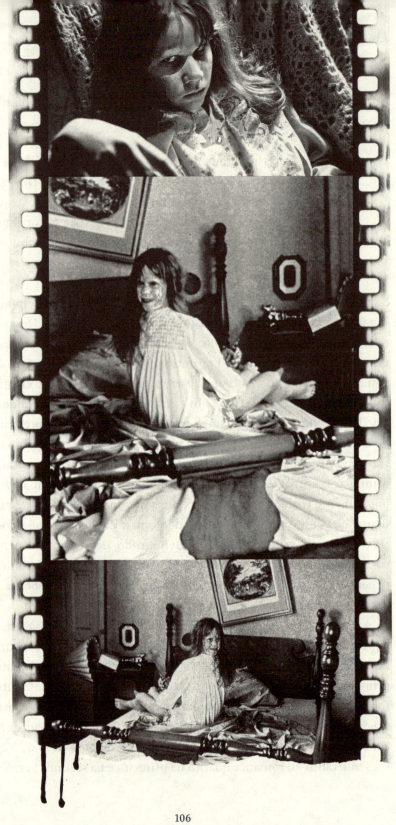

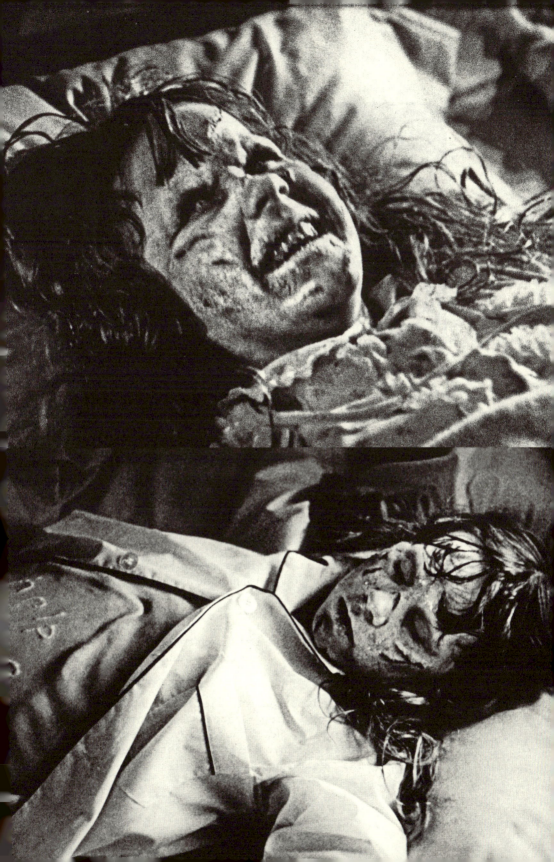

A conversa na escada se torna apenas um momento de silêncio

roteiro, retratando um momento de calmaria no exorcismo pouco antes da morte de Merrin, essa sempre fora uma cena que Friedkin considerava problemática, sendo polida pouco a pouco, por insistência sua. Na cópia revista do roteiro que tenho comigo, a cena é assim:

CENA 232

INT. CORREDOR EXTERNO AO QUARTO DE REGAN

Na penumbra, Merrin e Karras se apoiam na parede, rostos tomados pelo choque, enquanto olham da entrada para o quarto de Regan. Trilha sonora original segue tocando.

KARRAS: Padre, o que está acontecendo? O que é isto? Se este é o demônio, por que essa menina? Não faz sentido.

MERRIN: Acredito que o objetivo é nos levar ao desespero, Damien — fazer com que nos vejamos como animais, horrendos — descrentes de nossa própria humanidade — descrentes de que Deus possa sequer nos amar.[66]

Pelo que diz Blatty, Max von Sydow sugerira alongar esse diálogo durante os ensaios, o que foi, ao que tudo indica, acatado quando da filmagem da cena. "Aquela interação entre Merrin e Karras, nas escadas, é o ponto-chave de todo o filme", Blatty defende. "É aí que você descobre por que teve que passar por todo esse horror." Mas Friedkin discordava, e após meses de briga a respeito de sua importância — "Essa cena é mesmo necessária, Burke?..." —, simplesmente a cortou na sala de edição. "Dispensei aquela cena porque era muito exagerada", Friedkin explica:

> Assim, o filme inteiro é sobre aquilo que eles estão falando, então por que estão falando do assunto? Igual àquela cena final em *Psicose* (*Psycho*), que eu odeio. Blatty achava que seus personagens tinham que estar ali, conversando e explicando tudo à audiência. Mas Bill e eu discordamos nesse ponto. Eu achava que não tínhamos que explicar nada, que o público devia juntar as peças por conta própria. A pior coisa que a gente podia fazer era deixar tudo explicadinho.

Mas é curioso notar que a conversa nas escadas não foi uma vítima da reedição de Friedkin na ausência de Blatty, tendo, na verdade, ocorrido *antes* que o autor declarasse a versão de 140 minutos de *O Exorcista* como "um filme de gênio". Apesar de Blatty seguir insistindo que "todo o centro moral da história estava contido no diálogo cortado", esse fato parece indicar que, em algum momento, ele fora convencido pela interpretação de Friedkin, segundo a qual a mensagem estava implícita no filme.

Um elemento que pode ter contribuído para contrabalançar a angústia de Blatty pela perda da tal cena foi a forma direta como se deu o confronto final entre Karras e o demônio. Desde que seus editores na Harper and Row lhe haviam pedido para "tornar o desfecho menos óbvio", Blatty estivera preocupado com a possibilidade de que o clímax de sua história restasse aberto a interpretações equivocadas. Para ele, não havia espaço para dúvidas: Karras desafia o demônio a abandonar Regan e adentrar seu próprio corpo, momento em que despende um esforço sobre-humano para controlar os próprios músculos, por um

Karras encontra Merrin já morto no chão do quarto

momento que seja, e poder se atirar, a si *e ao demônio*, para a morte. É um autossacrifício que salva Regan e confirma o renascimento da fé do próprio Karras. Para Blatty, a vitória do padre estava evidente, mas alguns leitores e críticos do romance tiveram outra impressão, supondo que o demônio o havia matado. Em razão disso, Blatty se preocupava em evitar interpretações equivocadas ao fim do filme. Assim, os espectadores seriam testemunhas oculares de algo que no livro se mantivera mais ambíguo — o confronto final de Karras com o demônio.

"Foram muitas discussões entre Blatty, Friedkin e eu até que a cena final de Karras contra o demônio ficasse daquele jeito", relembrou Jason Miller, em 1992:

> Havia a sensação de que o confronto final, apesar de funcionar no livro, precisava ser mais expandido nas telas. Com o texto, você pode deixar o leitor preencher as lacunas, mas no filme, o desenrolar de todos os eventos dramáticos parece culminar no

que acontece ali no quarto. E acabamos decidindo que o melhor seria improvisar e ver o que acontecia. Pelo que eu lembro, no roteiro original, Karras se aproxima da garotinha e diz assim: "Me pega! Entra em mim! Me pega!". Na sequência, a cena cortaria para o andar térreo e, logo depois, ele se atirava pela janela. Era um momento quase místico, sereno, aquele em que ele tomava essa decisão. Mas conforme o filme ia se desenrolando, Blatty e Friedkin acharam que a verdadeira influência daquele mal, o indicador máximo de que Karras estava totalmente possuído, seria o fato de tentar matar a garota, o que no fim das contas se mostrou muito mais dramático.

Do jeito que ficou, o desalento de Karras com a morte de Merrin causa uma explosão de fúria no jovem sacerdote, levando-o a atacar Regan fisicamente, socando-a na altura do rosto enquanto grita: "Me pega! Entra em mim!". No momento em que Regan arranca o amuleto de São José do pescoço do padre, Karras vacila e recua, ressurgindo de imediato sob a pesada maquiagem demoníaca. Com o próprio corpo dominado, ele tenta se arrastar, os braços estendidos, na direção de Regan, que agora vemos a partir do ponto de vista do sacerdote, e ela chora apavorada, mas claramente liberta de sua própria possessão. Conforme as mãos de Karras se movem para esganar a criança, a cena corta para uma tomada frontal do rosto angustiado do padre, que muda tão logo — e de um modo até mambembe — da maquiagem de Dick Smith para as feições verdadeiras de Miller. Resistindo ao demônio que agora traz em si, Karras grita um "Não!" e avança em direção à janela, atirando-se através do vidro e mergulhando na noite. O padre Dyer, então, surge ao pé da "escadaria de Hitchcock" onde, em meio a lágrimas, administra a extrema-unção a Karras que, mesmo moribundo, aceita-a com um movimento de sua mão ensanguentada.

"Ficou melhor assim?", Miller pergunta, de forma retórica.

Ficou, acho que ficou, porque agora essa é uma das melhores cenas do filme. [...] Acho que a história exigia aquele confronto, e imagino que Blatty e Friedkin tenham chegado a essa conclusão

As mãos de Karras, possuídas, tentam estrangular Regan

ali pelo quarto mês de filmagens. Não se pode esquecer isso: o filme levou seis meses para ser filmado, e um monte de decisões não estavam nem no roteiro original, nem no livro. Essa foi uma das principais. Se me lembro bem, levou dez dias só de discussão, e mais dez dias improvisando.

Mas mesmo com seu poder declarativo e execução explícita, o triunfo final de Karras sobre o mal *não* foi um sucesso. Meses após a estreia de *O Exorcista* nos Estados Unidos, um dia após o Natal de 1973, tanto Friedkin quanto Blatty se pegaram tendo que responder a questionamentos relacionados ao final pessimista do longa. Ficaram estarrecidos ao descobrir que o público estava entendendo o desfecho como algo negativo, uma vitória do mal contra o bem. Para Blatty, a raiz desse problema está na edição exacerbada que Friedkin imprimiu ao trecho final que, assim como a conversa entre Merrin e Karras na escada, ele acreditava guardar a essência espiritual do filme. No corte original, de 140 minutos, o longa se encerrava com um encontro tocante entre o padre Dyer e o tenente Kinderman, em que o detetive tentava gentilmente convencê-lo a o acompanhar ao cinema. Kinderman já fizera o mesmo gesto de amizade antes, com o padre Karras, dizendo-lhe que adorava "falar sobre os filmes, discuti-los, *criticá-los*", mas complementando, com ar de tristeza, que "a sra. K, sabe, ela sempre está cansada, nunca aceita ir junto". A resposta de Dyer — "O que está passando? Com quais atores?" — e seu comentário desinteressado, informando já ter visto Jackie Gleason interpretando Heathcliff, faz eco direto com a resposta jovial de Karras, despertando um sentimento de familiaridade no detetive solitário. Dando o braço a Dyer, Kinderman começa a seguir com ele pela rua Prospect, comentando com ironia: "Lembrei de uma fala de *Casablanca*. No final, Humphrey Bogart diz a Claude Rains: 'Louie, acho que este é o começo de uma bela amizade'".[67]

Mesmo para o mais durão dos públicos, o sentido desse final é evidente: ele sugere que Karras se mantém vivo na figura de Dyer, e que, forjado em meio a tanto horror, algo valioso ainda assim surgiu — a amizade improvável entre um detetive judeu e um padre jesuíta. "Eu filmei aquele final", confirma Friedkin, "mas ficou uma merda inacreditável. Era tão anticlimático, não combinava com o filme. Funcionava muito bem no livro, como um encerramento um pouco nostálgico e otimista, mas não gostei dele no filme, então cortei fora."

Blatty já havia aceitado a remoção de duas interações entre Dyer e Chris nos momentos finais do longa, que teriam ajudado a amarrar melhor a positividade da mensagem espiritual da obra. Na primeira, Chris, ateia convicta, diz a Dyer que ela, agora, acredita no demônio, "porque o Diabo faz uma bela propaganda de si mesmo".[68] A isso, Dyer questiona: "Mas se todo o mal que há no mundo lhe faz pensar que exista um Diabo, a que você atribui todo o bem?". De acordo com todas as fontes, esse diálogo foi descartado na noite anterior à sua gravação porque Ellen Burstyn se viu incapaz de declarar, com o mínimo de convicção que fosse, sua crença na existência de Satanás. Uma interação posterior, na qual o padre Dyer entregava a Chris a medalhinha de São José que teria encontrado no quarto de Regan — talvez sinalizando um despontar de fé — foi cortada na sala de edição porque, apesar de ter parecido boa no set de filmagem, simplesmente não funcionou na tela. Como a

refilmagem em Georgetown era impraticável, Friedkin apenas inseriu um *close* das mãos de Dyer portando a medalha, cortando a despedida emotiva na qual ele dizia: "Está tudo bem, Chris. Para ele [Karras], é apenas o começo".

"Mas o final com a 'bela amizade' era importante", Blatty contesta, com uma ponta de exasperação, "porque transmitia ao público, mesmo que ele não estivesse entendendo nada até então, que de algum modo as coisas ficariam bem no final. É algo que você *precisa* levar consigo quando sai do cinema." Mas não foi assim. No corte final, *O Exorcista* se encerra abruptamente com o padre Dyer se afastando da escadaria da rua Prospect, com o tom tenebroso de "Tubular Bells" sendo logo interrompido pelos golpes estacados da orquestra que acompanha o letreiro dos créditos, vermelho sobre um fundo escuro. Com uma pancada sonora final, o filme lança a audiência de volta ao mundo real, abismada e confusa, incapaz de se recompor, sem tempo para digerir os horrores que presenciou nem oferecer qualquer garantia de que as coisas realmente "ficariam bem no final".[69]

O primeiro sinal de que o público estava reagindo mal ao desfecho supostamente esperançoso do filme veio com uma enxurrada de notícias sobre ataques histéricos relacionados a ele. Em poucas semanas desde sua estreia ao grande público, já circulavam histórias de desmaios, vômitos, ataques cardíacos e abortos. Em Berkeley, um homem se atirou contra o telão, em uma tentativa fracassada de "pegar o demônio". Segundo o *Toronto Medical Post*, quatro mulheres se traumatizaram a tal ponto que precisaram de internação e cuidados psiquiátricos. "É impossível assistir a tal filme sem sofrer prolongados efeitos negativos ou perturbadores", afirmou o psiquiatra dr. Louis Schlan. O gerente de um cinema em Oakbrook, Frank Kveton, foi mais pragmático em sua declaração: "Os funcionários já não aguentam mais limpar tanto vômito".

Mas mais graves foram as notícias vindas da imprensa europeia nos meses que se seguiram à estreia mundial do filme, que relatavam uma série de casos de comportamento criminoso ou suicida, pelos quais *O Exorcista* era acusado de ser o responsável. Na Alemanha Ocidental, a morte de um garoto de 19 anos, Rainer Hertrampf, que se suicidou com um tiro de espingarda pouco tempo após assistir a *O Exorcista*, motivou pedidos de que o filme fosse banido. Na Inglaterra, a investigação muito noticiada da morte de um menino de 16 anos, John Power, um dia após assistir a *O Exorcista*, revelou que ele sofrera um ataque epiléptico sem qualquer relação com o filme, mas o temor da população acerca de seu poder maléfico já havia se alastrado. Em outubro de 1974, *O Exorcista* foi tido como responsável pelo assassinato de uma menina de 9 anos de idade por um adolescente que depois afirmou ao tribunal do júri em York: "Não fui eu quem fiz aquilo. Havia algo dentro de mim. Desde que vi aquele filme, *O Exorcista*. Senti como se alguma coisa me possuísse. Desde então, nunca me largou". Friedkin recorda:

> Me supreendi *muito* com toda a histeria envolvendo o filme, porque àquela altura eu já estava trabalhando no projeto fazia dois anos e ele já não tinha qualquer impacto sobre mim. Para ser honesto, eu achava que boa parte da produção ia ser vista como cômica pelo público. Lembro de um jovem, colega do príncipe Charles

na Academia Militar, na Grã-Bretanha, que depois de ver o filme foi até uma igreja, se atirou no altar e se imolou ali mesmo! Lembro da notícia no jornal,[70] e foi só uma entre muitas ocorrências parecidas. O filme provocou reações drásticas nos dois sentidos: algumas pessoas cometendo violência contra si ou contra os outros, e outras realizando trabalhos voluntários, indo à igreja e se dedicando ao catolicismo.

A hipótese de que os censores ingleses e estadunidenses haviam sido lenientes demais em seu trabalho só fez com o que *O Exorcista* fosse analisado com maior zelo em certos lugares. Nos Estados Unidos, a MPAA (Motion Picture Association of America) conferiu a *O Exorcista* uma classificação indicativa bem suave, R, o que permitia que crianças assistissem ao filme com autorização dos pais. O presidente da MPAA, Jack Valenti, enfatizou que a obra não possuía "sexo explícito" nem "violência extrema".[71] Mas a pressão da opinião pública em Washington e Boston levaram o ministério público a contestar a classificação R, substituindo-a por um 17. Na Inglaterra, nesse ínterim, *O Exorcista* havia sido aprovado, sem nenhum corte, sob a classificação 18+, mas logo se viu sob o ataque de um lobby dos cristãos do "Festival da Luz", que promoveram piquetes nos locais de exibição e distribuíram panfletos que alertavam para o perigo representado pelas forças das trevas. Ironicamente, em 24 de fevereiro de 1975, o conselho de censura governamental da Tunísia baniu o filme por completo, alegando que ele promovia "uma propaganda injustificada a favor do cristianismo". Em meio a toda a histeria, Friedkin começou a reconsiderar sua decisão quanto à cena final, e procurou a Warner Bros. para que autorizassem um *recall* e reeditassem as cópias já em circulação. Depois, o diretor foi bastante evasivo com relação a isso, mas em 1974 fez o seguinte pronunciamento na Universidade da Georgia:

> Outra noite eu estava deitado, meio grogue e lutando contra o sono, e aí... tive essa visão de um novo final para o filme. O que a gente pretende fazer é adicionar um novo encerramento a todas

as cópias que já estão nos cinemas, e em todas as que virão. [...] Se eu tivesse pensado nisso antes, já teria filmado [esse novo final] e colocado desde o começo. Devo voltar a Georgetown para isso. E a ideia é que nada seja retirado; não vai haver nenhum corte. Faremos um acréscimo ao encerramento atual que vai deixá-los embasbacados! Aqueles que já tenham assistido à versão atual, quando virem o que está para ser incluído no desfecho, vão ficar loucos! É forte demais. [...] Agora, quanto ao tempo de tela dessa adição: não vão ser mais do que quinze segundos. Mas esses quinze segundos... vão ter a potência do filme inteiro.[72]

Já se supôs que esse pretenso novo final contaria com uma cena em que o padre Dyer, descendo a "escadaria de Hitchcock" vizinha à casa das MacNeil, veria Karras subindo seus degraus, vindo em sua direção, o que representaria sua salvação.[73] Blatty demonstra ceticismo quanto ao impacto que tal encerramento poderia surtir, mas informa o "final alternativo" que ele próprio preferiria, em que o padre Dyer, entristecido e recluso desde a morte de Karras, caminha por Georgetown e encontra uma pessoa se exercitando. Conforme os dois homens começam a conversar sobre a "natureza do mal", a voz do corredor pouco a pouco vai se transformando na de Damien Karras, que pergunta: "Não está me reconhecendo, Joe?". Quando enfim reconhece o saudoso amigo, percebe que o céu foi, miraculosamente, tomado por luzes. Essa passagem referencia dois textos muito queridos por Blatty: o Evangelho de Lucas [24: 15-32], em que o Cristo ressurreto encontra seus discípulos entristecidos no caminho de Emaús, revelando-lhes sua identidade apenas depois de um longo debate teológico; e o filme clássico de Alexander Hall, de 1941, *Que Espere o Céu* (*Here Comes Mr. Jordan*), em que Joe Pendleton, um boxeador ressuscitado, questiona seu melhor amigo e treinador: "Não está me reconhecendo?".

"Eu adorava aquele final, e Billy também", recorda-se Blatty, com ternura. "E estávamos todos prontos para rodá-lo... Isso foi vários anos mais tarde, quando Billy já tinha relaxado, certo de que o filme era um sucesso, certeza que antes ele não tinha, como me contou, com toda a honestidade." Segundo Blatty, àquela época Friedkin se mostrava mais receptivo às sugestões dele para modificar o filme. A poeira já havia assentado depois de todo o furor que se seguiu a seu lançamento e, apesar de ter sido desprezado no Oscar — quando suas dez indicações se converteram em apenas duas estatuetas: a de Melhor Roteiro Adaptado e Melhor Som —, *O Exorcista* havia se mostrado um enorme sucesso internacional, ainda em cartaz ao redor do mundo mesmo após dois anos ininterruptos de exibição. Assim, sem quaisquer críticos, juízes ou públicos a quem precisassem conquistar, Blatty e Friedkin podiam se dar ao luxo de voltar atrás e elaborar uma "errata" com relação àquilo sobre o que ambos concordavam? Embora Friedkin afirme desconhecer qualquer final alternativo que, em tese, ele teria adorado, Blatty insiste:

> Friedkin e eu tínhamos concordado que rodaríamos um novo final, e que também restauraríamos as tomadas perdidas. Estávamos prontos para filmar, mas aí um executivo do estúdio o convenceu a desistir. [...] Ele disse: "Hitchcock cometeu uma porção de erros em seus filmes e nunca voltou para corrigi-los. Por que a gente voltaria?". Nem sei o que responder, fora dizer que a gente voltaria porque as correções estavam *corretas*!

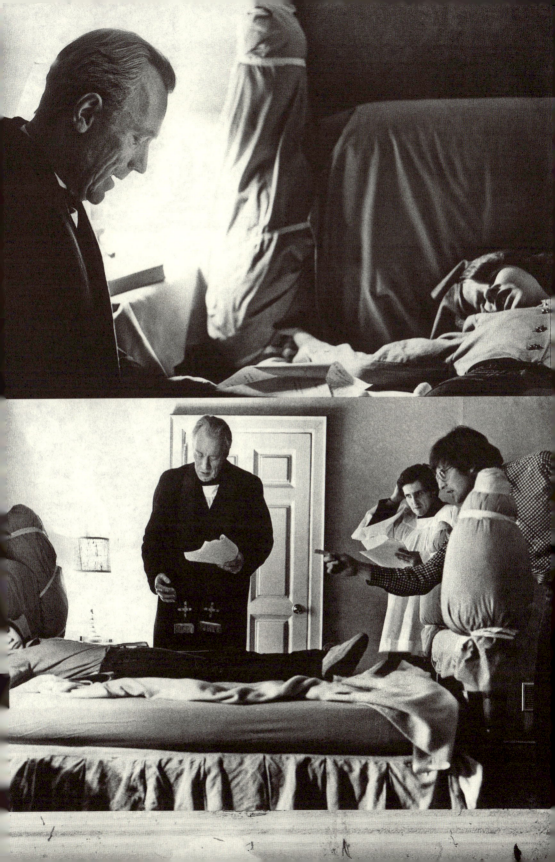

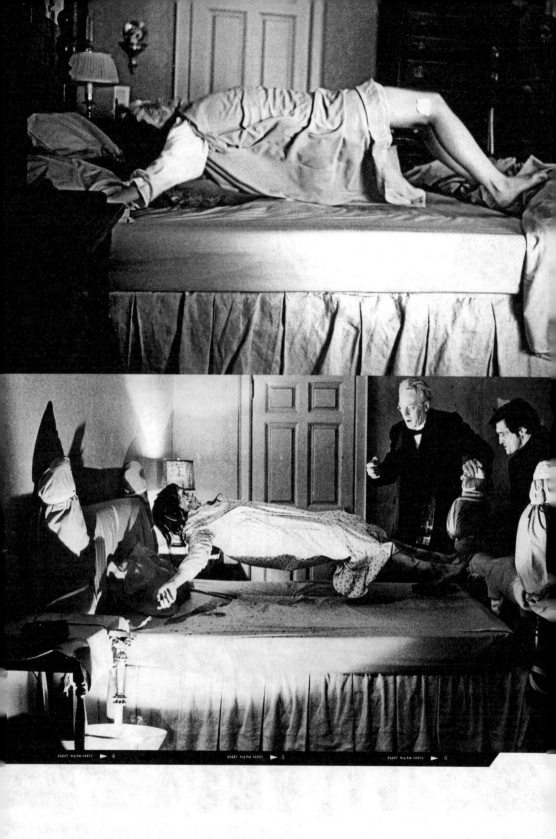

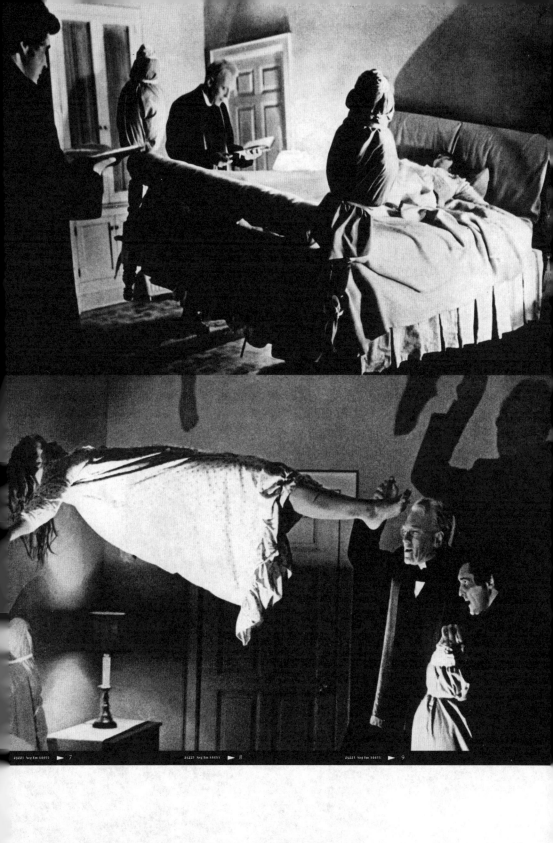

EPÍLOGO

Do táxi, desceu um senhor alto. De capote preto, chapéu e uma valise surrada. Pagou ao taxista, então virou-se e encarou a casa, imóvel... Quando [Kinderman] virou a esquina, percebeu que o velho ainda não havia se movido dali, e seguiu parado sob a luz de um poste, em meio à cerração, feito um viajante melancólico congelado no tempo.[74]

Talvez a imagem mais memorável do filme de William Friedkin seja a silhueta do padre Merrin recém-chegado à casa da rua Prospect, encarando-a sob a luz sobrenatural que acende um halo fluorescente na névoa da noite. Interpretando a escrita de Blatty com seu olhar aguçado pelas pinturas de Magritte, Friedkin cria uma imagem assombrosamente invertida na qual Merrin — o mensageiro do bem — é retratado como uma presença sombria, soturna, capturada por uma claridade radiante que emana do quarto de Regan — a portadora do mal —, lembrando-nos do epíteto de Lúcifer, o "portador da luz". Esse friso iconográfico não apenas captura com perfeição a força paradoxal do romance de Blatty, mas também simboliza o contínuo embate entre bem e mal, que o filme de

A aniversariante: cena perdida de Regan e Chris

Friedkin deixaria inconcluso. Mais importante, não se trata de uma imagem de desfecho, mas de antecipação — Merrin *chegando* ao terreno de uma batalha inevitável, embora inesperada; prevista, ainda que irresoluta.

Vinte e cinco anos depois de sua primeira exibição, tive a sensação de que a história de *O Exorcista* ainda não havia se encerrado quando William Friedkin me telefonou, anunciando que havia, enfim, aceitado voltar à película para reexaminar as tão famosas "cenas perdidas" detalhadas mais acima, pensando em talvez incluí-las na vindoura versão comemorativa de aniversário. Nesse meio-tempo, Blatty firmara contrato para escrever *O Exorcista* como uma minissérie televisiva de três horas, em grande medida porque tal formato — por mais limitado que fosse, em matéria de censura — lhe permitiria, finalmente, levar à tela "*toda* a teologia e as subtramas que Billy ou eu acabamos cortando no filme". Já agora, a despeito de sua enorme discordância inicial, Friedkin se dizia pronto para reconsiderar aquele mesmo material que Blatty tanto amara na primeira montagem, mas com a condição de que *todas* as cenas perdidas fossem reunidas e inseridas no filme, de modo apropriado. Com um tom enigmático, ainda declarou que Blatty e ele vinham cogitando a filmagem de um final inteiramente novo que, segundo o diretor acreditava, "atualizaria totalmente o filme".

A primeira consulta com o dr. Klein

Nos meses que se seguiram, várias buscas foram realizadas nos arquivos da Warner, em uma tentativa de recuperar e rearranjar as sequências que Blatty queria, trabalhando a partir do roteiro com a versão do diretor. Entre as cenas marcadas para a restauração estavam: o passeio de aniversário de Regan até o Túmulo do Soldado Desconhecido e ao Kennedy Memorial; o primeiro exame clínico de Regan e o encontro subsequente de Chris com o dr. Klein; a interação de Merrin e Karras na escada, debatendo o sentido da possessão de Regan; e, claro, a "bela amizade" do final original, quando Kinderman e Dyer se encontram na rua Prospect reproduzindo, de certa forma, uma interação anterior entre Kinderman e Karras.

Mas isso não era tudo. Ciente de que o público estaria esperando algo mais em uma nova versão de *O Exorcista*, para além de um debate teológico ou de um material extra aqui e ali, Blatty também pediu para que todas as filmagens brutas da tal cena da aranha fossem retrabalhadas, bem como o teste de maquiagem demoníaca com Eileen Dietz, do qual se extraíram as já lendárias imagens subliminares. Todo esse material, em tese, ainda existia, ou nos cofres da Warner, em Burbank, ou no Kansas, na velha mina de sal onde os negativos são mantidos para atenuar sua deterioração.

No início de janeiro de 1998, não se havia alcançado muito sucesso na restauração proposta. Conquanto os negativos das filmagens ainda estivessem intactos, e por isso aptos a serem reproduzidos, grande parte da trilha sonora que deveria acompanhá-los havia se perdido ou estava em caixas aleatórias no que, então, constituía o "Arquivo *Exorcista*". Ainda assim, na manhã do dia 9 de janeiro, eu pude estar presente a uma sala de exibição em Burbank, onde assisti a uma série de trechos excluídos de várias cenas de *O Exorcista*, sem qualquer edição (e muitos sem som), e que haviam permanecido inéditos por 25 anos.

Muitas dessas filmagens haviam sido rodadas sem captação de som, a exemplo do longo passeio de aniversário de Regan que, como era de se esperar, mostrava uma sequência de cenas em que Chris e Regan dirigiam ou caminhavam por pontos turísticos de Washington. Outras cenas, como o epílogo original com Kinderman e Dyer, eram exibidas em meio a um silêncio ensurdecedor apenas porque o rolo em que o áudio devia estar gravado não foi encontrado em parte alguma. E mesmo que eu tenha conseguido, alguns meses mais tarde, desenterrar as fitas de áudio 127 e 150, nas quais estava a maior parte desse diálogo tomado durante sua realização, os momentos finais em que Kinderman cita a "bela amizade" com que *Casablanca* também se encerra seguiram existindo apenas acompanhados de uma trilha ruidosa e imprestável. Retirado do filme antes mesmo da mixagem na pós-produção, esse diálogo final parece nunca ter sido dublado, apesar de haver uma promissora fita datada de 3 de outubro de 1973, o que poderia sugerir que Lee J. Cobb *teria, sim,* mixado alguns trechos do rolo 17. Ou não, já que o padre William O'Malley me confirmou, tempos depois, que Friedkin realmente cortara aquele trecho muito antes de realizar suas dublagens.

Mas houve boas surpresas: o primeiro encontro de Chris com o dr. Klein estava sincronizado à faixa de áudio, bem como a conversa crucial entre Merrin e Karras na escadaria, o que nos permitia testemunhar, pela primeira vez, o "ponto-chave de todo o filme", como Blatty o definira tão apaixonadamente. Longe de ser um obstáculo ao ritmo do filme, como Friedkin a descrevera, essa cena rápida, efêmera, e interpretada com grande beleza por von Sydow e Miller, parecia menos uma explicação didática do autor e mais um momento de estarrecimento e melancolia. O cansaço na voz de von Sydow, a expressão perplexa de Miller, o silêncio retumbante que acompanha suas palavras — nada disso teria sido capaz de fragilizar a ambiguidade do filme. Em vez disso, teriam adicionado outra textura, certa sensação de perda mesclada a alguma esperança, ao quadro brutal daquele exorcismo.

Menos hipnótica, mas ainda mais extraordinária, era a cena em que Regan se move feito uma aranha, sequência muito mais completa do que Blatty ou Friedkin recordavam, e de um efeito ainda mais arrepiante do que o esperado. Ao que tudo indica, esse seguimento contava com a performance de Ann Miles e/ou Linda R. Hager, e *não* de Dietz. Nela, a personagem descia de costas pela escada, apoiada nas mãos e nos pés, virando-se, em seguida, com auxílio da aparelhagem de Marcel Vercoutere e sendo substituída na tela por Linda Blair, de quatro, encoberta pela balaustrada, uma língua demoníaca se agitando na boca. A ação segue adiante (com som), com Blair se arrastando feito um rato pelo corredor, o rosto distorcido em uma expressão bestial, graças à maquiagem minimalista de Dick Smith, e provocando gritos em Sharon, enquanto Chris puxa Regan para o chão. A cena ecoa uma situação anterior, uma brincadeira inocente naquele mesmo corredor, durante a qual Chris admoestara Regan, com certa presciência: "Você vai se arrepender!".

Ainda mais chocante era o rolo com o teste da maquiagem demoníaca, em que Dietz sorria de forma sinistra, contorcendo o rosto inteiro, animada por uma fúria maléfica, os olhos esbugalhados, os lábios escuros se arreganhando para mostrar dentes sujos e deformados, feito os de um animal raivoso. A despeito da descrição bastante mundana que Friedkin deu quanto à criação de tal imagem, sua aparição animada, agitando-se na tela, carrega consigo uma potência amedrontadora muito maior do que o simples esgar daquela face.

Por volta de um mês após aquela primeira exibição, me vi outra vez em Burbank, escarafunchando as enormes pilhas de caixas de papelão em que as tralhas de *O Exorcista* haviam sido guardadas por um quarto de século. Tendo chegado à conclusão de que o material reencontrado ainda não estava pronto para ser incluído no filme — pelo menos não a tempo da reedição de 1998 —, Friedkin e Blatty concordaram, em vez disso, em liberá-lo para que fosse usado primeiramente no documentário da BBC, *The Fear of God: 25 Years of The Exorcist*, e mais tarde incluído nos lançamentos em LaserDisc e DVD, tornando-os o mais completo possível.

Depois disso, ao longo de uns poucos meses, uma equipe de documentaristas da BBC, sob a direção de Nick Jones,[75] viajou a Washington, Nova York, Scranton, Chicago e Paris para conversar com todos que haviam ajudado a dar vida longa a *O Exorcista*, buscando reunir os herdeiros desse filme tão peculiar. Ao relembrarem o projeto, dois temas eram constantemente mencionados pelos participantes. O primeiro era a atmosfera tensa que havia no set, que muitos acreditavam se dever, pelo menos em parte, ao uso que Friedkin fazia de ruídos perturbadores — fossem gemidos humanos, coaxar de sapos ou uma fita gravada com gritos de um exorcismo real — a fim de criar um incômodo meio sobrenatural durante as filmagens. De modo ainda mais drástico, Friedkin seguiu o exemplo de George Stevens, vencedor de mais de um Oscar, que fora denunciado por disparar tiros de festim no set de *O Diário de Anne Frank* (*The Diary of Anne Frank*) para arrancar reações de susto de seu elenco. Lidando com uma ambiência bastante similar — uma família enclausurada em uma casa, envolta por um horror inexplicável —, Friedkin encheu o lar das MacNeil com sons de explosivos que irrompiam em meio ao silêncio sepulcral, alarmando os atores que já se encontravam todos à flor da pele.

Outra memória bastante popular era a de uma "disposição inabalável" da atriz mirim Linda Blair, cujo trabalho em *O Exorcista* segue impressionando todos aqueles que dele fizeram parte, e cuja tranquilidade e paciência ainda hoje causam espanto em seus colegas mais velhos. "Eu me sentia bastante distanciada tanto do filme quanto da 'criatura' a que eu dava vida", recorda Blair:

> Honestamente, nunca vi terror em *O Exorcista*. Nunca vi o demônio. Muito disso eu simplesmente não entendia na época. Lembro de quando chegamos às partes do demônio, muitas vezes Billy me chamava em seu escritório e dizia: "Olha, aqui está o papel com

o *novo* diálogo para amanhã". E aí eu sentava no sofá, começava a ler e de repente parava: "Billy, que coisa *horrível*. Eu não posso falar *esse tipo* de coisa!". E ele retrucava: "Pode, pode sim". Sabe como é? E ele sempre consegue convencer as pessoas a fazerem as coisas. Daí eu fui fazendo.

Outra coisa importante era que só poucas pessoas podiam ficar no set, e as que ficavam não podiam rir nem nada disso, e isso me ajudou a dar conta do trabalho. Ainda acho que a cena da masturbação foi uma das piores coisas que já tive que fazer na vida. Mas naquela idade eu *nem sabia* o que era masturbação. Eu simplesmente tinha uma caixinha com uma esponja empapada de corante vermelho entre as pernas. E tudo que eu precisava fazer era enfiar o crucifixo na caixinha, só isso. Eu só fui fazer ideia do que era aquilo muito tempo depois.

Assim como Blatty, Blair demonstrava preocupação com a possibilidade de que a maior parte do público visse *O Exorcista* como, principalmente, um "filme de terror". "Eu acho que as pessoas, em vez de ficarem com medo do filme, podiam parar um pouco e tentar entender qual mensagem ele queria passar", defende:

> Há formas diferentes de interpretar o filme — Bill Blatty provavelmente tem uma e Friedkin, outra. Para mim, a mensagem é de que nós temos apenas um tempo bem curto de vida neste mundo, e podemos caminhar sob a luz ou sob as trevas. Acho que a vida é um mistério, mas sempre tentei trilhar o bom caminho. Queria muito que o filme tivesse tocado as pessoas de uma forma mais positiva, feito com que seguissem um caminho espiritual mais positivo.

Já para Blatty, a essência dessa mensagem "positiva" seguia contida naquelas cenas excluídas que, até então, Friedkin falhara em reinserir no filme, de cujo valor ele ainda duvidava enormemente. Em uma entrevista que conduzi em março de 1998 (transcrita como apêndice neste volume), Friedkin e Blatty ficaram frente a frente no Museu Getty de

Los Angeles para debater a suposta "errata" que teria surgido entre a primeira e a última versão do filme editado por Friedkin, e que ainda era motivo de discordância artística entre os dois. Pouco antes desse encontro, Friedkin declarara sem qualquer vacilação que, ao contrário das opiniões mais recentes, uma cópia remixada, estéreo e recolorizada do filme, que estava em vias de concluir, "era a melhor versão possível para aquela obra. Não acredito que *O Exorcista* tenha como melhorar. Pelo menos não por minhas mãos...".

Alguns meses mais tarde, contudo, seguindo-se a um relançamento inesperadamente bem-sucedido na Inglaterra, que levou *O Exorcista* ao topo da lista de campeões de bilheteria — disputando com *Máquina Mortífera 4* (*Lethal Weapon 4*) o posto de maior bilheteria do ano no Reino Unido —, Friedkin surpreendeu a todos com o anúncio de que mudara outra vez de ideia e estava reconsiderando um novo corte do filme para relançar nos Estados Unidos, e, com sorte, nos cinemas do mundo inteiro. Por fim, no inverno de 1999, trabalhando juntamente ao arquivista da Warner, Kurt Galvao, e outros técnicos de imagem digital, o diretor se pôs a restaurar *O Exorcista* tendo a longa e tão falada "primeira versão" do outono de 1973 como referência, aquela que Blatty dizia preferir, ao mesmo tempo que atualizava tanto o som quanto a imagem para melhor se adequar às sensibilidades de um público do século XXI. De acordo com Blatty:

> Aconteceu o seguinte: depois que a gente saiu da sala de exibição, tendo visto o material inteiro ali reunido, Billy virou para mim e disse: "Sabe de uma coisa, Bill? Depois de 25 anos eu finalmente entendi o que você estava querendo com esse filme". Foi exatamente o que ele falou! Eu fiquei maluco. E tudo que posso dizer é que fico feliz por Billy, por ele ter amadurecido a esse ponto. Ele é realmente um novo homem, hoje em dia. Era muito jovem na época em que a gente fez *O Exorcista*, e por mais brilhante que tenha sido sua direção, acho que ele se desenvolveu muito de lá para cá.

Friedkin concorda. Ele explica:

Você sabe, quando eu estava editando o filme pela primeira vez, me sentia como um mágico que quer sair do palco o mais rápido possível antes que o público perceba seus truques. Eu acreditava que o filme não podia ultrapassar as duas horas, e nenhuma das minhas decisões naquela época prejudicaram o filme; o fato de ter sido uma obra mais enxuta e compassada *foi* bastante apreciado. A questão é que Bill queria todas aquelas outras coisas no longa, e eu achava que ele estava errado. Por mim, pessoalmente, o filme seria o mais curtinho e comedido possível, para manter o ritmo da história. Mas voltando a esse filme 26 anos depois, não penso mais daquele jeito. Não sou o mesmo cara que dirigiu o filme nos anos 1970. Bill passou anos implorando para que eu restaurasse o primeiro corte que eu tinha feito, porque ele achava que tinha mais força antes. Daí eu enfim concordei com essa nova versão, e devo admitir que, depois de pronta, eu *realmente* acho que ela dá muito mais peso à qualidade espiritual da história. Colocando uma versão ao lado da outra, hoje eu vejo que a primeira é *mesmo* um filme mais frio, mais indigesto e abstrato, semelhante a uma música contemporânea, não à música clássica. Essa nova versão é muito mais vívida. E, acredito, muito melhor.

"O filme que Billy acabou por lançar em 1973 era *realmente* impactante", Blatty admite. E segue:

Mas faltava nele uma densidade espiritual. Você é jogado de um choque a outro sem nenhum propósito. Era uma montanha-russa: seu sucesso me deixou muito bem de vida, mas também me incomodava bastante. E, por incrível que pareça, sempre achei que excluir a base moral do filme acabaria limitando o alcance com o público. Quero dizer, *com* esse centro moral, você não precisaria se sentir mal por gostar de assistir o que estava assistindo. Com aquelas cenas você entendia o *motivo* de estar sendo submetido a todo aquele horror, por que aquela garotinha sofria tanto, e por que todo mundo no filme tinha que suportar tudo aquilo.

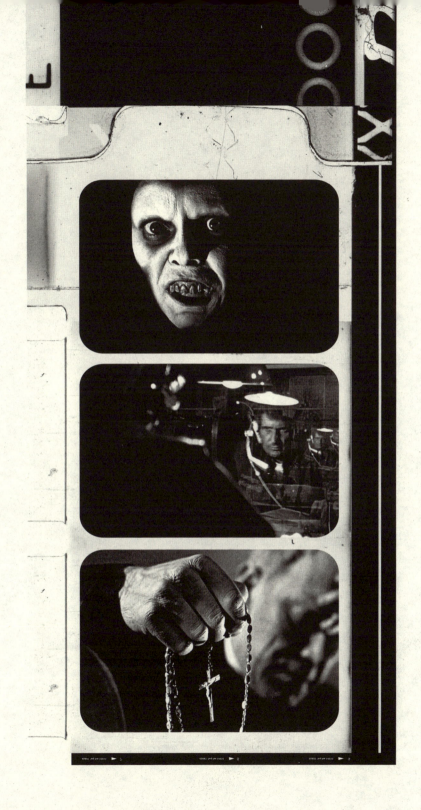

A nova versão, lançada mundialmente no outono de 2000 sob o título *O Exorcista: A Versão Que Você Nunca Viu* (e não *Versão do Diretor* [Director's Cut], como foi erroneamente promovida em alguns mercados) de fato oferece uma experiência distinta daquela que *O Exorcista* de 1973 apresentava a seus espectadores. As mudanças são evidentes desde o primeiro segundo, que agora mostra uma tomada externa e noturna da casa das MacNeil, em Georgetown, com a luz do quarto de Regan se apagando no instante em que a câmera se adequa para capturar a iluminação sinistra da rua Prospect. Em seguida, uma transição faz surgir na tela o *close* de uma estátua da Virgem Maria, que mais adiante no filme será profanada por Regan já possuída, embora surja imaculada nessa primeira tomada. Precedendo o prólogo no Iraque e os créditos iniciais, essas primeiras imagens criam uma conexão misteriosa entre os traumas demoníacos de Washington e a descoberta do ídolo de Pazuzu por Merrin, no Iraque, conexão que parece ter escapado a muitos espectadores do primeiro corte.

De volta a Washington, o princípio de adoecimento de Regan se dá em um passo mais cadenciado, em especial graças às cenas médicas que foram reinseridas, nas quais a jovem demonstra — e faz exames para confirmar a suspeita de — sinais precoces de uma síndrome semelhante ao transtorno do déficit de atenção. Depois, da estátua já depredada de Maria cortamos para a sala de espera do consultório médico, onde crianças brincando de lutinha serve de eco sinistro à brincadeira animada entre Chris e Regan no corredor de casa. Nesse instante, já dentro da sala de exames, uma Regan absorta e impertinente é submetida a checagens por uma enfermeira, que utiliza uma aparelhagem das mais desconfortáveis. Há, então, um *close* do rosto inexpressivo da menina, interrompido de forma breve pela imagem fugidia de Eileen Dietz sob a maquiagem do demônio — a primeira aparição do "Capitão Howdy" nessa nova montagem. Em seguida, somos expostos a uma série de vinhetas perturbadoras nas quais Regan não tem sucesso ao realizar os testes do dr. Klein, rejeitando inclusive seu exame — "Eu não sinto *nada*" —, e se remexendo, balbuciando e se inquietando pela sala, agitada por um estado catatônico.

No consultório do dr. Klein, ouvimos pela primeira vez a menção aos remédios que, na versão anterior, tanto haviam incomodado Blatty por surgirem na trama sem explicação. Ainda que Friedkin, no primeiro corte, tenha concordado com a sugestão de John Calley e acreditado que um excesso de pistas falsas, construídas nessas cenas médicas, poderia entediar o público muito rapidamente, sua decisão por restabelecê-las coincidiu com o aumento da controvérsia envolvendo a droga Ritalina, que o diretor sentiu que adicionava uma nova camada à cena:

> Nessa versão nova, você vê Barton Heyman prescrevendo Ritalina, um estimulante que realmente tinha se tornado muito comum em tratamentos infantis. Hoje em dia as pessoas dizem que essa droga criou tantos problemas quanto aqueles que ajudou a resolver, e suspeito que, mesmo em 1973, havia uma insinuação de que a Ritalina podia estar piorando o quadro de Regan. Então essa cena é particularmente relevante. De modo geral, acho que a evolução gradual da "doença" de Regan funciona muito melhor nesse novo corte. Porque dá para perceber com mais detalhes como a menina vai piorando, seja lá o que a esteja afligindo. Esse material que reinserimos dá mais estofo para a preocupação da mãe e dos próprios médicos, mas também faz uma crítica a essa tendência médica de prescrever remédios controlados para tudo.

Para dar espaço à cena dessa primeira consulta médica, Blatty também sugeriu que Friedkin excluísse a tomada na qual Regan aparece interagindo alegre com os convidados da festa de Chris, exclusão que realmente foi feita. Essa é uma das duas cenas que, presentes na versão de 1973, foram eliminadas na *Versão Que Você Nunca Viu*. A segunda é um trecho mais curto de uma sequência anterior, na qual Regan ouve sua mãe gritando ao telefone, tentando falar com o marido perdido em Roma. De acordo com Blatty, essa cena foi cortada seguindo uma recomendação sua, para que se encerrasse com Regan atirando-se na cama, um gesto que o escritor acreditava ser mais adequado para demonstrar a crescente depressão da garota, mais do que na versão anterior, em que ela aparecia desamarrando os sapatos enquanto a voz de Chris era ouvida xingando ao longe.

Também tentaram inserir o passeio de aniversário nessa nova versão, mas com a ausência total de áudio para acompanhar as profundas questões de Regan a respeito da morte, a cena perdia totalmente o gancho que lhe dava sentido, então ela jamais saiu da sala de edição.

Assim como as considerações médicas sobre o quadro de Regan se tornam explícitas na versão nova, a investigação do padre Karras em torno da transformação da menina também é complementada com uma reinserção na qual ele ouve uma gravação da voz da garota *antes* de seu adoecimento. Isso acontece no mesmo laboratório de línguas onde, mais tarde, ele ouvirá Regan falando "inglês de trás para a frente", e nessa rápida passagem é possível ver Karras sentado a uma das muitas cabines de vidro, seu rosto infinitamente refletido nas paredes a seu redor, o que insinua a fragmentação de seu próprio estado mental e sugere, com um aceno, o crescente entendimento de que ele pode estar envolvido pela legião de entidades que há no catolicismo. Blatty considerava essa sequência especialmente significativa porque, "nesse momento, Karras percebe que Regan pode estar *realmente* possuída, e que a pessoa com quem ele vinha interagindo *não era* aquela garotinha que agora ouvia na gravação". A inclusão da cena tem dois efeitos bastante claros na dramaticidade. Primeiro, ela incrementa a força da missa realizada por Karras logo em seguida, como se ali o padre enfim compreendesse que suas palavras — "Este é o cálice do meu sangue, do novo e eterno testamento, mistério da fé" — podem ser verdade. Depois, diminui um pouco o peso que tinha a cena das palavras surgindo no corpo de Regan, como se este fosse o ponto-chave para que Karras decidisse realizar o exorcismo.

O personagem do padre Merrin também se beneficia do tom mais arrastado dessa nova montagem, que confere muito mais tempo de tela à sua chegada à casa da rua Prospect, bem como aos preparativos para o confronto que se aproxima. Embora minha cópia do roteiro não possua nenhuma cena em que se veja Merrin e Chris trocando amenidades antes do exorcismo, algo que existe no livro, algumas fotografias usadas na

divulgação mostram von Sydow e Burstyn sentados no térreo da casa, o que parece sugerir que Friedkin *tenha* filmado essa sequência. Nela, a mãe angustiada oferece uma xícara de café ao velho padre, perguntando-lhe se deseja um pouco de brandy para acompanhar. "O médico me proibiu, mas graças a Deus tenho pouca força de vontade", ele responde. A reinserção desse diálogo, com seu tom bem-humorado, é precedida por uma tomada estranhamente agourenta, um *close* de baixo para cima, enfocando as mãos do padre, que agarra seu rosário enquanto reza em silêncio antes da tormenta rebentar, uma imagem que, no entendimento de Friedkin, enfatizava a mensagem de que aquele era apenas um homem ordinário se preparando para uma batalha contra forças extraordinárias.

Decerto animado pela redescoberta dessa cena, Friedkin se pôs a trabalhar mais na personalidade humana de Merrin, e para isso reinseriu uma passagem em que, no patamar das MacNeil, pergunta a Chris qual seria o nome do meio de Regan. Ao ouvir "Teresa", ele responde: "Nome adorável!". Ainda que possa parecer apenas uma fala casual, esse cativante pormenor ofereceu sérias dificuldades técnicas para ser realizado: conforme Merrin e Karras sobem as escadas para encontrar Chris, Karl e Sharon — que apenas pouco tempo antes fora vista lutando contra um ruído demoníaco vindo de um aparelho de rádio, em uma nova cena de transição —, Chris é vista usando um cardigan. Na interação com Merrin, já no patamar, ela enverga um casaco de gola emplumada, entregue a ela por Karl em uma sequência que hoje se perdeu. Como ninguém percebeu esse erro de continuidade até muito mais tarde, a solução foi incluir um casaco "digital" no *close* anterior, ainda que breve, no que se tornou um dos efeitos especiais menos evidentes do filme, ainda que um dos mais complicados. O progresso é uma coisa impressionante.

Ainda mais significativa, contudo, foi a restauração do diálogo entre Merrin e Karras nas escadas, aquele mesmo diálogo que Blatty acreditava resumir perfeitamente o coração da história, mas que Friedkin renegara por lhe parecer um "informe publicitário". Ausente até mesmo na primeira montagem de *O Exorcista*, essa curta sequência chegou a ser chamada de "repetitiva demais" pelo diretor, e mais de uma vez. "Sei bem o que eu disse antes", Friedkin ressalta, com honestidade.

Eu disse o que disse porque era o que eu pensava na época, mas as coisas mudaram. Não tem nada além disso. Na primeira versão, eu queria eliminar tudo quanto fosse exagerado demais, e não queria que o filme dependesse daquela mensagem. O diálogo entre Merrin e Karras, os dois conversando calmamente na escada, sempre me pareceu explicitar o que já era óbvio; que a possessão de Regan era parte de um esforço do demônio para fazer com que todos a seu redor se sentissem chucros, medonhos, desprezíveis.

Para fazê-los entrar em desespero. Sempre achei que essa era uma mensagem tão óbvia na história que não precisava ser falada. Mas quando revejo o filme, percebo que talvez não fosse assim uma coisa tão evidente.

"Não era evidente de jeito nenhum", suspira Blatty.

Sem aquele diálogo explicativo, essa ideia não ficava óbvia para *ninguém*. Essa noção de que a menina não era o alvo, que o motivo do ataque demoníaco era fazer com que nos sentíssemos tão vis e animalescos que, mesmo se houvesse Deus, ele não teria como nos amar... Isso não era nada óbvio, não."

As concessões tardias de Friedkin à teologia não se resumiram à conversa entre os dois padres. Nos momentos finais do drama, quando Chris MacNeil entrega a medalha de São José ao padre Dyer, também se decidiu reinserir a tomada em que ele a devolvia, fechando a mão da mulher em torno do artefato, talvez para sinalizar uma nascente, e bem aceita, dádiva de fé. A despeito da afirmação de Blatty, segundo a qual a cena fora descartada ainda durante a edição porque "não funcionou" na tela,

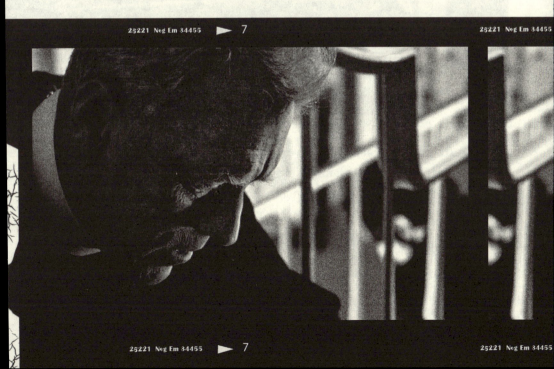

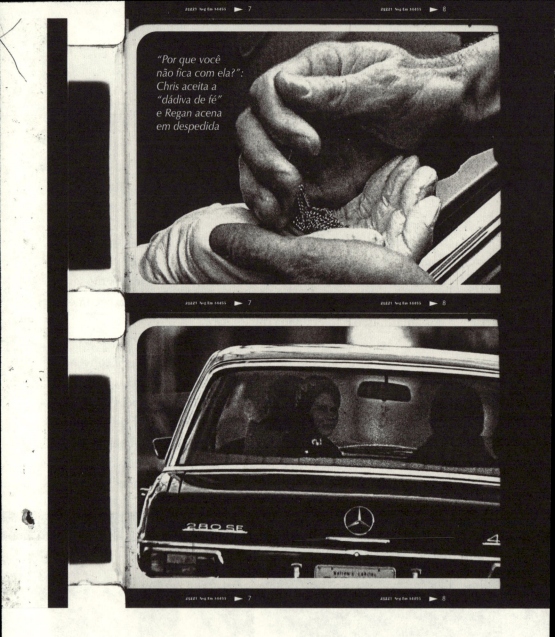

"Por que você não fica com ela?": Chris aceita a "dádiva de fé" e Regan acena em despedida

sua restauração foi facilitada pela exclusão das últimas palavras de Dyer, já entre lágrimas, que diziam: "Está tudo bem, Chris. Para ele [Karras], é apenas o começo". Em seu lugar, mantiveram um *close* nas mãos dos personagens, acompanhado pela voz de Dyer dizendo para Chris ficar com a medalha. Embora o áudio original — "Por que *você* não fica com ela?" — tenha sido gravado em 1972, não foi possível encontrar nenhum registro seu, então a fala foi redublada pelo próprio padre O'Malley, ainda ativo

27 anos após finalizar o filme original. Para completar a cena, Friedkin restaurou uma rápida aparição de Regan acenando para Dyer — e para o público — pela janela traseira do carro de Chris.

Quanto ao epílogo melodramático, que Friedkin descrevera como "uma merda inacreditável", ele agora reaparecia mais curto, excluindo o *close* de Kinderman e Dyer dando os braços um ao outro para cruzar a rua Prospect e mudando diretamente para uma visão aérea, vinda da janela do quarto de Regan, e também omitindo a lendária referência a *Casablanca*, já que nenhum áudio foi recuperado, para alívio do diretor:

> Honestamente, ainda que a gente *tivesse encontrado* o áudio final, eu não o colocaria na cena. Do jeito que ela ficou, é óbvio que o padre e o detetive estão começando a criar um laço que manterá viva a memória do amigo em comum. Além do mais, a perda dessa fala me permitiu fazer algo muito mais inesperado, que foi introduzir ali o chamado à oração árabe que a gente ouve na abertura do filme, no Iraque. Isso amarra as pontas. Faz com que a primeira e a última coisa que se ouve no filme seja o chamado muçulmano à oração, o que torna a história muito mais universal. Não é só uma história católica, no fim. É a história da irmandade entre os povos, da crença no bem e no mal, base de tantas religiões do mundo inteiro.

Ainda que esses elementos sirvam para reforçar, sem sombra de dúvidas, as dimensões espirituais de *O Exorcista*, tanto Blatty quanto Friedkin seguem cientes de que muito do apelo da obra se deve à sua capacidade inigualável de causar medo e repulsa, a seu potencial de enregelar a espinha dos espectadores. Mesmo com uma versão pouco polida da cena da aranha sendo lançada em *The Fear of God*, uma nova perspectiva veio à luz quando se descobriu uma tomada na qual Regan aparece com sangue escorrendo pela boca, logo após descer de modo aracnídeo pela escada e se deparar com a câmera — confirmando o que dissera Marcel Vercoutere sobre a cena "um tanto quanto sangrenta". Ao utilizar essa cena como clímax da sequência, deletando todo o material que

se seguia a ela — como descrito acima — e retocando digitalmente a imagem, para apagar os cabos de aço que sustentavam a dublê, Friedkin foi capaz de gerar um impacto condensado, dando à audiência um susto novo sem comprometer a narrativa.

"Sempre houve um ou dois problemas com essa cena", afirma Friedkin. "Especialmente porque os cabos de aço ficavam evidentes."

> Naquela época não existia computação gráfica para apagar os cabos, e quando vi a cena eu percebi que se alguém conseguisse enxergá-los, tudo iria por água abaixo. Quando retrabalhamos essa sequência, mais recentemente, pudemos eliminar os cabos por completo, o que resolveu o problema. A outra coisa que sempre me incomodou foi o fato de que a cena não levava a lugar nenhum. É um momento chocante, mas a cena que foi para o documentário não tem exatamente um final. Aí aconteceu o seguinte: a gente achou outra tomada que eu gravei na época, mas da qual simplesmente não lembrava porque era muito esquisita. E, melhor ainda, tinha uma cena de Burstyn reagindo de um modo que combinava muito, e que eu também apagara da mente.[76] Juntando essas coisas, achei um meio de integrar essa sequência ao estilo do filme. Porque toda a progressão do filme é uma série de acontecimentos cada vez mais bizarros e catastróficos, cada vez mais chocantes e perturbadores, mas que se mantêm sem resolução até o exorcismo final. E como a coisa foi feita, a cena da aranha acabou combinando com esse padrão.

"Ficou uma coisa assustadora", diz Blatty.

> Na forma como a escrevi, e como aparece em *The Fear of God*, é algo bem ridículo. Mas nessa nova versão, acho mesmo apavorante. É tão inesperado, até para quem já sabe que vai acontecer. Porque as pessoas *sabem* que isso aparece em algum ponto do filme, depois de tanta publicidade, mas acontece tão de repente que pega o público desprevenido.

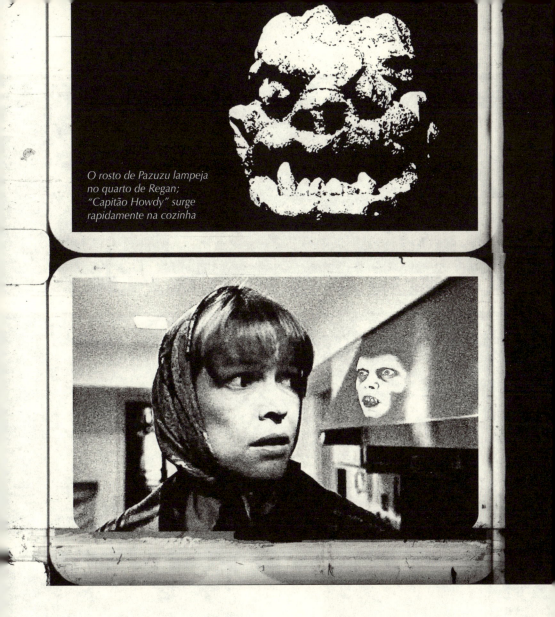

O rosto de Pazuzu lampeja no quarto de Regan; "Capitão Howdy" surge rapidamente na cozinha

Outro elemento que funciona como potencializador do medo são as novas imagens quase subliminares que despontam aqui e ali em meio à atmosfera fragmentada e onírica que Friedkin imprimiu ao filme, já em 1973. Além da imagem fugidia de Dietz com a maquiagem do demônio, que surge em tela no momento da primeira consulta médica de Regan, muitas outras foram superpostas (em vez de *inter*postas) ao filme original: quando Chris volta para casa depois do segundo encontro com o dr. Klein, nos momentos que antecedem a caminhada de aranha pela

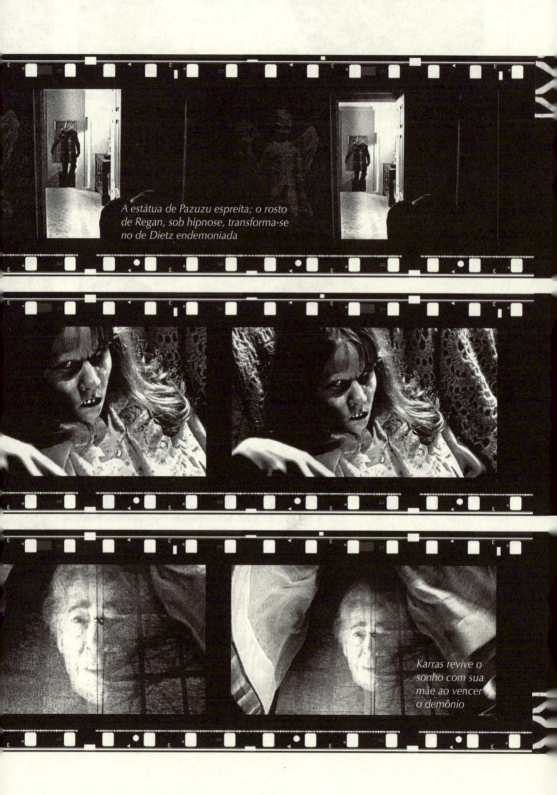

A estátua de Pazuzu espreita; o rosto de Regan, sob hipnose, transforma-se no de Dietz endemoniada

Karras revive o sonho com sua mãe ao vencer o demônio

escada, a face endiabrada de Dietz se materializa brevemente no cenário da cozinha; quando Chris adentra o quarto de Regan, a imagem do rosto Pazuzu lampeja tão logo atrás da porta da menina; quando Chris deixa o quarto, a representação do demônio pode ser vista, tênue, contra a parede. E de forma ainda mais impressionante, durante o teste de hipnose a que Regan é submetida pelo imponente psiquiatra vivido por Arthur Storch, um efeito de metamorfose é logo inserido sobre as feições já ameaçadoras de Blair, transformando seu olhar fulminante em uma visagem maliciosa conforme o rosto da atriz dá lugar, literalmente, à imagem diabólica de Dietz. A inspiração para essa passagem parece ter vindo de um trabalho executado antes, em 1998, com as tomadas que mostram a transformação final de Karras ao superar sua possessão. Na ocasião, um efeito de metamorfose foi utilizado para suavizar o corte rápido da versão original, a fim de lançar a obra em DVD.

"Sempre quis fazer mais coisas assim", comenta Friedkin.

> No filme original, cheguei a usar aquele material descartado, com o teste de maquiagem de Dietz. Nessa versão nova, retomei o mesmo teste descartado, mas também consegui fazer coisas com as quais nem sonhava antes. A tecnologia atual me permite inserir a presença do demônio em lugares totalmente inesperados. Sempre quis fazer isso, mas a tecnologia não permitia. Queria insinuar, com sutileza, a presença de Pazuzu no quarto de Regan. E agora consigo.

Ainda, feito miragem, a nova versão inclui uma aparição fantasmagórica da mãe de Karras, retirada da cena do sonho e sobreposta na janela fechada de Regan contra a qual o padre se arremessa em seu sacrifício triunfante. Essa visão, que Friedkin parece ter inserido mais por brincadeira do que para transmitir uma mensagem, foi por muito tempo uma fonte de angústia para Blatty, que acreditava que ela poderia minar a atitude do padre, ainda que sutilmente, fazendo parecer que ele *queria*, e não *precisava*, se lançar à morte. Tendo passado longos anos preocupado com o final de *A Nona Configuração*, que talvez tivesse se prejudicado pela insinuação de suicídio — um pecado — em lugar de

sacrifício — uma virtude —, o autor segue em dúvida quanto ao sentido da aparição materna, algo a que se junta o próprio Friedkin, que diz "não fazer ideia" do seu significado.

Acrescida a essa enxurrada de estímulos, há uma nova trilha sonora espacializada que amplia consideravelmente os efeitos já existentes, adicionando ainda uma quantidade considerável de novas composições criadas por Steve Boeddeker, técnico de som. Digna de nota é a música de fundo que agora complementa cenas como o primeiro encontro entre Kinderman e Karras na universidade, e que antes não possuíam qualquer acompanhamento sonoro. Segundo Friedkin:

> Sempre descrevi o efeito que procurava com a música como se fosse uma grande mão gelada agarrando a pessoa pela nuca, e depois de descartar a trilha de Lalo Schifrin, acabei procurando licenciar outras músicas já existentes, de compositores como Krzysztof

> To Billy —
> The first and only director who ever made a far better film than the book. Indeed, there is only one — and it's you! With great love and gratitude —
> Bill
> December 26, 1973
> "E"-Day!

Na estreia do filme, Blatty escreveu uma dedicatória para o diretor em sua cópia do livro: "Para Billy: O primeiro e único diretor a realizar um filme melhor do que o livro. De fato, há apenas um: você. Com imenso amor e gratidão, Bill"

Penderecki e Hans Werner Henze. Quando paramos para avaliar o filme antes do relançamento, vi que eu queria mais daquilo, e hoje em dia é muito mais fácil, com toda essa tecnologia, criar e experimentar com os sons. Então, Steve começou a me mostrar algumas coisas que percebi terem potencial para complementar a atmosfera que eu queria, tudo criado nos computadores em que ele havia mesclado uma base de dados sonoros. Achei fascinante, e a gente acabou usando isso nas cenas que nunca haviam sido acompanhadas por música nenhuma. Isso, aliado ao refinamento de todos os efeitos sonoros, como os ratos no sótão, acabou criando uma paisagem sonora inteiramente nova para *O Exorcista*, que, na minha opinião, colocou o filme no futuro.

Já para William Peter Blatty, o lançamento de *O Exorcista: A Versão Que Você Nunca Viu* representa a culminância de um sonho que ele acalentara por mais de cinquenta anos, desde que o *Washington Post* de 20 de agosto de 1949, com sua manchete "Padre Liberta Garoto em Mt. Rainier das Garras do Demônio", primeiro o motivou a investigar a existência de magia no mundo. "É uma coisa maravilhosa", ele me disse, satisfeito.

> Depois desse tempo todo, finalmente sinto que o filme chegou aonde eu queria que ele chegasse... a um ponto onde sempre achei que o livro conseguiria chegar. Empolgando o público, mas também inspirando nos espectadores uma certa compreensão da transcendência, de sua realidade, e o assombrando com um confronto bastante crível contra forças sobrenaturais. Mas deixando a sensação de que, no fim das contas, tudo ficaria bem.

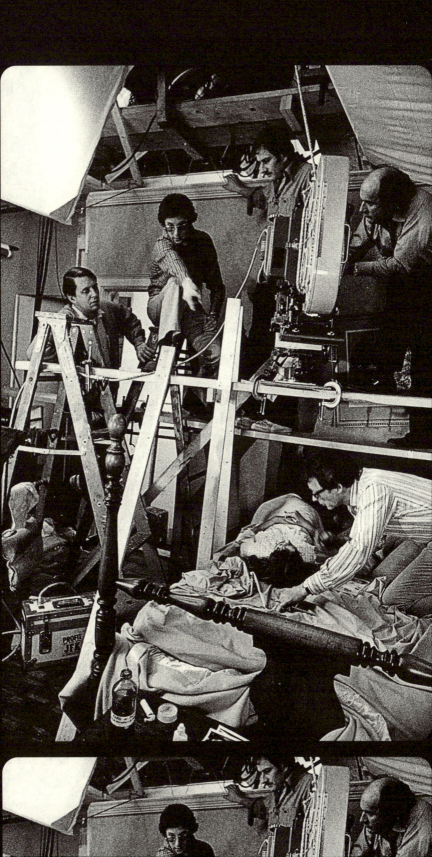

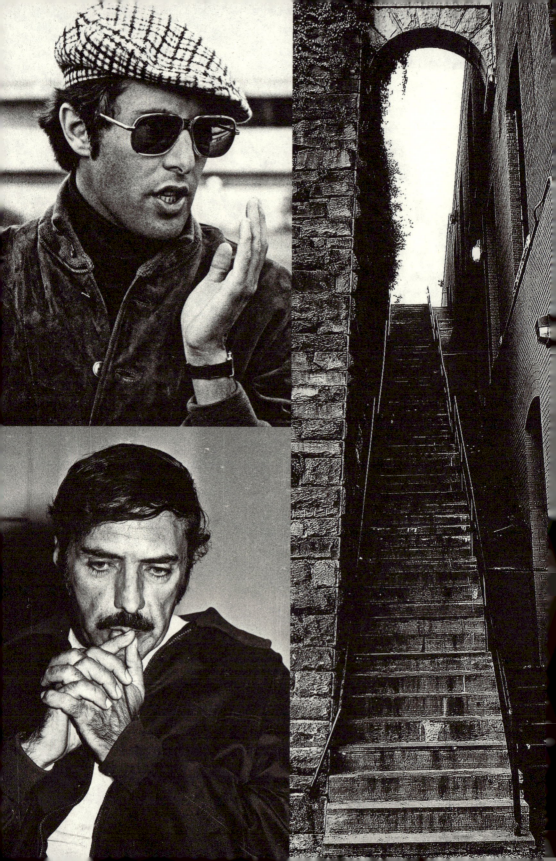

APÊNDICE:
SESSÃO DUPLA À MEIA-NOITE

A seguir, apresento uma transcrição editada do encontro entre William Peter Blatty e William Friedkin no Museu Getty de Los Angeles, em 26 de março de 1998, em meio às negociações sobre reeditar *O Exorcista*. À altura do encontro, nem Blatty nem Friedkin haviam visto as "cenas perdidas" recém-descobertas nos arquivos da Warner. Alguns trechos foram parafraseados, objetivando maior clareza e concisão, e também excluí toda a minha participação na conversa.

William Friedkin: Eu te mostrei o primeiro corte de *O Exorcista* no meu escritório da Quinta Avenida, em Nova York, onde tinha feito a edição.

William Peter Blatty: Lembro bem. Me recordo de estar parado ali no escritório, assistindo à exibição por uma Moviola, completamente estarrecido. Fiquei estupefato. Achei tudo magnífico. Deu vontade de apanhar o telefone, ligar para o diretor de distribuição da Warner e pedir que dessem a esse filme a mesma publicidade que dariam a um longa estilo *O Poderoso Chefão* (*The Godfather*).

Mas naquela época eu ainda não tinha mostrado o filme para nenhum executivo do estúdio. O único público com quem me importava naquele momento era você, Bill, e eu sentia que se você estivesse feliz com o filme, então eu teria conseguido o que precisava. Mas aquela primeira versão tinha umas duas horas e quinze, e, para ser honesto, fiquei aborrecido por ela ser assim tão longa. De modo geral, se um filme passa das duas horas, o povo acaba se desconectando dele. Perdem o interesse. Sua atenção até pode continuar ali, e seu coração, mas sua bunda cansa de ficar naquela cadeira! Sempre achei que nesse tipo de história, envolvendo elementos sobrenaturais bastante incomuns, o melhor a fazer era entrar e sair o mais rápido possível, e não deixar o público ter muito tempo para pensar no que estava assistindo.

Foi exatamente o que você me disse na época. E lembro perfeitamente de ter perguntado, algum tempo depois da estreia, por que você tinha cortado os quinze minutos. E você respondeu: "Bill, eu não sabia que ia ser um sucesso!".

É verdade. A gente não fazia ideia do que tinha em mãos, e eu não achei que as pessoas iam se interessar tanto. Daí, depois que mostrei o filme a você, o exibi para os executivos da Warner Bros. E John Calley, diretor de produção, sugeriu três coisas: inverter a ordem de algumas cenas iniciais; tirar uma das cenas de consulta médica, porque a audiência já sabia que não era um caso de doença, mas de uma menina possuída; e cortar o final. Ele disse que a interação entre Dyer e Kinderman não funcionava porque eles não tinham história, e por isso a cena não tinha peso. Para ele, o filme terminava com Dyer olhando para a escadaria onde Karras havia morrido. Bom, naquela época eu era ainda mais arrogante do que sou hoje, então só agradeci educadamente pelos comentários e os ignorei, pensando: "Quem esse cara acha que é para dar pitaco no meu filme?". Mas nos dias seguintes, o que ele dissera começou a ganhar espaço na minha mente. Por isso voltei à sala de edição e dei uma olhada no material conforme ele havia sugerido, e tenho de admitir que me pareceu melhor. Daí fiz um novo corte. Claro, além de outras coisas que dispensei por minha própria conta, como o passeio de aniversário, quando Regan pergunta: "Mãe, por que as pessoas têm que morrer?". Era uma cena linda, mas eu cortei porque achei meio exagerada.

Bom, está aí a importância que eu vejo nessa cena, especialmente depois de você ter cortado um monte de trechos com os médicos, seguindo o conselho de John Calley. Do jeito que ficou, a gente não tem a menor indicação de que Regan esteja com algum problema, pelo menos não até a festa de Chris. Se reparar bem, na própria noite da festa a gente vê Regan sorridente, rindo alto, andando em meio ao povo. E, de repente, ela está urinando no tapete e perguntando: "O que há de errado comigo?". E Chris responde: "Você só precisa tomar seus remédios, *como o médico disse*". Agora veja, mesmo que a gente tirasse a primeira cena no consultório, se deixasse só a sequência em que Regan pergunta "Mãe, por que as pessoas têm que morrer?", daria para perceber algo de errado acontecendo com a menina. Mesmo que fosse só uma depressão, a gente pelo menos saberia que essa garota não é sempre feliz e saltitante.

Mas eu acho que a gente *conseguiu* fazer isso sim, naquela cena maravilhosa em que Chris tenta falar com o ex-marido pelo telefone, quando ele está em Roma. Ela xinga o telefonista, falando palavrões (pela primeira vez), e aí a câmera se afasta para mostrar Regan atenta a tudo aquilo, ouvindo com o olhar abatido. Nessa cena, especificamente, a gente descobre que há um conflito entre o pai e a mãe de Regan, e que ela pode estar absorvendo isso. E também entende que ela está atenta aos xingamentos e palavrões, e talvez esteja imitando esse comportamento mais adiante. Para mim, está tudo ali, naquela maravilhosa tomada, simples e única. A depressão da menina, que você acabou de mencionar, o abatimento em seu semblante ao ouvir o desentendimento entre os pais. Acho que essa cena estabelece as bases psicológicas para o que vem depois, e, para mim, uma imagem vale mais do que mil palavras.

Você tem razão, e admito que nunca ouvi ninguém reclamar do que estou reclamando, nenhum espectador de O Exorcista disse isso que estou dizendo. Meu problema é que estou com o olhar do construtor, sabe? "Veja, há algo errado com essa construção, aqui neste ponto. Falta um apoio."

Sou totalmente solidário a esse sentimento, mas, como eu disse, editei o longa para ficar o mais comercialmente palatável possível. E, na verdade, a gente rodou muito mais material como aquela cena da aranha, mas que obviamente nunca incluímos em versão alguma.

Lembro de quando escrevi essa cena. Se não estou enganado, Chris tinha acabado de descobrir a morte de Burke Dennings, e assim que se volta para o outro lado, vê Regan descendo os degraus de costas, toda contorcida, parecendo uma tarântula. Não lembro se a gente chegou a filmar isso, mas no livro e no roteiro, quando ela chega no térreo, lambe o tornozelo de Sharon, e nesse momento Chris berra: "Pelo amor de Deus, alguém chame o médico!".

Vou dizer por que essa cena nunca entrou no filme: foi porque não cheguei a filmar as reações nem de Chris e nem de Sharon. Lembro de achar muito difícil conseguir a reação apropriada de Ellen Burstyn à morte de Burke Dennings. Nunca entendi bem qual seria a reação apropriada, já que Dennings havia sido atirado da janela de Regan. Então, de um lado, ela precisa lidar com a morte prematura e inesperada de seu amigo; mas, por outro, tem que lidar com o fato de que ele estava sozinho em casa com a menina. Ela precisa conciliar as duas ideias ao mesmo tempo. Perdi as contas de quantas tomadas fizemos de Ellen reagindo àquela notícia, mas nenhuma pareceu funcionar. Seu instinto era o de receber a notícia em silêncio, absorver tudo e não deixar transparecer nada. Mas aquilo não ficou bom, então a gente acabou fazendo com que ela só se afastasse do personagem que dava a notícia e batesse com os punhos cerrados na parede. Daí, por essa dificuldade em fazer com que Ellen reagisse

àquele momento da história, a morte de Burke, achei que não conseguiria fazer uma transição *ainda maior* e colocá-la reagindo a algo como a cena da aranha.

Acho que isso era um problema inclusive da escrita. Porque você estava precisando lidar com a exigência de um clímax duplo. E, na verdade, nenhum desses era o ponto final da cena.

É verdade. O fim da cena é Chris batendo com os punhos na parede, e a tela escurecendo. Achei que colocar a cena da aranha ali seria forçar demais a barra. Além disso, até aquele momento a gente não fazia ideia das reações que viriam.

Tem razão. E acho mesmo que tenha sido um problema da escrita. Você fez bem em cortar isso. Mas outras cenas, como o encerramento original, cabiam perfeitamente no filme.

Olha, eu sei que houve um monte de controvérsias com relação a algumas cenas que eu cortei, em especial essa última com Kinderman e Dyer, que eu sei que você ama. Mas, como intérprete do material, eu sentia que aquela sequência era muito explicativa. Calley comentou que esse final fazia o filme terminar com um solavanco, e não com um grande impacto. Eu concordava. A gente não precisava daquilo.

Mas tem um motivo pelo qual a gente *precisava* daquele final. E você vai lembrar que o problema ficou evidente quando, mesmo com a cena de Karras falando para o demônio "Me pega! Entra em mim!" antes de se jogar pela janela, ainda assim o público entendeu *tudo errado*. A gente ensaiou passo a passo aquela sequência para que uma coisa ficasse clara — para que a audiência entendesse, sem qualquer dúvida, que era Karras quem estava agarrando o demônio e o atirando pela janela, e *não o contrário*. Mas ninguém entendeu, mesmo assim. A primeira vez que percebi isso, que apesar de todo nosso esforço a gente ainda tinha problema, foi em um jantar com Frank Wells, da Warner. Eu disse a ele: "Sabe, uma coisa que me chateia muito é ver gente achando que é o demônio quem atira Karras pela janela! Dá para acreditar?". Seguiu-se um silêncio sepulcral. E Frank, que Deus o tenha, que era um homem honestíssimo, comentou: "É... bom, *eu* achei que era isso mesmo que acontecia. Você está me dizendo que *não*?". Não! E esse foi um problema generalizado, e você sabe por quê? Pensei muito nisso, e não é que o filme não seja claro nesse sentido. É que o público chega àquele momento da história tão aturdido e chocado que não consegue *perceber* os passos coreografados do filme. Ele não consegue mais *ver* nada, nem *ouvir* nada — tudo que percebem é um cara caindo pela janela. A essa altura, está todo mundo em choque. E fica todo mundo assim porque as coisas são tão óbvias, mas ao mesmo tempo tão *pouco óbvias*.

O problema que a gente criou, mesmo sem saber, é que muita gente ainda hoje vê *O Exorcista* como um filme depressivo. E foi por isso que chegou um momento em que nós, você e eu, tivemos que procurar um novo final que fizesse o público sentir: "Ei, relaxe, vai ficar tudo bem. Está tudo certo. Os mocinhos vencem no final". Eu pensava, e admito que posso ter errado, que a cena do livro, que mostra Kinderman e Dyer, seria suficiente — que o espectador saberia, mesmo sem entender muito bem, que Karras teria conquistado a vida eterna. O relacionamento que Karras mantinha com Kinderman agora vive por meio de Dyer, Deus está em seu paraíso e tudo vai bem no mundo. Talvez a cena, como a escrevi, não tenha funcionado, mas essa era minha intenção, e acho que o filme podia se valer disso.

Olha, tem razão, e acho que o que a gente devia fazer mesmo era colocar você no fim do filme dizendo assim: "Ei, gente, o filme *não é* depressivo, tá? Não é depressivo, *não*! E Karras segue vivo!". E todo espectador precisaria passar por *você* antes de entrar no cinema, Bill, para que explicasse do que se trata o filme! A gente discorda demais nesse ponto. Eu acho mesmo que aquele final tentava *explicar* para a audiência o que era o filme. E eu sinto que se eles não estão entendendo o sentido do longa, o que diabos estão fazendo no cinema? Isso também serve para outras cenas que cortei, como aquele diálogo entre

Merrin e Karras nas escadas, em uma pausa no exorcismo. Você tinha escrito um diálogo belíssimo para os dois, mas era como se você estivesse dizendo ao público como é que eles deviam se sentir, algo que sempre achei inerente à história que você escreveu. Essa é a diferença entre a sua abordagem e a minha. Acho que se o filme foi bem-sucedido, o sucesso se deve ao ponto em que nossas visões se encontram. Você realmente acredita que existe *um* sentido específico para aqueles eventos, e que os espectadores devem captá-lo. E eu acredito que exista *um* sentido para os eventos, mas que o público precisa descobrir por si mesmo.

Olha, até concordo. Acredito mesmo que o filme, do jeito que é, apresenta uma mensagem positiva com relação à fé, à espiritualidade e à transcendência, pelo menos no nível mais básico. Ele mostra que existem espíritos, dos bons e dos maus. Nesse sentido, funciona bem. Mas eu queria aquela explicação de Merrin porque seria bom ouvi-lo explicando a Karras que tudo aquilo não se resumia à garotinha. Ele mostra a Karras que o alvo está sobre todo mundo, e que aquilo tem a intenção de nos levar ao desespero, nos tornar incertos de nossa humanidade, fazendo com que nos sentíssemos vis, pútridos, criaturas bestiais que não poderiam ser amadas por Deus, mesmo que Deus existisse. E tem mais: por mais verdadeiro que isso tudo seja, do ponto de vista teológico, e acredito que é, também desempenha uma função dramática. Oferece uma base ao público, um motivo, uma explicação do porquê todo aquele — sejamos honestos — espanto e obscenidades estão acontecendo. Permite que os espectadores não se recriminem por estarem gostando de toda a obscenidade, da tortura daquela menininha, da masturbação com o crucifixo. Permite que desfrutem do filme pelo que ele é, e não se autoflagelem por isso. Faz *algum* sentido?

Faz sim. E foi por isso que, anos depois, a gente tentou filmar *outro final*, um que desse conta dessa mensagem espiritual que você queria. Cheguei a sugerir que a gente incluísse uma cena em que Karras viria subindo pela escadaria de Georgetown enquanto Dyer o olhava do

alto, porque achava que isso fosse suficiente para mostrar, sem nenhuma palavra, a essência da superação de Karras, seu renascimento. Mas não consegui porque a locação tinha mudado completamente quando voltei a Georgetown. Os degraus haviam sido grafitados, as pessoas tinham arrancado várias lascas das pedras, e tinham roubado até as tábuas da cerca da sra. Mahoney. Quando estive lá, havia arame farpado em volta do lugar inteiro, então abandonei a ideia porque já não era a mesma locação. E mais recentemente a gente considerou a possibilidade de filmar um final inteiramente novo, no qual a tela se apaga, assim como antes, mas em seguida aparece uma tomada de William O'Malley [o padre Dyer], passados 25 anos, caminhando pelo Potomac.

Na verdade, a ideia inicial era que fosse no Hudson, em St. Andrews, onde fica o seminário de Nova York. No que escrevi, Dyer rezava sozinho quando, de repente, encontrava uma pessoa correndo pelo lugar, um jovem parecido com Nick Nolte, e que acaba se revelando um verdadeiro tagarela, querendo ficar ali de conversa com o padre. O sacerdote não vê a hora de se livrar dele, mas aí o jovem, totalmente sem noção, começa a falar sobre o problema do bem e do mal, e chega até a sugerir uma forma de solução. Ele compara com uma cirurgia — sabe como é, quando você está na mesa de operação, consegue ver e ouvir tudo que se passa, mas esquece no mesmo instante, e quando desperta da anestesia, acha que ficou apagado o tempo inteiro. Esse corredor diz que talvez a dor, o sofrimento e o mal no mundo sejam algo análogo. Do ponto de vista da eternidade, é como se estivéssemos na mesa de operação, sem lembrar nada do que nos aconteceu. Nesse momento, Dyer começa a perceber que há algo acontecendo ali, e nisso, sem aviso prévio, ouvimos a voz de Jason Miller dizendo: "Não está me reconhecendo, Joe?". Dyer se vira e ali está um pilar de luz, e ele cai de joelhos exclamando "Louvado seja Deus!" conforme a luz se eleva e vai se juntar a centenas de milhares luzes iguais. Eu escrevi isso, e você adorou, Bill.

Verdade, adorei, mas a Warner não ia aceitar. Teria custado uns 400 mil dólares só para inserir essa cena em um filme que, sem ela, já tinha arrecadado 300 mil. Então, para quê? E verdade seja dita: o filme funciona bem do jeito que está. Estou me referindo à forma como ele foi feito, ao tanto que os atores deram vida aos personagens e ao fato de que as pessoas realmente acreditaram no que viam na tela. Algumas podem ter interpretado o sentido do filme um pouquinho diferente, e era *isso* que incomodava você. Mas eu sempre gostei do resultado, para ser franco. Adoro o fato de que cada pessoa que vê o filme tem uma interpretação completamente diferente uma da outra.

Não quero que elas pensem que o mal venceu.

Mas como é que elas poderiam pensar isso?

[Rindo] Bom, o público é mesmo um problema, sempre desconfiei.

De minha parte, sempre acho que quase todo espectador sai do filme com aquilo que ele já tinha consigo ao entrar. Se você chega no cinema crente de que o mundo é um lugar horrível e mal, onde o demônio triunfa todo santo dia, então é isso que *O Exorcista* vai mostrar a você. Por outro lado, se acredita que há uma força do bem combatendo noite e dia todo o mal, como eu acredito, então é *essa* a mensagem que vai chegar a você.

Isso me faz pensar outra vez em Billy Graham. Ele sentiu esse poder demoníaco que, em sua interpretação, estava atrelado ao próprio celulóide da película. E eu realmente acredito que *exista* um poder assim no filme, não demoníaco, mas um poder, de todo modo. E não sei o que causa isso. E por não saber a causa, tenho que admitir que não faço ideia do que aconteceria à química emocional da obra caso a gente inserisse tudo que eu gostaria de inserir. Talvez esse poder de que tanto falam se desintegrasse. Seria um risco... reconheço. Haveria um risco para cada tipo de alteração que fosse feita. Mas *teria sido* interessante descobrir...

Sim, teria. E saiba que houve um momento em que pensei em inserir tudo de volta, do jeitinho que você tinha escrito e a gente tinha gravado. Mas muita coisa ficou perdida — partes da trilha sonora, por exemplo — e uma restauração parcial não me interessa. Mas sabe que, enquanto a gente conversa aqui, me veio à cabeça uma anedota de Bonnard, o pintor impressionista francês, sabe? Já nos últimos anos de vida, ele foi pego no Louvre com um pincel e uma paletinha de tinta, retocando uma de suas pinturas. Os seguranças o agarraram, e ele não parava de gritar: "Mas eu sou Bonnard! Essa pintura é *minha*!". E eles respondiam: "A pintura está no Louvre. E está concluída!". Toda vez que me senti inclinado a tentar satisfazer um desejo seu, Bill, o que me fazia desistir era essa memória do segurança dizendo a Bonnard: "O quadro está na parede do Louvre, meu camarada. Não há mais o que fazer. Circulando…".

Friedkin e Blatty no set, Universidade de Georgetown

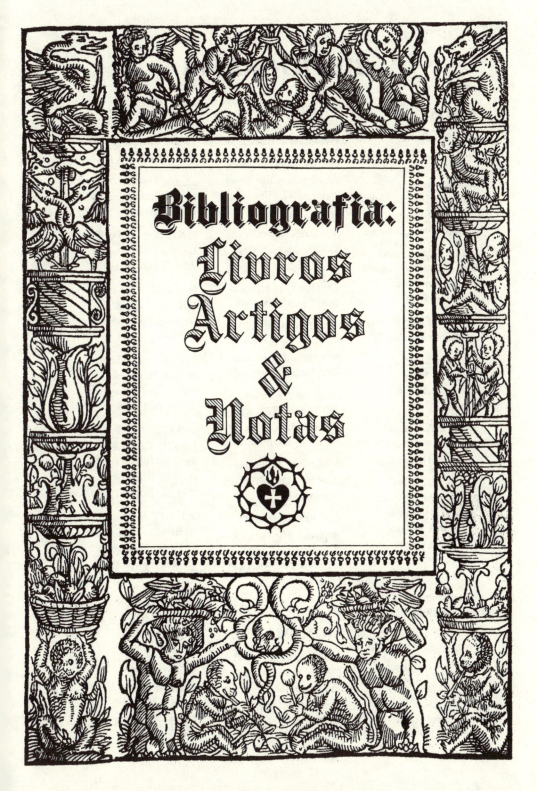

BIBLIOGRAFIA

LIVROS

ALLEN, Thomas B. *Possessed* (Londres: Corgi, 1994), p. 255. Edição brasileira: *Exorcismo*. Trad. Eduardo Alves. Rio de Janeiro: DarkSide® Books, 2016.

BLATTY, William Peter. *Demon's Five, Exorcists Nothing*. Nova York: Donald I. Fine, 1996.

_____. *The Exorcist*. Nova York: Harper and Row, 1971.

_____. *The Exorcist & Legion: Classic Screenplays*. Londres: Faber, 1998.

_____. *I'll Tell Them I Remember You*. Nova York: W.W. Norton & Co., 1973.

_____. *Legion*. Nova York: Simon and Schuster, 1983. Edição brasileira: *Legião*. Trad. Eduardo Alves. Rio de Janeiro: DarkSide Books®, 2017.

_____. *The Ninth Configuration*. Nova York: Harper and Row, 1978.

_____. *Twinkle Twinkle, "Killer" Kane*. Nova York: Doubleday, 1966.

_____. *William Peter Blatty On the Exorcist From: Novel to Film*. Nova York: Banlam, 1974.

KERMODE, Mark. *The Exorcist, 1st edn*. Londres: BFI Modern Classics, 1997.

KEY, Wilson Bryan. *Media Sexploitation*. New Jersey: Prentice Hall, 1976.

KING, Stephen. *Danse Macabre*. Londres: MacDonald & Co., 1981.

MCCAMBRIDGE, Mercedes. *The Quality of Mercy*. Nova York: Times Books, 1981.

NEWMAN, Howard. *The Exorcist: The Strange Story Behind the Film*. Nova York: Pinnacle, 1974.

PALLENBERG, Barbara. *The Making of Exorcist II: The Heretic*. Nova York: Warner Books, 1977.

Segaloff, Nat. *Hurricane Billy*. Nova York: William Morrow, 1990.

TRAVERS, Peter; REIFF, Stephanie. *The Story Behind The Exorcist*. NovaYork: New American Library, 1974.

ARTIGOS

BARTHOLOMEW, David. "The Exorcist: The Book, The Movie, The Phenomenon". In: *Cinefantastique*, vol. 3 n. 4, Winter 1974, p. 8-13.

_____. "Dick Smith interview". In: *Cinefantastique*, vol. 3 n. 4, Inverno 1974, p. 17-21.

_____. "Altering States". In: *Cinefantastique*, vol. 11 n. 1, Verão 1981, p. 26-43.

BENTLEY, Jack. "Devil's Daughter". In: *Sunday Mirror*, 3 fev. 1974.

BLACKBURN, Greta. "The Star: Linda Blair". In: *Fangoria*, n. 60, jan. 1987, p. 20-59.

BOSCO, Scott. "A Look Back at The Exorcist Effects". In: *Fangoria*, n. 31, dez. 1983, p. 28-32.

BRINKLEY, Bill. "Priest Frees Mt. Rainier Boy Reported Held in Devil's Grip". In: *Washington Post*, 20 ago. 1949, p. 1-9.

CALCUTT, Andrew. "Haunted by The Exorcist". In: *Living Marxism*, n. 109, abr. 1998, p. 38–9.

CROUCH, William. "William Friedkin interview". In: *Cinefantastique*, vol. 3, n. 3, Outono 1974, p. 6-13.

EHRLICH, Cindy. "Doin' the Devil's Sound Effects". In: *Rolling Stone*, 28 fev. 1974.

FORT, Benjamin. "The Curse that Hangs Over The Exorcist". In: *Castle of Frankenstein*, n. 22, 1974, p. 34.

GALLAGHER, John A. "The Exorcists: Max von Sydow & Jason Miller". In: *Fangoria*, n. 60, jan. 1987, p. 24-61.

GAUL, Lou. "The Possession of Linda Blair". In: *Castle of Frankenstein*, n. 24, 1974, p. 22-7.

GOLDBERG, Lee. "The Director: William Friedkin". In: *Fangoria*, n. 60, jan. 1987, p. 30-59.

GORDON, Alex. "Dissecting a Horror Classic". In: *Fangoria*, n. 60, jan. 1987, p. 14-15.

HIGHAM, Charles. "Will the Real Devil Speak Up? Yes!". In: *The New York Times* (Arts), 27 jan. 1974.

KERMODE, Mark. "Exorcise Cycle". In: *20/20*, n. 13, abr. 1990, p. 76-7.

_____. "Talk of The Devil". In: *vst (Video Sell Through)*, jun. 1990, p. 13-14.

_____. "Devil's Advocate". In: *Time Out*, n. 1053, 24–31 out. 1990, p. 17-18.

_____. "Still Haunted By The Exorcist". In: *Guardian*, 8 nov. 1990, p. 27.

_____. "Devilish Deceptions". In: *Fear*, n. 24, dez. 1990, p. 13-16.

_____. "His Satanic Majesty Presents…". In: *Vox*, mar. 1991, p. 106.

_____. "The Mysteries of Faith: Misinformation and Missing Scenes in The Exorcist". In: *Video Watchdog*, n. 6 ("Issue 666"), jul./ago. 1991, p. 32-55.

_____. "Devilish Delights: The Exorcist – A Horror Classic". In: *The DarkSide*, n. 14, nov. 1991, p. 6-56.

_____. "The Regan Era". In: *Fangoria*, n. 130, mar. 1994, p. 14-21.

_____. "Aftershock". In: *Daily Telegraph*, 21 fev. 1998, p. A1.

_____. "The Exorcist turns 25". In: *The New Statesman*, 27 fev. 1998, p. 49.

_____. "Lucifer Rising". In: *Sight and Sound*, jul. 1998, p. 6-11.

KERMODE, Mark; LUCAS, Tim. "The Exorcist: From the Subliminal to the Ridiculous". In: *Video Watchdog*, n. 6 ("Issue 666"), jul./ago. 1991, p. 20-31.

KERMODE, Mark; PETLEY, Julian. "For Their Eyes Only". In: *Time Out*, n. 1007, 6-13 dez. 1989, p. 21-3.

LACKMANN, Ron. "I Was The Exorcist (-sort of!)". In: *Screen Greats*, n. 2, 1990, p. 40-3.

MCDONNELL, David; SCAPPEROTTI, Dan. "The Makeup FX Artist: Dick Smith". In: *Fangoria*, n. 60, jan. 1987, p. 26-66.

MYERS, Steve. "William Friedkin interview". In: *Castle of Frankenstein*, n. 22,1974, p. 35-58.

REED, Rex. "Filming of The Exorcist – it was Hell". In: *Los Angeles Times*, Calendar, 24 mar. 1974.

RINGEL, Harry. "The Exorcist". In: *Cinefantastique*, vol. 3 n. 2, Primavera 1974, p. 24-40.

VON RUHLAND, Catherine. "Holy Ghostbusters". In: *The Independent*; 'Review', 18 jun. 1998, p. 13.

WEISS, Ron. "The Making of The Exorcist". In: *Quasimodo's Monster Magazine*, vol. 1 n. 4, set. 1975, p. 53-63.

WINOGURA, Dale. "Jason Miller: An interview". In: *Cinefantastique*, vol. 3 n. 4, Inverno 1974, p. 13-14.

_____. "William Friedkin interview". In: *Cinefantastique*, vol. 3 n. 4, Inverno 1974, p. 14-17

WINTER, Douglas. "The Author: William Peter Blatty". In: *Fangoria*, n. 60, jan. 1987, p. 16-68.

NOTAS

Embora o texto dos capítulos 1 a 4 tenha se mantido inalterado desde a primeira edição, as notas foram atualizadas para incluir quaisquer acréscimos ou correções derivadas das pesquisas que se seguiram.

1. Citado no artigo de David Bartholomew, "The Exorcist: The Book, The Movie, The Phenomenon", em *Cinefantastique*, vol. 3 n. 4, p. 9. Ver também Howard Newman, *The Exorcist: The Strange Story Behind the Film* (New York: Pinnacle, 1974), p. 163.

2. William Peter Blatty, em entrevista ao autor (1990), afirmou: "Billy Graham disse haver um mal encarnado no próprio celulóide da película. Nunca entendi aquilo".

3. Ver Mark Kermode, "Talk of the Devil", em *Video Sell Through*, jun. 1990, p. 13-14. Em 1999, *O Exorcista* finalmente recebeu uma classificação 18 anos, sem cortes, após a renúncia de James Ferman, diretor de censura anterior.

4. Thomas B. Allen, *Possessed* (Londres: Corgi, 1994), p. 255. Edição brasileira: *Exorcismo*. Trad. Eduardo Alves. (Rio de Janeiro: DarkSide® Books, 2016).

5. A história do *Washington Post* (20 de agosto de 1949) consta parcialmente no livro *William Peter Blatty On The Exorcist: From Novel to Film* (Nova York: Bantam, 1974, p. 4-7), e, de forma mais detalhada, na obra de Peter Travers e Stephanie Reiff, *The Story Behind The Exorcist* (Nova York: New American Library, 1974, p. 17-21).

6. Travers e Reiff. *The Story Behind The Exorcist*, p. 15-16.

7. A casa da Bunker Hill Road já não existe, e recentemente foi descoberto que não passava de um endereço falso, usado pela Igreja para despistar os curiosos quanto ao local real, que fica em uma região vizinha.

8. Para diferentes versões do exorcismo, ver Blatty, *On The Exorcist*; Travers e Reiff, *The Story Behind The Exorcist*; Newman, *The Exorcist: The Strange Story Behind the Film*. E ainda "The True Case" nos extras de *O Exorcista* — parte do material promocional lançado pela Warner Bros, em Burbank, Califórnia, em 1973.

9. Ainda hoje é questionável se o fenômeno telecinético deve ser enquadrado como um caso sobrenatural. O próprio Blatty rotula a telecinese, ou o fenômeno *poltergeist*, como uma perturbação — em entrevista ao autor, em 1990 —, assim como o fazem diversos psicólogos respeitados. No romance *O Exorcista* (Nova York: Harper and Row, 1971), o padre Karras diz explicitamente para Chris MacNeil: "Não é algo assim tão incomum, e costuma afetar adolescentes com problemas emocionais. Ao que tudo indica, uma grande tensão interna da mente seria capaz de, às vezes, disparar algum tipo de energia desconhecida que acaba movendo objetos mesmo à distância" (p. 212). De todo modo, Blatty chegou a comentar o seguinte sobre o caso de 1949: "O físico, professor de Washington, depois de ver a cama do hospital levitando rapidamente em direção ao teto, teria dito que 'ainda há muito para se descobrir sobre a natureza do eletromagnetismo', um jeito bastante inquestionável de encerrar a conversa" (Ver Blatty, *On The Exorcist*, p. 24).

10. Allen, *Possessed* (Londres: Corgi, 1994), p. 2.

11. Ibid., p. 77.

12. Ibid., p. 239.

13. Blatty, *On The Exorcist*, p. 21.

14. Travers e Reiff, *The Story Behind The Exorcist*, p. 16.

15. Blatty, *On The Exorcist*, p. 21. Embora Blatty não nomeie Bowdern em seu texto de 1974, depois ele me confirmaria ser essa a identidade do exorcista.

16. Blatty, *The Exorcist*, p. 337.

17. Ver Nat Segaloff, *Hurricane Billy* (Nova York: William Morrow, 1990), p. 127; Travers e Reiff, *The Story Behind The Exorcist*, p. 22; e David Bartholomew, "The Exorcist: The Book, The Movie, The Phenomenon", p. 9.

18. Bartholomew afirma terem sido 9 %, enquanto Travers e Reiff, 5%.

19. Blatty dá ao diretor o pseudônimo de "Edmund de Vere" e reintitula seu filme como *Hypnosis* (*On The Exorcist*, p. 40). David Bartholomew afirma que "de Vere... foi um golpe em John Cassavetes" ("The Book, The Movie, The Phenomenon", p. 9,), cujo trabalho mais recente, à época, havia sido *Os Maridos* (*Husbands*). Mas a verdade é que, de acordo com o que me revelaram Blatty e Friedkin, o filme visto por Blatty era um primeiro tratamento de *Os Cowboys* (*The Cowboys*), de Mark Rydell.

20. Ver Travers e Reiff, *The Story Behind The Exorcist*, p. 24, e Segaloff, *Hurricane Billy*, p. 128.

21. Segundo Cindy Ehrlich, o primeiríssimo som que se ouve — e que é transformado em tema por Krzysztof Penderecki — foi criado por Ron Nagle e Jack Nitzsche utilizando harmônicos gerados ao esfregar taças de cristal ("Doin' the Devil's Sound Effects", *Rolling Stone*, 28 de fevereiro de 1974), informação que Nagle mais tarde me confirmaria. Aparentemente, Nagle foi levado à produção por Nitzsche, chamado, por sua vez, pelo próprio Friedkin após ele ter dispensado Lalo Schifrin, o compositor original. Para mais detalhes sobre a desavença entre Friedkin e Schifrin, ver Travers e Reiff, *The Story Behind The Exorcist*, p. 130, e Segaloff, *Hurricane Billy*, p. 142-3.

22. Ver "Transcript with Scene Settings", em Blatty, *On The Exorcist*, p. 333.

23. Esses sons foram produzidos, ao que tudo indica, por hamsters correndo dentro de caixas de madeira, caixas de papelão e em um tímpano.

24. E, de fato, os anúncios nos jornais dos Estados Unidos mostravam os olhos de Blair reluzindo no alto da janela aberta.

25. Stephen King, *Danse Macabre* (Londres: MacDonald & Co., 1981), p. 197.

26. "Durante aquela tomada, dá para ouvir Ellen dizendo: 'Precisam fazer as mudanças por dentro do sistema'. É aí que está o ponto. O público pode chegar a perceber isso, mesmo sem se dar conta, muitos espectadores podem nem entender, mas o fato é que está tudo lá, no conceito geral da coisa, para que o espectador antenado possa perceber." Jason Miller em entrevista a Dale Winogura para a publicação *Cinefantastique*, vol. 3 n. 4, 1974, p. 14.

27. A música de Oldfield — tão entranhada a *O Exorcista* — só foi introduzida bem tardiamente por Friedkin, que via nela uma "canção de ninar" bem inocente, um "tema" infantil para Regan. Após, seria reproduzida de um modo intrigante em "Regan's Theme", composição de Ennio Morricone para o horrendo *O Exorcista II: O Herege* (*Exorcist II: The Heretic*).

28. Ver Travers e Reiff, *The Story Behind The Exorcist*, p. 137-9. É interessante notar que, pelo que Blatty me contou, ele jamais encontrou com Vasiliki Maliaros, mas ficou chocado ao perceber como a expressão de seu rosto se parecia com uma mistura das mães de Friedkin e dele.

29. Entre os trabalhos iniciais de Friedkin estava o elogiado documentário *O Povo vs. Paul Crump* (*The People versus Paul Crump*, WBKB-TV Chicago, 1962). A excelente biografia de Nat Segaloff, *Hurricane Billy*, oferece um competente relato da carreira do diretor.

30. Travers e Reiff apresentam uma citação de Friedkin a respeito do teste de Linda Blair: "Ela não era extraordinária, mas era boa. E aí eu filmei um trecho de uma conversa entre Ellen e Linda. Nenhuma das duas sabia que aquela parte do teste estava sendo filmada. E Linda foi fabulosa — completamente espontânea —, nada ensaiada. E nisso eu entendi que o segredo era deixar a menina o mais espontânea possível." (*The Story Behind The Exorcist*, p. 54). Também já pude ver a fita com o teste de elenco, e ela dá uma mostra do talento espetacular da jovem Blair.

31. Ver Mark Kermode, "The Mysteries of Faith", em *Video Watchdog*, n. 6, p. 36. Pude assistir à sequência inteira, registrada exatamente como descrito acima, embora a ausência de som a tenha feito inutilizável para *A Versão Que Você Nunca Viu* (ver p. 91-94).

32. Blatty, *The Exorcist* (roteiro revisado), cena 49, mencionada em Kermode, "The Mysteries of Faith", p. 36. À época de sua escrita, o roteiro se manteve inédito. Em agosto de 1998, Blatty firmou contrato com a Faber & Faber para publicar, no Reino Unido, uma versão levemente adaptada do roteiro revisado (ver Bibliografia).

33. John Calley recomendou o remanejamento após assistir à primeira montagem de Friedkin.

34. Blatty, *The Exorcist* (roteiro revisado), cena 83. Ver também Kermode, "The Mysteries of Faith", p. 39-41.

35. Blatty, *The Exorcist* (roteiro revisado), cena 84. Essa sequência está incluída em *A Versão Que Você Nunca Viu* (ver p. 93-4, 102), mas ocorre imediatamente antes, e não depois, da cena de Bellevue.

36. Citado por David Bartholomew, "The Exorcist", p. 10.

37. Ver Wilson Bryan Key, "The Exorcist Massage Parlour", em *Media Sexploitation* (New Jersey: Prentice-Hall, 1976), p. 98-115.

38. A leitura definitiva das imagens subliminares de *O Exorcista* segue sendo a de Tim Lucas em "The Exorcist: From the Subliminal to the Ridiculous", na *Video Watchdog*, n. 6, jul./ago. 1991, p. 20-31. Embora creditadas tanto a Lucas quanto a Kermode, essas observações são todas de Lucas, e seguem insuperáveis.

39. *Noite e Neblina (Nuit et brouillard)*, Alain Resnais, França/Alemanha, 1956.

40. Scott Bosco, "A Look Back at The Exorcist Effects", em *Fangoria*, n. 31, dezembro de 1983, p. 29.

41. Citado por Travers e Reiff, *The Story Behind The Exorcist*, p. 204.

42. Durante a seleção de elenco, Blatty teria dito que encontrar uma atriz mirim para representar os traumas de Regan MacNeil era uma tarefa hercúlea, e que a única solução seria usar uma anã de 25 anos de idade (Travers e Reiff, *The Story Behind The Exorcist*, p. 51-2). Mas a solução parece ter sido a substituição de Eileen Dietz, então com 25 anos, por tomadas rápidas e pontuais entrecortando as cenas sempre que fossem exigentes ou explícitas demais para Blair.

43. Devo muito a Tim Lucas por sua análise detalhada das substituições entre Dietz e Blair, presente em Lucas e Kermode, "The Exorcist: From the Subliminal to the Ridiculous", p. 29-31. Depois, Friedkin me confirmou não ser uma análise muito distante da verdade, confirmação que também se pode extrair a partir do roteiro final de edição.

44. Em um dos mais estranhos acontecimentos da tal "maldição", o ator Jack MacGowran veio a falecer de gripe em 31 de janeiro de 1973, pouco após concluir seu papel como Burke Dennings. Segundo o agente Howard Newman, a última contribuição do ator para o filme teria sido a gravação da seguinte fala: "Você sabe o que ela fez, a putinha da sua filha?", que a própria Regan usa para provocar Chris com relação à morte de Dennings (Newman, *The Exorcist: The Strange Story Behind The Film*, p. 100-1).

45. Blatty, *The Exorcist* (roteiro revisado), cena 143.

46. Citado por Scott Bosco, "A Look Back at The Exorcist Effects", p. 31.

47. De fato, embora Nat Segaloff afirme que Friedkin atribuiu a cena a Dietz (*Hurricane Billy*, p. 146), parece bastante evidente que ela tenha sido executada por Ann Miles ou por Linda R. Hager.

48. Uma versão reduzida e digitalmente retocada da cena da aranha aparece em *A Versão Que Você Nunca Viu* (ver p. 108-110).

49. Outra vez, os cristais sonoros de Nagle e Nitzsche.

50. Howard Newman, agente de divulgação, afirma que os objetos voadores e a mobília se arrastando pelo quarto foram inseridos por Friedkin com o intuito de desviar a atenção da masturbação com o crucifixo. Segundo Newman, Friedkin e Blatty "não apenas filmaram aquele ato abominável com o crucifixo, mas o circundaram por uma… atmosfera de esquisitice. […] O público não deixa de sentir o estômago se revirando, mas não tem tanto tempo para se fixar nisso." (Newman, *The Exorcist: The Strange Story Behind The Film*, p. 113-14.).

51. Blatty, *The Exorcist* (roteiro revisado), cena 223.

52. Lucas e Kermode, "The Exorcist: From the Subliminal to the Ridiculous", p. 28. É curioso que, ao realizar as pesquisas para o documentário da BBC, *The Fear of God*, eu tenha me deparado com duas versões para essa história: uma de Owen Roizman, diretor de fotografia, que lembrava de ter sido ele (e não Dunn) o responsável pelo efeito no próprio set, usando uma lente a 45 graus; e a do editor Bud Smith, que diz ter supervisionado uma etapa da pós-produção em que se buscou mesclar as duas imagens.

53. Ver Cindy Ehrlich, "Doin' the Devil's Sound Effects", *Rolling Stone*, 28 de fevereiro de 1974.

54. A casa dos Mahoney, na rua Prospect, número 36, ainda hoje é reconhecida como "a casa de *O Exorcista*", mesmo que, no filme, tenham sido adicionados uma ala inteira e um telhado prolongado para fazê-la parecer mais próxima da escadaria, e que a famosa cerca, o portão e o poste de iluminação não passassem de objetos cenográficos removidos após as filmagens. Ainda assim, a sra. Mahoney se lamentava em 1974: "Desde a estreia desse filme, uma porção de gente horrível, saindo do cinema, passa aqui na frente e fica gritando" (Travers e Reiff, *The Story Behind The Exorcist*, p. 208).

55. Ver, sobretudo, Dan Scapperotti e David McDonnell, "The Makeup FX Artist: Dick Smith", em *Fangoria*, n. 60, janeiro de 1987, p. 28-9.

56. Lucas e Kermode, "The Exorcist: From the Subliminal to The Ridiculous", p. 30-1. Essa reviravolta bizarra já me foi confirmada por Marcel Vercoutere, supervisor de efeitos práticos, que se recorda de filmar o vômito nojento em uma garagem, em total sigilo, apenas com a ajuda da própria esposa!

57. Ver, por exemplo, as falas of Friedkin no departamento de Cinema da Universidade da Georgia, em 23 de janeiro de 1974, citadas por Steve Myers em seu *Castle of Frankenstein*, n. 22, 1974, p. 56. Ver também a entrevista de Friedkin a William Crouch em *Cinefantastique*, vol. 3 n. 33, outono de 1974, p. 9.

58. Ver, por exemplo, a afirmação de Rex Reed, reconhecido jornalista de entretenimento, segundo a qual "[Blair] não deseja atuar nunca mais. Em um momento ou outro, todas as pessoas relacionadas a esse filme foram possuídas. Ainda hoje não voltaram totalmente ao normal" ("Filming of The Exorcist – It was Hell", *Los Angeles Times*, Calendar, 24 de março de 1974). De acordo com o escritor Jack Bentley, atuante na indústria do entretenimento, "[Blair] atuou em cenas de depravação sexual e tortura física tão inimagináveis que teriam acabado com o psicológico até de uma profissional madura" ("Devil's Daughter", *Sunday Mirror*, 3 de fevereiro de 1974). Muitos anos depois, Blair ainda se lembra: "As pessoas achavam que eu sabia de demonologia, que sabia o que estava acontecendo ali, e que a aura dessa possessão, dessa criatura, faria o mesmo com elas. Eu amedrontei milhares de pessoas, e quando olhavam para mim — quando me viam no supermercado, ou numa loja, a reação era inacreditável. As pessoas ficavam apavoradas". Citada por Greta Blackburn em "The Star: Linda Blair", *Fangoria*, n. 60, janeiro de 1987, p. 20. Em 1998, enquanto rodava *The Fear of God*, Blair me confidenciou: "Nunca vou esquecer daquilo. Parecia um pesadelo. Não fazia diferença o que eu dissesse à imprensa, eles escreviam o que queriam. Eu não tinha sido possuída nem estava em um manicômio. Parece que até hoje tem gente na Europa que acha que estou em um hospital psiquiátrico!".

59. Charles Higham, "Will the Real Devil Speak Up? Yes!", *New York Times*, 27 de janeiro de 1974. Ver também a versão de McCambridge em sua biografia, *The Quality of Mercy* (Nova York: Times Books, 1981), capítulo 10.

60. Travers e Reiff, *The Story Behind The Exorcist*, p. 202.

61. Ver McCambridge, *The Quality of Mercy*, capítulo 10.

62. Citado, entre outras fontes, em Benjamin Fort, "The Curse that Hangs Over The Exorcist", *Castle of Frankenstein*, n. 22, 1974, p. 34.

63. Entrevista com o autor, 1991.

64. Newman, *The Exorcist: The Strange Story Behind the Film*, p. 15.

65. Travers e Reiff, *The Story Behind The Exorcist*, p. 118.

66. Blatty, *The Exorcist* (roteiro revisado), cena 232. Essa sequência, incluída em *O Exorcista: A Versão Que Você Nunca Viu*, é realmente um pouco mais breve (e não estendida) do que a do roteiro revisado de Blatty, e não contém, obviamente, a canção soando fora da tela (ver p. 94, 104-6).

67. Blatty, *The Exorcist* (roteiro revisado), cena 271. Uma versão abreviada dessa sequência aparece em *A Versão Que Você Nunca Viu*, mas sem o diálogo de *Casablanca* (ver p. 94, 108).

68. Uma versão dessa fala aparece pela primeira vez no romance (p. 338), depois no primeiro tratamento de roteiro (*On The Exorcist*, p. 266), mas no roteiro revisto, Chris fala apenas: "Se você quer saber se acredito no Diabo, a resposta é sim — acredito" (*The Exorcist* [roteiro revisado], cena 268).

69. Travers e Reiff dedicam seu livro a Blatty, por tê-los inspirado o "sentimento de que tudo vai ficar bem, no fim das contas".

70. Não pude encontrar qualquer referência a esse caso.

71. *New York Times*, 24 de fevereiro de 1974, citado em Travers e Reiff, p. 198.

72. Citado por Steve Myers em *Castle of Frankenstein*, n. 22, 1974, p. 56.

73. Segaloff, *Hurricane Billy*, p. 150.

74. Blatty, *The Exorcist*, p. 286. Segundo o diretor de fotografia, Owen Roizman, a transposição dessa cena para o filme se mostrou particularmente complexa e exigiu que se retirasse a moldura da janela de Regan da fachada da casa, colocando-a por detrás do vidro e acendendo um facho de luz na reentrância entre os dois. A primeira noite de filmagem foi suspensa assim que Friedkin viu o resultado — e odiou. Já na segunda, aprovou a estratégia e, pelo que se diz, encerrou a gravação depois de uma única tomada!

75. Os trabalhos anteriores de Nick Freand Jones, diretor talentoso e criativo, incluem os famosos documentários *In the Teeth of Jaws*, *Born to Be Wild (Sem Destino)* e *The Hills are Alive (A Noviça Rebelde)*.

76. Além da longa versão em *The Fear of God* — montada em 1998 por Jan Deas, Nick Jones e Mark Kermode, editores da BBC, sem participação de Friedkin e utilizando trechos já disponíveis —, várias reconstituições da cena da aranha foram esboçadas por Friedkin para *A Versão Que Você Nunca Viu*, incluindo: um dos primeiros testes, em que Chuck diz "Tá certo, deu minha hora!" e sai de cena, o que causou gargalhadas e por isso foi excluída; uma segunda versão que se encerrava com o *close* no rosto ensanguentado de Regan; e uma versão final — incluída em DVD e VHS — que corta tão logo para Chris, em busca de uma segunda reação, antes de se encerrar abruptamente.

O EXORCISTA:
UM OLHAR AMOROSO

por **Marcia Heloisa**

O tempo, em saturnina voracidade, devora os próprios filhos. Existem obras, no entanto, que escapam ao apetite de seus dedos e à avidez de sua boca. *O Exorcista* — cru, eterno e maravilhosamente indigesto — permanece inalterado pelos dentes das décadas e intocado pela fome das eras. Meio século se passou desde sua estreia no cinema e ainda agora, neste espasmódico ano de 2023, o filme continua tão essencial quanto o era em 1973.

Talvez tenha sido a resistência de William Friedkin em filmá-lo como uma obra de horror o que o tornou tão convincente como um marco no gênero. No ponto cego do diretor, explodia à sua revelia um espetáculo de monstruosidade, com imagens que se plasmam, indeléveis, na membrana mais delicada da memória. *O Exorcista*, uma vez visto, é um filme que não acaba. Nós seguimos carregando suas cenas, como pobres Sísifos cinéfilos, lembrando cada vez mais de mais detalhes, à medida que nos esforçamos para esquecê-los.

Fui arrebatada aos 13 anos, quase na mesma idade de Regan MacNeil. Compartilhava com ela a melancólica docilidade das meninas que tem mães bonitas e bem-sucedidas. Deus sabe como esperava que o carro com motorista dobrasse a esquina, trazendo do trabalho a minha impecável celebridade. Ela não era atriz, nem artista; era uma figura-chave na ignóbil política dos anos 1980. E, assim como Regan, no vácuo da vigilância dos adultos, me entreguei a atividades potencialmente perigosas. O meu tabuleiro Ouija, no entanto, foi *O Exorcista*.

Em uma noite de maio, eu e minha amiga/irmã encaramos a estreia do filme na televisão nacional. Naquela época, crianças de 13 anos eram em tudo pueris. Não havia internet, não havia *streaming*. Sabíamos da vida o que a vila nos mostrava, em sua estreita comédia humana de vizinhos e programas de rádio. O impacto de *O Exorcista* foi vulcânico em nós. A massa ígnea de suas imagens, seus sons e seus demônios derreteu toda a inocência cinematográfica e transformou a nossa infância em uma Pompeia de noite eterna. Mas esse não foi o problema. O problema é que nós *amamos*.

Em 2017, defendi a minha tese de doutorado sobre *O Exorcista*. Junto de Drácula, Pazuzu foi o monstro que mais rondou os meus pesadelos e mais impulsionou os meus sonhos de pesquisadora. Por décadas a fio, busquei me entender ao confrontá-lo de frente, uma Marcia/Merrin a carregar apenas a experiência da inexperiência. Alguns confrontos foram difíceis e enfartaram as minhas certezas. Mas, em outros crepúsculos, sob o sol moribundo da minha Hatra, medi o monstro e o venci.

O roteirista francês Jean-Claude Carrière, famoso pela colaboração com o cineasta Luís Buñuel, escreveu um livro delicioso sobre seu amor pela Índia. Ele foi publicado no Brasil em 2001, com o poético subtítulo *Um Olhar Amoroso*. O dicionário que se segue foi inspirado no de Carrière e, assim como o dele, pode ser lido na ordem ou fora dela. A primeira frase do livro é memorável: "É difícil amar a Índia". As quatrocentas páginas seguintes nos provam que, a despeito dessa suposta dificuldade, não resta nada a ser feito — pelo autor, por nós e pelo mundo — a não ser amar a Índia.

Este é o meu convite para vocês. *O Exorcista* é um filme violento, como são os traumas de infância, as dores do crescimento e as queimaduras em nossa fé. Um filme no gerúndio, que não para de acontecer internamente, escorrendo seu magma de obra-prima nas reentrâncias da alma.

Suas cores outonais não aquecem, sua frieza empedernida nos agride e o silêncio de seus sons perfura o aveludado do nosso sono. No entanto, não há outro filme mais potente. Nenhum outro desperta tantos anjos.

Que o meu olhar amoroso os inspire a ver e a rever *O Exorcista* com outros olhos. E que, nas trevas desta obra incandescente, não sejamos mais muitos.

Sejamos apenas e corajosamente *nós*.

Marcia Heloisa
Agosto de 2023

Marcia Heloisa é tradutora e gerente editorial da DarkSide® Books. Doutora em Literatura pela UFF, escreveu uma tese sobre pânicos políticos e *O Exorcista*. Levou sua pesquisa para Oxford, onde participou de congressos no Mansfield College, publicou artigos e editou *The Monster Stares Back*, uma coletânea de textos acadêmicos sobre narrativas de horror. Para a DarkSide, traduziu os dois volumes de Edgar Allan Poe, além de *Drácula* e *O Morro dos Ventos Uivantes*, entre outros. Também organizou duas antologias de contos para a Macabra: *Vitorianas Macabras* e *Pactos*. Dedica este *Olhar Amoroso* a Christiane Pinto.

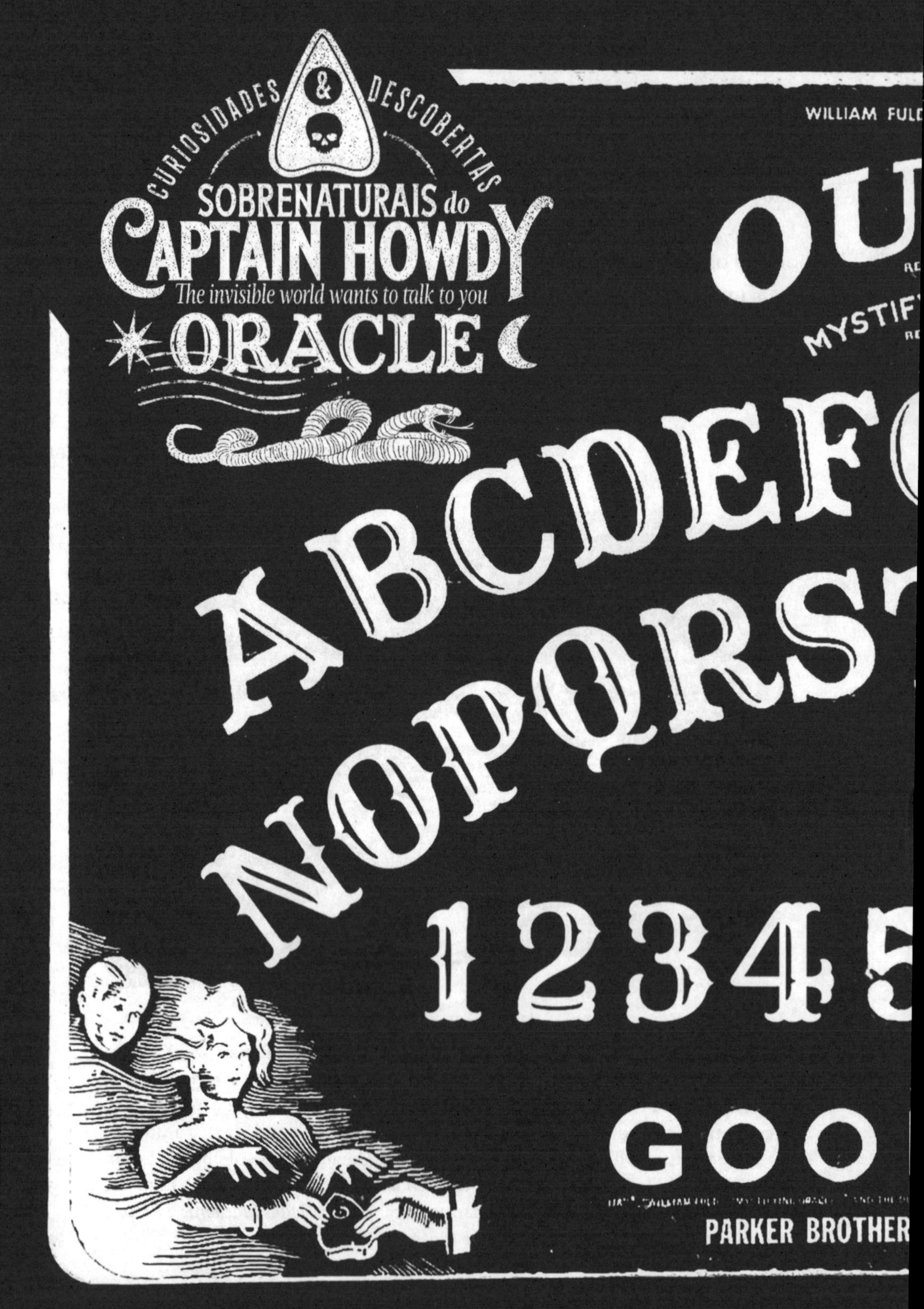

CURIOSIDADES & DESCOBERTAS
SOBRENATURAIS do
CAPTAIN HOWDY
The invisible world wants to talk to you
ORACLE
WILLIAM FULD
OU
MYSTIF
ABCDEFG
NOPQRST
12345
GOO
PARKER BROTHER

...king Board Set

...JA

NO

...G ORACLE
...AT. OFF.

...HIJKLM
...UVWXYZ

...67890

BYE

SALEM, MASS. U.S.A.

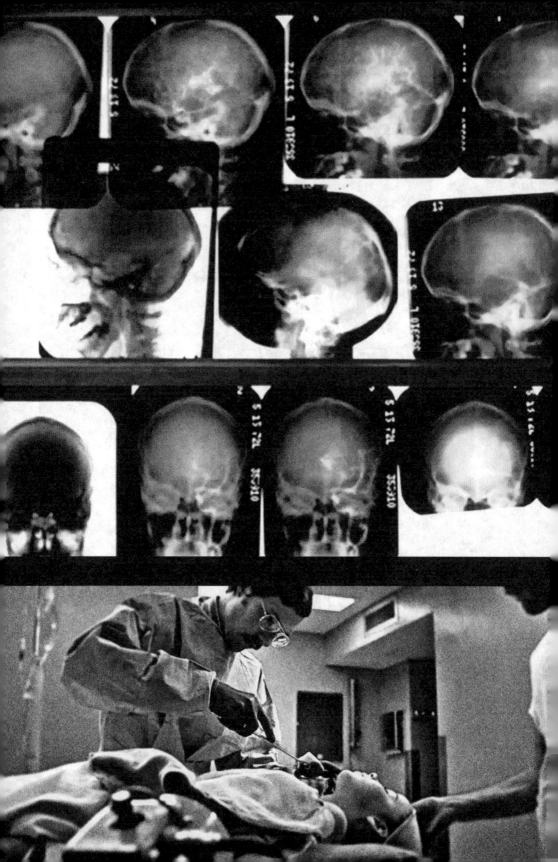

Arteriografia Cerebral

Exame radiológico invasivo que utiliza raio-X e contraste injetado nas artérias, para avaliar a circulação sanguínea no encéfalo e diagnosticar possíveis anomalias cerebrais.

Em *O Exorcista*, a cena em que Regan MacNeil é submetida ao procedimento de punção na carótida permanece uma das mais perturbadoras do filme. O próprio William Peter Blatty, autor do romance e roteirista da versão cinematográfica, confessou ter dificuldade em suportar a cena: "Sempre que precisei ver o filme, olho para baixo nesta cena, desvio o olhar".

Na época do lançamento nos cinemas, vários espectadores passaram mal com a representação realista do exame. Foram divulgados relatos de náuseas, desmaios e vômitos. O autor Rick Perlstein registra que, quando do lançamento do filme em Los Angeles, o gerente de um cinema contabilizou "uma média de seis vômitos e seis desmaios por sessão. Salas de cinema passaram a estocar areia de gato, para absorver os vômitos. Um guarda em Manhattan relatou aos repórteres os diversos infartos e abortos que testemunhara".

As cenas de exames e consultas médicas em *O Exorcista*, contudo, não são gratuitas, nem foram inclusas apenas para chocar a plateia. Elas servem para exaurir as possibilidades científicas das causas por trás dos sintomas apresentados por Regan, reforçando assim a alternativa sobrenatural. A intenção de William Friedkin, no entanto, não era desautorizar a ciência, mas enfatizar a natureza misteriosa e inexplicável dos fenômenos que se manifestam primeiro na casa das MacNeil e, depois, no corpo de Regan. Para o diretor, a plateia precisava ver o exorcismo como um último recurso, uma vez esgotadas as hipóteses médicas e psiquiátricas.

Segundo Friedkin, em virtude de sua precisão técnica, a cena foi usada durante anos como parte do treinamento para radiologistas. O procedimento foi, de fato, filmado em ambiente hospitalar por enfermeiros e técnicos em radiologia reais. Um deles, Paul Bateson, mais tarde foi identificado como um assassino e condenado pelo homicídio do crítico Addison Verrill. Também suspeitavam que fosse o autor de uma série de crimes macabros em Nova York, onde o assassino matava homens gays, os cortava em pedaços e descartava os restos mortais em sacolas de plástico no Rio Hudson. Em 1979, Bateson foi visitado por William Friedkin na prisão. A conversa teria sido uma das fontes de inspiração para o polêmico *Parceiros da Noite* (*Cruising*), filme lançado por Friedkin em 1980. Bateson e os crimes conhecidos como *Bag Murders* foram retratados na segunda temporada da série televisiva *Mindhunter,* em 2017.

Animalidade

Em *O Exorcista*, a ameaça demoníaca é personificada por diversas representações animalescas. Simbolizado, principalmente, por Pazuzu e pela própria Regan possuída, o animal desponta na trama tanto como símbolo de poder, quanto de monstruosidade.

Para William Peter Blatty, a animalização de Regan é uma das artimanhas mais convincentes do diabo para atacar todos que testemunham a sua possessão. No romance, há uma conversa crucial entre o padre Karras e o padre Merrin, na qual o exorcista mais experiente tenta explicar "o objetivo da possessão". A cena, cortada por William Friedkin na versão cinematográfica, foi restituída quase três décadas depois, em *O Exorcista: A Versão Que Você Nunca Viu*. Nela, Merrin postula que a possessão visa "nos levar ao desespero; a rejeitar nossa própria humanidade [...] a nos vermos animalescos, vis, putrefatos; sem dignidade;

grotescos; desprezíveis". No credo cristão, o monstro animalizado é a epítome do não humano, excluído, portanto, da graça de Deus por não ter sido criado à Sua imagem.

Pazuzu é representado com torso humano, mas pés de águia, patas de leão, cabeça de cachorro, rabo de escorpião, um falo em forma de serpente e um par de asas. A combinação híbrida de diversos animais em uma anatomia masculina potencializa seus atributos e reforça sua função apotropaica. Pazuzu, embora temido senhor do vento sudeste e vetor de pragas e doenças, era também considerado uma força protetora e reverenciado por sua capacidade de expulsar outros demônios (ver *Pazuzu*). Embora sua figuração animalesca fosse comum na iconografia assírio-babilônica do primeiro milênio a.C., quando transposta para um produto cultural norte-americano na década de 1970, a figura teriomórfica é de imediato percebida como aterrorizante e diabólica. O *patchwork* de animais que por si só já inspiram reverência e temor — águia, leão, cão, escorpião e serpente — evoca a iconografia do diabo cristão, com corpo peludo, chifres, cauda e patas fendidas.

Talvez mais perturbadora do que a imagem de Pazuzu seja o espetáculo de uma menina diabolicamente transformada. Uma vez possuída, Regan se torna um verdadeiro compêndio de mimetismos animais: ela cacareja, rosna, grunhe, uiva, movimenta-se como uma aranha, sibila como uma serpente. O contraste entre humanidade civilizada e animalidade indomável é percebido sobretudo pela mãe. Regan, a filha carinhosa, deixava uma rosa no prato de Chris todo dia no café da manhã. Regan, a "porca", esvazia os intestinos ruidosamente e vomita nas visitas. A transformação da menina em um compósito bestial é, no fim das contas, o que convence a ateia Chris que sua filha, de fato, só pode mesmo estar possuída pelo diabo.

No entanto, a própria caracterização do demônio como animal, seja figurado como Pazuzu ou como Regan possuída, é ambivalente: ao mesmo tempo em que o monstro animal provoca repulsa e temor, ele inspira familiaridade. O animal é a face reconhecível do medo e o reconhecimento é o primeiro passo para uma estratégia de contenção. Assim, o exorcismo assume o caráter de um *adestramento*, uma domesticação.

Não à toa, o personagem título de *O Exorcista* se chama Damien — nome cuja etimologia grega significa "domar" (ver *Damien Karras*).

Animais também figuram na trama como presságios do mal. No prólogo no Iraque, o encontro do padre Merrin com a relíquia e a estátua de Pazuzu é acompanhado por uma briga de cães ferozes e pela genialidade dos efeitos sonoros, que emulam uma cacofonia de sons bestiais. Em Washington, a pequena "oficina" artística de Regan no porão também oferece algumas pistas de que a infestação demoníaca já é uma realidade. A mais conspícua é a ave de argila que Regan faz para Chris, que evoca sutilmente a imagem do próprio Pazuzu. Mas, menos evidente e mais sinistra, é uma ilustração entre as variadas imagens na parede: uma figura do Lobo Mau, vestido com as roupas da avó de Chapeuzinho Vermelho. A imagem é perturbadora, pois nos informa de maneira indireta que, assim como o lobo do conto infantil, o demônio *já está na casa* — e logo estará na cama, vestindo as roupas de Regan, alojado dentro do seu corpo.

O monstro animal é um lembrete aterrador de que ainda existem áreas inexploradas em nós mesmos. Às vezes, só percebemos a luz por meio das trevas; o contraste a torna finalmente visível. Ao mesmo tempo em que o diabo pode animalizar o humano na expectativa de degradá-lo, a assimilação da nossa própria animalidade pode nos tornar conscientemente menos vulneráveis.

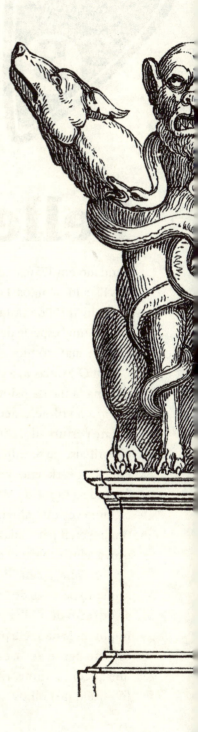

Bellevue

Fundado em 1736, é um dos maiores e mais antigos hospitais públicos dos Estados Unidos. Localizado em Nova York, Bellevue conta com uma longa história de tratamento de doenças mentais, motivo pelo qual se tornou uma espécie de metonímia — por vezes depreciativa — para hospícios e manicômios em geral.

Em *O Exorcista*, a mãe do padre Damien Karras (ver *Mary Karras*) é internada na ala psiquiátrica de Bellevue pelo irmão. Tanto no livro, quanto no filme, a decisão do tio de interná-la deixa Karras profundamente perturbado. Dividido entre os deveres do sacerdócio e as obrigações filiais, ele se culpa por ter que deixar a mãe idosa morando sozinha em Nova York, enquanto ocupa seu posto eclesiástico em Washington. Quando a saúde de Mary se agrava, a situação fica ainda mais dramática, uma vez que ninguém na família pode cuidar dela ou mantê-la em um hospital particular. Ela é internada em Bellevue e acaba morrendo, provavelmente em decorrência de um edema.

No filme, a cena da visita do padre à sua mãe é um exemplo do casamento perfeito do "coração mole" de William Peter Blatty com o pulso de ferro de William Friedkin. Enquanto o autor nos comove com a impotência daquele padre alquebrado perante a mãe acamada, o diretor não perde de vista seu compromisso com o realismo documental que ancora o filme. Karras — filho único e padre mísero, santo e sem fé — tem nos olhos a alma encharcada de culpa e fracasso. Já o rosto da mãe é um vale onde o vento porta para sempre a mesma e inescapável pergunta: "Por que fez isso comigo, Dimmy?".

São poucos minutos, mas fundamentais para a construção do personagem do padre Karras. A cena em que ele avança atordoado entre as pacientes até o leito de Mary, por exemplo, ilustra de forma contundente o quão falho ele se sente como discípulo de Cristo, incapaz de portar cura ou qualquer esperança de redenção àquelas mulheres enfermas. Mas estabelece, contudo, um importante parâmetro de comparação. O padre impotente diante do leito da mãe se transforma, no decorrer do filme, no protagonista na luta contra o demônio. Sob a direção férrea de Friedkin, o episódio em Bellevue acrescenta uma camada adicional de *pathos* não apenas para o personagem do padre, mas para toda a trama, e evoca clássicos do cinema como *Monstros (Freaks, 1932)*, de Tod Browning e *De Repente, No Último Verão (Suddenly, Last Summer, 1959)*, de Joseph L. Mankiewicz.

BELLEVUE HOSPITAL.

Burke Dennings

Diretor do filme estrelado por Chris MacNeil (ver *Crash Course*) e amigo próximo da atriz. No livro, o cineasta britânico é retratado como um homem excêntrico, com humor picaresco e maliciosos "olhos de raposa". Logo em sua primeira aparição no romance, o narrador descreve como, quando entediado, Burke tem o hábito de rasgar páginas do roteiro e comê-las. A caracterização ficcional do diretor desbocado, lançando comentários ácidos com seu humor mordaz ou gargalhando com hálito de gim, teria sido inspirada em uma figura real: o diretor J. Lee Thompson.

Na versão cinematográfica, o ator Jack MacGowran dá vida a Burke Dennings, mantendo toda a extravagância do personagem literário e acrescentando traços estereotipados que levantam discussões sobre *queer coding* no cinema de horror (ver também *Joseph Dyer*). Burke é a primeira vítima de Regan possuída. Lançado pela janela do quarto da menina, ele despenca escadaria abaixo e quebra o pescoço. O tétrico deslocar da cabeça após a queda é reproduzido posteriormente por Regan, em uma das cenas mais aterradoras do filme.

A despeito de sua relevância para o enredo — a morte de Burke torna concreto o perigo representado pela possessão de Regan e introduz uma subtrama detetivesca de investigação do crime —, o personagem permanece envolto em mistério. Nem o romance, nem o filme, o esmiúçam para além de uma rasa superfície que mais reflete perguntas do que aprofunda respostas. Ficamos sabendo, por exemplo, que Regan suspeita que a mãe tenha alguma ligação amorosa com Burke e pretenda se casar com ele; no entanto, em nenhum momento do livro ou do filme, há qualquer indício de romance entre os dois. Além da relação profissional bem-sucedida e de uma certa camaradagem, nada aponta para atração ou desejo sexual. Como boa parte dos acontecimentos que antecedem à revelação de que Regan está possuída, a ideia de Burke e Chris juntos pode ser interpretada como o receio natural de uma criança ante a iminência de um padrasto (hipótese racional ou psicanalítica) ou como produto da influência diabólica (hipótese sobrenatural). Talvez tenhamos um combo das duas hipóteses. É possível que o demônio, manifestando-se como Capitão

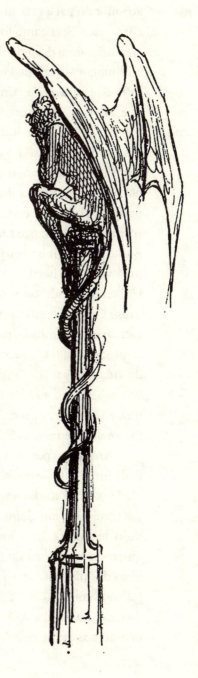

Howdy pelo tabuleiro Ouija, tenha se aproveitado da fragilidade de Regan em relação ao divórcio dos pais, aumentando sua insegurança em relação ao amor do pai e vaticinando um futuro em que o amor da mãe também corre risco. Seja como for, que Regan possuída mate Burke não é um ato aleatório, nem despido de significado simbólico.

Enquanto a menina inadvertidamente enxerga em Burke um possível interesse para a mãe, Chris parece vê-lo apenas como um sujeito carente e à deriva, com atitudes extravagantes e um contumaz problema de bebida. "O doido do Burke", é como ela o define no livro. Além da lembrança de um episódio quando rodavam um filme na Suíça — Chris o flagrou perambulando de madrugada e ele deu a entender que estava em busca de acompanhantes sexuais — e da cicatriz que o diretor tem perto dos olhos — consequência do soco que um ator desferiu em seu rosto —, no romance temos apenas mais uma pista sobre o passado de Burke: ele cogitara ser padre. A informação surge inesperada durante uma visita vespertina de Burke. Egresso de uma *soirée* com padres na Universidade de Georgetown, onde estão rodando o novo filme (ver *Crash Course*), o diretor tem com Chris uma rara conversa mais significativa, sobre finitude, posteridade, ambição artística e medo do fracasso profissional. Quando Chris começa a fazer perguntas sobre o modo de vida dos padres, Burke fica impaciente e devolve: "Como é que *eu* vou saber?", ao que ela rebate: "Ué, você não me disse uma vez que tinha estudado para ser...". A frase é interrompida por uma pancada que Burke dá na mesa, visivelmente transtornado.

Entre tantas pontas soltas e alusões inconclusivas, há outra peculiaridade intrigante de Burke que nunca é de todo explicada: a sua implicância feroz com Karl, o empregado suíço de Chris. O diretor, que insiste em tratá-lo como alemão, ofende repetidas vezes o mordomo chamando-o de nazista. Em tom jocoso, ele profere piadas agressivas, supondo que todo falante da língua germânica é, ou já foi, partidário de Hitler. Uma das ofensas em particular é interessante no contexto do enredo, por suas implicações diretas com a possessão de Regan. Em um trecho do livro, Burke chama Karl de "porco nazista", prenunciando a obsessão demoníaca em se referir a Regan por "a porca".

A escolha do demônio em usar Burke como uma de suas personificações é outro elemento que não deve ser tomado como aleatório. Quando possuída, Regan por vezes mimetiza a voz, os trejeitos e a linguagem chula dele, com tiradas espirituosas, debochadas e carregadas de impropérios. A própria Chris supõe que o surpreendente linguajar de Regan, nos estágios iniciais da infestação demoníaca, seja mera repetição dos palavrões que ouve do diretor. Na engenhosidade da trama de Blatty, imperam os pares, as símiles, os espelhos. Neste sentido, a postura e o linguajar de Burke funcionam na trama como mais uma figuração da ameaça satânica — o beberrão desbocado é uma caricatura do diabo que conhecemos, aquele com frequência visto como inconveniente, mas inofensivo.

Seria Burke uma reflexão sutil sobre o diabolismo mundano, tão entranhado em nosso convívio que não suscita nem susto, nem reprimenda? Ou uma alegoria complexa sobre os caminhos lastimáveis daqueles que, perseguidos, acabam por se tornar eles próprios perseguidores?

Por vezes doce e cômico, com frequência ríspido e inoportuno, Burke é, por si só, mais um fenômeno inexplicável do realismo luz e sombra de *O Exorcista*.

Capitão Howdy

Um dos nomes usados pela entidade sobrenatural que se aloja dentro de Regan MacNeil. No início da trama, Regan diz se comunicar com ele pelo tabuleiro Ouija. Tanto no livro quanto no filme, Capitão Howdy é inicialmente apresentado como uma espécie de amigo imaginário, que se manifesta movendo a prancheta para "conversar" com Regan (ver *Tabuleiro Ouija*). No livro, porém, a presença maligna de Howdy aos poucos deixa de ficar circunscrita ao uso do tabuleiro e passa a atormentar a menina com crescente assiduidade. Em um trecho particularmente aterrorizante do romance, Regan surge em pânico na cozinha, relatando aos gritos que Capitão Howdy estava em seu encalço. Ela descreve ataques físicos, como beliscões, socos e empurrões, além de ofensas e ameaças verbais. Durante uma das sessões do padre Karras com Regan já possuída, o demônio se apresenta como Howdy e declara ser um "um amigo muito íntimo" da menina.

Há uma sutil e curiosa semelhança desse pseudônimo escolhido pelo demônio com o nome do pai de Regan, Howard. Triste com o divórcio dos pais e frustrada pela ausência de Howard, ela parece encontrar conforto na improvável interlocução com Howdy pelo tabuleiro. A coincidência não passa despercebida para sua mãe; no romance, Chris especula: "Um companheiro de brincadeiras imaginário. Não parecia saudável. E por que o nome 'Howdy'? Por causa de Howard, seu pai? *Bem parecido*".

No livro, outro detalhe reforça Capitão Howdy como substituto para figura paterna: uma conexão entre ele e Burke Dennings, diretor de Chris, percebido por Regan como possível interesse romântico da mãe. Chris e Burke fazem uma sessão com o tabuleiro Ouija, na qual o diretor parece movimentar a prancheta, formando apenas palavras obscenas. Uma vez que Regan possuída tem o linguajar predominantemente vulgar — por vezes emulando o próprio Burke — há um elo interessante entre o Howdy do tabuleiro, o Burke do tabuleiro e a Regan, possuída por um diabo que se apresenta de forma alternada como ambos.

Na versão cinematográfica, as imagens fugidias e subliminares de Capitão Howdy acrescentam mais um elemento inquietante à atmosfera macabra do filme. O rosto pavoroso que vemos em rápidos flashes é da atriz Eileen Dietz, dublê de Linda Blair, irreconhecível sob camadas de maquiagem que transformam suas feições em uma verdadeira monstruosidade demoníaca. A figuração do demônio como o humano Capitão Howdy só seria explorada em maior profundidade quarenta anos depois, na primeira temporada da série televisiva *O Exorcista* (2016).

Embora o demônio se apresente ora como Howdy, ora como Pazuzu — e até mesmo como Burke — devemos lembrar da categórica frase do padre Lankester Merrin sobre a suposta variedade de personalidades demoníacas: "*Há apenas uma*".

Casa Branca

Em *O Exorcista*, um dos parâmetros do sucesso e da popularidade de Chris MacNeil é ser convidada para um jantar na Casa Branca. O convite deixa claro que será um evento *petit comité*, oferecido para apenas "cinco ou seis pessoas".

No período em que William Peter Blatty publicou o romance *O Exorcista* (1971) e William Friedkin lançou a sua adaptação cinematográfica (1973), o presidente a ocupar a Casa Branca era o republicano Richard Milhous Nixon. Os anos Nixon (1969-1974) englobam um dos períodos mais dramáticos na política dos Estados Unidos, por terem sido marcados por acontecimentos de impacto profundo e perene na história cultural do país (ver *Zeitgeist*). Em um certo sentido, podemos dizer que a era Nixon ainda assombra a nação.

Na época em que o filme *O Exorcista* foi lançado, Nixon já não era mais percebido como a figura bíblica endossada pela maioria dos norte-americanos em duas eleições consecutivas. Outrora visto como bastião dos conservadores, o papai-sabe-tudo que haveria por restaurar a velha ordem, foi enfim exposto como potencialmente perigoso — sobretudo à medida que as investigações descortinavam sua participação no escândalo de Watergate. A investigação dos segredos do presidente o levou a renunciar, para impedir a desonra máxima de um *impeachment* e a divulgação de suas conversas secretas na Casa Branca. Nixon, o criminoso, tornou-se um arquétipo tão enraizado na cultura norte-americana dos anos 1970 que até mesmo o próprio Charles Manson, isentando-se da acusação de que era responsável pelos assassinatos Tate-LaBianca, declarou: "Eu não infringi a lei. Não sou Richard Milhous Nixon, sou Charles Milles Manson".

O Exorcista, lido à luz da angústia provocada pela permanência obstinada de um presidente visto como monstruoso na Casa Branca, oferece um monumental alívio na simbologia dos padres exorcistas. Humana, imperfeita, santificada e competente, a figura do exorcista traduzia e executava o desejo de muitos norte-americanos: expulsar o demônio do corpo político da nação. Quando o filme foi lançado, o subtexto não passou despercebido: uma charge do jornal *Los Angeles Times* reproduziu a famosa cena do cartaz do filme, que mostrava o exorcista diante da casa da menina possuída, substituindo a residência das MacNeil pela Casa Branca.

THE WHITE HOUSE, WASHINGTON CITY.

Chris MacNeil

Mãe de Regan MacNeil, interpretada na versão cinematográfica por Ellen Burstyn. Atriz bem-sucedida, temporariamente morando em Washington para filmar as últimas cenas de *Crash Course*, seu novo filme. Divorciada de Howard, pai de Regan, procura equilibrar seus compromissos e ambições profissionais com a vida familiar e doméstica, mas sente-se culpada por não cuidar da filha em tempo integral. O demônio que se aloja em Regan se alimenta justamente desse senso de culpa, fazendo-a crer que ela é responsável pela possessão da filha.

No contexto dos anos 1970, Chris representa independência, autossuficiência e atitude. O personagem literário foi inspirado na atriz Shirley MacLaine e, em muitas maneiras, emula não só o espírito da atriz como o elã de sua persona fílmica. Nas palavras de William Blatty: "saltitante, atrevida, divertida e graciosa". No entanto, ao longo da trama de *O Exorcista*, a liberdade da "atrevida" MacNeil parece ser mais um demônio a ser exorcizado da narrativa.

Embora a análise das questões de gênero não seja a principal questão aqui, é necessário destacar o deslocamento de Chris MacNeil de *superstar*, no auge da carreira, à dona de casa. No início da trama, ela nos é apresentada como uma atriz de sucesso, adorada pelo público e reverenciada por seus pares. A possessão de Regan, contudo, a transforma gradualmente em uma figura alquebrada e inerte que, a despeito de dinheiro e *status*, é obrigada a reconhecer que não possui recursos emocionais e instrumentais para salvar a filha. Chris acaba por recorrer à uma sucessão de figuras masculinas que personificam, respectivamente, ciência, religião e a lei. Ao longo da narrativa, o confinamento da filha é acompanhado pelo cerceamento da mãe; no fim, ambas são, em certa medida, *exorcizadas* e encaixadas à força em um padrão que prescreve o recolhimento privado. A atriz célebre é compelida a retirar-se para o *backstage*, como uma espécie de ato de contrição ao mesmo tempo retroativo e preventivo. Catapultada para dentro de um vórtice violento de horror, Chris é destituída até mesmo de seu papel ativo de protagonista, tornando-se mais uma testemunha impotente da possessão da filha. A ela não é sequer dada a oportunidade de se tornar uma heroína; ela não luta com o monstro, não o confronta, não sobrevive a ele. Enquanto a grande batalha do bem contra o mal acontece no andar superior de sua casa, ela aguarda fazendo crochê, bebericando uísque e passando café para médicos, detetives e exorcistas. Há sempre uma figura masculina para barrá-la na porta do quarto da filha e ela, cordata, obedece. Parece que a Chris MacNeil só resta chorar, torcer lencinhos e aguardar impotente o desfecho da narrativa.

Outro detalhe curioso é que o demônio, manifestando-se pela criança, responsabiliza diretamente a mãe pela possessão. A culpa, um dos temas principais de O Exorcista, manifesta-se em Chris sobretudo no que diz respeito ao seu divórcio. A culpa de Chris em relação ao divórcio, no entanto, incide menos na dissolução do que era percebido pelas gerações anteriores como um modelo ideal de família e mais na difícil administração da carreira com a vida doméstica. Chris não parece ressentir especificamente a ausência de uma figura paterna para Regan, embora se mostre preocupada com a solidão da menina, imposta pelas longas horas que a mãe se dedica ao trabalho fora de casa. Em outras palavras, ela não parece insegura em ser mãe e pai ao mesmo tempo, e sim mãe e *atriz*.

O autor Barry Keith Grant endossa que "a possessão demoníaca da filha parece ser consequência de a mãe ter colocado a sua carreira acima da família". Em uma das passagens mais reveladoras do romance, o demônio, falando através de Regan, responsabiliza Chris diretamente pela possessão:

> *Foi você quem provocou isso! Sim, você, que colocou a sua carreira acima de qualquer coisa, acima do seu marido, acima dela [...] O seu divórcio! [...] Você não entendeu ainda? Foi você quem a deixou louca e a transformou em uma assassina...*

O horror doméstico como punição sugere que a mulher é a culpada pelas consequências de um filho amaldiçoado — até mesmo quando a mãe permanece o alvo principal dos ataques. Em *O Exorcista*, o demônio prontamente reestabelece as prioridades da mãe, transformando Chris de estrela de cinema em dona de casa. É como se ela estivesse sendo punida por todas as *soirées* no tapete vermelho, pelas capas de revistas e sua crescente reputação como uma "atriz séria". Dos jantares na Casa Branca para os lençóis fétidos de Regan, parece que a mãe está finalmente onde o eterno puritanismo norte-americano gostaria que ela estivesse: em casa.

Crash Course

Nome do filme fictício estrelado por Chris MacNeil e dirigido por Burke Dennings. *Crash Course* é definido no romance de Blatty como uma adaptação musical de *A Mulher Faz o Homem (Mr. Smith Goes to Washington, 1939)*, clássica comédia do diretor Frank Capra, com a inserção moderna de uma trama secundária sobre ativismo político em um campus universitário. A produção estar sendo filmada em Washington é o motivo pelo qual Chris e Regan estão morando em Georgetown.

É interessante notar que Chris opera em duas frequências concorrentes. Na carreira artística, ela é instada a assumir um papel contestador, crítico e político. Na vida pessoal, parece preocupada com ordem, disciplina e solidez. A narrativa dá a entender que ela almeja uma vida sossegada, em um lar decorado à moda antiga, longe dos protestos e dos ativismos políticos que mobilizam "as massas". O posicionamento de Chris fica claro logo no início do romance, quando conhecemos a sua opinião sobre *Crash Course*: "Chris era a protagonista, interpretando uma professora de psicologia que defendia os alunos manifestantes. Ela detestava o papel. [...] A causa rebelde não fazia sentido algum para ela".

No início da década de 1970, enquanto um expressivo contingente da população se agitava em protestos sociais — o lançamento do romance

O Exorcista coincide, por exemplo, com os célebres protestos de Primeiro de Maio de 1971, no qual meio milhão de americanos concentraram-se em Washington para exigir o fim da intervenção no Vietnã —, Chris parecia de fato mais preocupada com sua esfera pessoal. Os rumos do país não necessariamente ocupavam seus pensamentos e não a interessavam tanto quanto à manutenção da sua independência financeira. Um trecho que revela suas preocupações ilustra textualmente o motivo pelo qual "a causa rebelde não fazia sentido algum para ela": "Mais importante eram os prejuízos de dois investimentos: a compra de debêntures conversíveis por meio de juros pré-pagos e um investimento em um projeto de extração de petróleo no sul da Líbia. Ambos tinham entrado para a faixa de renda que estaria sujeita a uma grande tributação".

Outra contrariedade que perturba a atriz é o conselho de seu consultor financeiro, que tenta dissuadi-la de comprar uma Ferrari: "Ganhei mais de 800 mil ano passado e você está me dizendo que não posso comprar um bendito carro!". A mansão alugada, as roupas caras, o jantar na Casa Branca, os empregados suíços e a provável Ferrari — tudo no mundo comandado por Chris aponta para nostalgia de ordem e emblema de sucesso. Não é de se admirar que, no seu dia de folga, ela leve Regan — no seu "Jaguar XKE vermelho" — para ver o monumento de Lincoln.

A escolha de Blatty pelo filme quiçá mais idealista e panfletário de Frank Capra nos oferece algumas pistas. A trama original versa sobre um ingênuo escoteiro chamado Jefferson Smith que assume, a contragosto, um cargo no Senado norte-americano. Embora Smith "desafie" a corrupção do governo com sua bondade, pureza, tenacidade e crença quase maníaca nos Pais Fundadores dos Estados Unidos, ele não é exatamente um *rebelde*. *Crash Course* se torna assim um produto curioso, pois retrata tudo que o cinema capresco combate: a subversão e o caos. Estudantes engajados e *hippies* em Frank Capra constituem uma invasão que, de certa forma, antecipa a do próprio lar das MacNeil.

Damien Karras

Padre jesuíta e médico psiquiatra, um dos protagonistas de *O Exorcista*. De ascendência grega, é filho único de Mary Karras, com quem tem uma relação afetuosa, embora marcada por um imenso senso de culpa. Uma espécie de alter ego de William Blatty, o personagem compartilha com o seu autor a vivência de ser filho de imigrantes (a mãe de Blatty, também chamada Mary, era libanesa), a dívida de gratidão com os jesuítas (Blatty estudou na Universidade de Georgetown e chegou a cogitar o sacerdócio) e uma perene inquietação acerca dos mistérios espirituais. Gestado na esteira de duas experiências dolorosas para o autor — a morte da mãe e o divórcio —, Karras é um homem em profunda crise de fé, mas que enfim reencontra propósito e faz as pazes com suas crenças lançando-se, literalmente, em um desfecho heroico.

Apesar do célebre cartaz do filme, que dá destaque ao padre Merrin, padre Karras é, na verdade, o personagem-título de *O Exorcista*. William Blatty confirmou o protagonismo em uma entrevista: "Na verdade, é tudo sobre Karras. Não sobre a menina. O tema é a batalha pela alma de Karras. Ele é o 'exorcista' do título, não o padre Merrin [...] *O Exorcista* não é sobre uma visitação demoníaca sem sentido e desconexa; é sobre a batalha pela alma de um homem".

Karras é apresentado no romance como um homem em estado profundo de sofrimento. A frase que o introduz já anuncia "a dor que convivia com ele, como sua pulsação". Na mescla de suas atividades sacerdotais e clínicas, ele parece carregar consigo sobriedade monástica e hiper reflexão acadêmica. A cronologia da dupla formação é relevante para compreendermos os conflitos internos do personagem; já padre, ele foi mandado pelos jesuítas para cursar faculdade em Harvard e, posteriormente, passou a oferecer acompanhamento psicológico aos outros padres. Enquanto recurso narrativo, o título acadêmico o capacita duplamente para assumir o exorcismo de Regan, além de oferecer ao leitor um sólido suporte racional para contemporizar os acontecimentos sobrenaturais da obra. A formação científica também ajuda a embasar melhor a crise de fé do personagem, uma vez que presumimos que a objetividade da ciência tenha fraturado a subjetividade da experiência religiosa. Por fim, a aquisição de um saber que possibilita evasão da Igreja pinça o ponto nevrálgico de Karras, uma vez que a carreira como psiquiatra possibilitaria morar mais perto da mãe, cuidar dela e ter subsídio financeiro para sustentá-la dignamente. A opção de Karras pelo sacerdócio o alija da mãe que, idosa e doente, acaba morrendo sozinha em um hospital público.

A culpa pela morte da mãe, no entanto, não é o que o afasta da fé, e sim *o que o mantém afastado*. Esta distinção não diminui seu remorso filial, mostrando apenas que Karras — assim como Chris MacNeil — já se sentia em dívida com seus deveres familiares antes mesmo da fatalidade isolar mãe e prole — morte e possessão demoníaca, respectivamente. Deste modo, o demônio que possui Regan viola outros dois universos íntimos, o de Karras e o de Chris, servindo também como ponto de convergência e *ponte* entre as duas narrativas (ver *Key Bridge*).

Até mesmo o nome de batismo do padre Karras é carregado de simbolismo. Damien, em grego, significa "domar", "dominar", "domesticar" — um nome bastante apropriado a um padre exorcista quase predestinado à vitória no confronto com as forças ferozes do Mal. No romance, suas virtudes ilustres e sacrificiais são ressaltadas em uma breve conversa entre Merrin e Chris. O padre explica a Chris que Damien foi um padre que dedicou sua vida a cuidar de leprosos na ilha de Molokai. "Ele acabou pegando a doença", arremata Merrin, quase antecipando — e justificando — o destino de Karras.

No fim, cabe ao herói relutante o grandioso ato que expurga não apenas o mal, mas a dúvida a respeito do bem. Em seu estudo sobre horror demoníaco, Charles Derry comenta: "O desfecho do filme [...] tranquiliza a plateia garantindo que se existe um demônio, então deve existir um Deus e o desequilíbrio entre bem e mal dos nossos tempos será enfim corrigido. Este é o legado de O Exorcista".

Uma das maiores tristezas para Blatty sempre foi o modo como leitores e espectadores enxergaram o sacrifício final do padre Karras como um suicídio, sugerindo o triunfo do mal. Na verdade, o exorcista tomado pelo demônio é uma figura poderosa: como curador-ferido, ele não pode salvar a si mesmo, mas não obstante, consegue derrotar as trevas. O sacrifício de Karras, coadunando-se com a evolução messiânica do personagem, funciona como um expurgo. É um ato altruísta tão contundente que põe fim à trama.

O percurso de Karras é uma jornada, solitária e dolorosa, de individuação. Por sua experiência e sabedoria, Merrin nos é apresentado como obviamente capaz de assimilar suas sombras e lutar contra Pazuzu. Karras precisa nos convencer — e *se* convencer, no processo — de que é o verdadeiro protagonista da obra.

Em sua última conversa com o padre Dyer, Chris MacNeil comenta a respeito de Karras: "Você disse que ele vivia uma crise de fé. Não acredito nisso. Nunca vi tamanha fé em toda minha vida".

Ao "pegar a doença", Karras deixa de ser culpa e se torna *cura*.

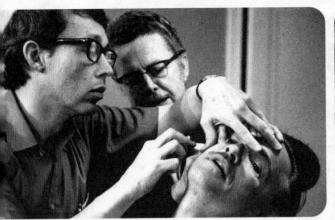
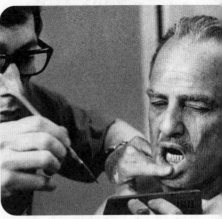

Dick Smith

Richard Emerson Smith (1922-2014) foi um maquiador e *expert* em efeitos especiais cinematográficos, célebre por sua contribuição em filmes como *O Poderoso Chefão* (The Godfather, 1972), *O Exorcista* (The Exorcist, 1973) e *Taxi Driver* (1976), entre outros. Nas palavras de William Friedkin, ele foi "o maquiador de cinema mais respeitado de sua era".

A maquiagem criada por Dick Smith para *O Exorcista* permanece uma das mais inesquecíveis da história do cinema. Em uma mescla de inventividade criativa com engenhosidade técnica, o trabalho de Dick logrou em transformar as feições angélicas de Linda Blair e Eileen Dietz em aterrorizantes representações monstruosas — bem como deu credibilidade às transformações mais sutis, como o envelhecimento de Max von Sydow. A mágica de Smith fez com que o ator, na época com 44 anos, se tornasse o já idoso padre Merrin.

A despeito da complexidade do boneco recriado a semelhança de Blair, usado na inesquecível cena da cabeça giratória de Regan, Dick declarou certa vez que seu maior desafio em *O Exorcista* foram os jatos de vômito... ou melhor, de sopa de ervilha.

Respeitado por sua técnica inovadora e sua paixão criativa, Dick foi reconhecido por sua arte e recebeu diversos prêmios, incluindo um Oscar de Melhor Maquiagem pelo filme *Amadeus* (1984) e um Oscar pelo conjunto de sua obra em 2012. Seu assistente e "discípulo" Rick Baker deu continuidade ao legado do mestre, se tornando ele próprio um dos grandes maquiadores do cinema de horror, responsável por clássicos como *Um Lobisomem Americano em Londres* (An American Werewolf in London, 1981).

Ellen Burstyn

Atriz norte-americana, cuja interpretação como Chris MacNeil em *O Exorcista* foi um marco em sua premiada e longeva carreira. Com experiência nos palcos e na televisão, teve seu primeiro papel de destaque em *A Última Sessão de Cinema* (*The Last Picture Show*, 1971), filme dirigido por Peter Bogdanovich, pelo qual recebeu sua primeira indicação ao Oscar. Indicada também por *O Exorcista*, viria a ganhar finalmente o Oscar de Melhor Atriz por *Alice Não Mora Mais Aqui* (*Alice Doesn't Live Here Anymore*, 1974), de Martin Scorsese.

Burstyn, no entanto, não foi a primeira opção para interpretar a mãe de uma menina possuída no filme de William Friedkin. O autor do livro, William Peter Blatty, queria Shirley MacLaine — que não pôde fazer *O Exorcista*, mas acabou estrelando o concorrente *Possuídos pelo Mal* (*The Possession of Joel Delaney*, 1972). Já a Warner queria ampla visibilidade e não estava interessada em apostar em uma atriz menos conhecida. A primeira opção do estúdio foi Audrey Hepburn. Depois, outras atrizes foram sondadas, entre elas Jane Fonda, Anne Bancroft e até Barbra Streisand.

Depois de ler o romance, Ellen Burstyn ficou convencida de que estava destinada a dar vida a Chris MacNeil nas telas. "Eu tinha lido o livro e sabia que seria um papel desafiador em um filme importante", relembra ela em sua autobiografia. O encontro com Friedkin, por sugestão de Burstyn, se deu na casa da atriz. Eles conversaram por duas horas e a boa impressão foi recíproca. Não obstante, o diretor foi franco e direto: estava na dúvida entre ela e outra atriz. Dias depois, ele tomou uma decisão e Burstyn foi convidada a assumir o papel — após um encontro auspicioso com Blatty, que abençoou a escolha, e um pequeno drama com os produtores do estúdio (Friedkin relembra, em seu livro, que um dos executivos da Warner chegou a anunciar: "Ellen Burstyn só estrela este filme por cima do meu cadáver!"). Uma vez resolvida a crise no *casting*, a atriz decidiu mergulhar no papel de uma forma diferente: escrevendo uma história para sua personagem. Em seu enredo particular, Chris MacNeil se dedicara à dança antes de se tornar atriz, trabalhando nos palcos da Broadway. Mais tarde, quando soube que Blatty tinha escrito o papel inspirado em Shirley MacLaine, ela ficou impressionada com a coincidência, pois MacLaine tivera uma trajetória semelhante à que ela imaginara. A atriz também decidiu que sua personagem teria um amuleto: um pingente de ferradura, que ela usa em todas as cenas do filme.

Apesar dos atrasos e contratempos de uma longuíssima filmagem — sem contar com o violento acidente que lhe custou um problema crônico de coluna (ver *William Friedkin*) — Ellen Burstyn sempre elogiou a produção de *O Exorcista*, lembrando com afeto do elenco, da equipe e do diretor. "Meu relacionamento com Billy era profundo. Era real. E imensamente criativo e poderoso", resume ela em sua autobiografia. Friedkin retribui os elogios em seu próprio livro, *The Friedkin Connection*: "Ela era vibrante, intensa, focada e altamente inteligente".

Com uma carreira repleta de atuações primorosas e premiadas no cinema (*Réquiem para um Sonho*) e na televisão (*House of Cards*), Burstyn está no ilustre rol dos atores que foram agraciados com o Oscar, o Tony e o Emmy. Em 2023, ela regressou às telas e ao coração de Chris MacNeil, revivendo um dos seus papéis mais notáveis em *O Exorcista: O Devoto* (*The Exorcist: Believer*).

Escadaria do Exorcista

Escadaria localizada na esquina da Prospect St. com a 36th St., em Georgetown, Washington, que se tornou célebre graças à sua aparição em *O Exorcista*. Construída no século XIX, servia para facilitar o acesso dos funcionários da Capital Traction Company, uma das principais empresas de transporte público do país, responsável pela operação das linhas de bondes. É composta de 75 degraus, íngremes e bojudos, e exige fôlego dos que se aventuram em encará-la.

No filme, a escadaria surge agourenta e sombria, na bela fotografia outonal de Owen Roizman — e é o local de morte de dois personagens. Primeiro, Burke Dennings, que é arremessado por Regan possuída e tomba escada abaixo. Depois, o protagonista padre Damien Karras, que se atira pela janela do quarto de Regan, para proteger a menina do demônio que tomou o seu corpo.

Em virtude da imensa popularidade do filme, a escadaria se tornou um local de peregrinação para cinéfilos e devotos de *O Exorcista* de todo o mundo. Em outubro de 2015, foi reconhecida pela prefeita Muriel Bowser como atração turística oficial de Washington. Na ocasião, foi instalada uma placa comemorativa no local. William Peter Blatty e William Friedkin estiveram presentes na cerimônia.

Exorcistas

Padres ou membros do clero habilitados a expulsar entidades malignas ou demoníacas em caso de possessão de pessoas, lugares ou objetos. O exorcismo requer aprovação do bispo e precisa atender a diversos critérios, para atestar a autenticidade da possessão e descartar causas médicas ou psiquiátricas. É considerado perigoso para todos os envolvidos — inclusive para as vítimas de potenciais possessões. O caso verídico de Anneliese Michel — que se tornou mais conhecido após o lançamento do longa *O Exorcismo de Emily Rose* (*The Exorcism of Emily Rose, 2005*), inspirado na história —, mostra as consequências de um exorcismo malfadado que terminou na morte da suposta possuída.

Uma vez aprovado, o exorcismo consiste na expulsão de demônios pelo uso de orações e rituais específicos, em geral usando um livro litúrgico chamado *Rituale Romanum*. Esta combinação de orações e trechos da Bíblia, cuja origem remonta ao século XVII, vingou incólume até 1999. É aconselhável que o exorcista esteja acompanhado por pelo menos um assistente, devido aos riscos intrínsecos ao ritual.

Acredita-se, na tradição cristã, que a fé do exorcista seja imprescindível para o sucesso da expulsão. Na Bíblia, quando os discípulos perguntam a Jesus porque não conseguiram expulsar um determinado demônio, ele responde: "Porque a sua fé é pequena" (Mateus 17:19-21). No contexto de *O Exorcista*, Blatty nos apresenta uma situação bastante peculiar. Afinal, todos os personagens parecem desprovidos de fé — até mesmo os exorcistas. Ao padre Merrin, doente e desde o prólogo envolto em augúrios de morte, falta fé em si mesmo. Já o padre Karras não consegue mais acreditar em um Deus que, aos seus olhos, parece distante e indiferente.

A formação médica também contribui para que Karras atue como uma espécie de advogado do diabo (trocadilho não intencional) quando o assunto é possessão demoníaca. No romance, quando Chris pergunta o que deve fazer para conseguir um exorcismo para uma pessoa possuída pelo demônio, Karras responde: "A senhora teria que pôr essa pessoa numa máquina do tempo e enviá-la de volta ao século XVI". A investigação de Karras, contudo, acaba por convencê-lo de que o caso de Regan é genuinamente espiritual. *O Exorcista* se torna ainda mais complexo por combinar, de forma brilhante, pragmatismo racional com rituais medievais. Seus personagens, ainda que plantados no século XX, se voltam ao passado para combater uma ameaça que reconhecem como ancestral.

Rituais medievais à parte, na era moderna um dos exorcistas mais célebres foi o italiano Padre Gabriele Amorth (1925-2016). Amorth relatava ter realizado milhares de exorcismos e foi um fundadores da Associação Internacional de Exorcistas, uma organização romana aprovada oficialmente pelo Vaticano. Ao longo de sua carreira, ajudou a popularizar o tema e escreveu diversos livros sobre o assunto. Sua luta contra os demônios inspirou dois filmes: o documentário *O Diabo e o Padre Amorth* (*The Devil and Father Amorth*), dirigido por William Friedkin em 2017, e a cinebiografia *O Exorcista do Papa* (*The Pope's Exorcist*, 2023), dirigida por Julius Avery e estrelada por Russell Crowe no papel título.

✝ Fé

Avesso aos rótulos que classificam *O Exorcista* como horror, o diretor William Friedkin preferiu definir a obra como "um filme sobre o mistério da fé". O conceito de fé, em sua mais ampla ponderação, de fato faz parte da textura da trama. William Peter Blatty, autor do romance, nunca escondeu a importância do tema para ele, e declarou sua intenção de forma bem explícita: "[*O Exorcista*] é um argumento para a existência de Deus; eu de fato quis que fosse um trabalho apostólico, para ajudar as pessoas em sua fé". A noção de que uma obra de horror tão nitidamente amedrontadora — com ataques demoníacos violentos, heréticos e perturbantes — possa ter intenções missionárias pode parecer contraditória, mas na verdade é parte do objetivo do autor: "Não há nada mais inútil do que um sermão que dá sono".

O cerne da premissa de Blatty é que se podemos acreditar na existência do diabo, podemos também acreditar na existência de Deus. Para o autor, se a maldade humana pode ser explicada por influência diabólica, uma influência oposta, igualmente poderosa, se manifesta em cada um dos nossos atos de bondade. Embora católico, Blatty enxergava as forças do bem e do mal como conceitos que transcendem o cristianismo e fazem parte da herança arquetípica da humanidade.

O Exorcista, em seu valor arquetípico, é universal. Mas, em seu DNA, é um produto altamente norte-americano. A história dos Estados Unidos com Deus sempre andou de mãos dadas com seu fascínio e temor pelo diabo. No início do século XXI, um estudo da Harris Poll revelou um resultado extraordinário: mais norte-americanos acreditavam em Satã do que na teoria da evolução de Charles Darwin. O autor W. Scott Poole tentou destrinchar o *mashup* que forma a crença norte-americana de Satã e concluiu que ela advém de uma mistura de "tratados teológicos, relatos contados por uma avó pentecostal, uma sessão de *O Exorcista*, um versículo solto da Bíblia aqui e ali e alguma lenda urbana popular". Se o filme de Friedkin conseguiu convencer a plateia de que o diabo era real, será que teria, da mesma maneira, despertado a crença em Deus? Para o diretor, a resposta para tal questão era mais simples do que se poderia supor. Ele declarou em entrevistas que os espectadores levavam de *O Exorcista* o que tinham trazido consigo. Os crentes saíam com a fé intacta. E os descrentes saíam com a certeza de que tinham assistido a um filmaço.

Ao longo dos anos, muitos dos envolvidos em *O Exorcista* compartilharam em entrevistas e biografias suas próprias reflexões sobre o assunto, sobretudo à luz de sua participação no filme. Sabemos que, durante a produção, o ateu Max von Sydow teve dificuldade em professar sua crença em Jesus Cristo em uma das cenas mais dramáticas do filme (ver *Max von Sydow*). Ellen Burstyn, por sua vez, pediu que alterassem a fala de sua personagem para que não proferisse em voz alta nenhuma crença no diabo. Já para Linda Blair, foi exatamente sua descrença no diabo que fez com que a experiência de dar vida a Regan possuída não fosse um acontecimento traumático. A atriz atribuiu sua serenidade nas cenas mais chocantes ao fato de ter sido criada como protestante: "Não falávamos sobre o diabo. O diabo, para mim, era um personagem de ficção, como um lobisomem ou outro monstro qualquer", declarou ela em um documentário sobre os bastidores do filme. "Não acho que daria para escalarem uma atriz católica para aquele papel", concluiu ela.

Depois de analisar os meandros da obra, o pesquisador Nicholas Cull concluiu: "*O Exorcista* não fez o país voltar correndo para a igreja, mas o fez regressar para o cinema de horror". Ironias à parte, a obra continua instigando leitores e espectadores — seja como convite a refletir sobre transcendência espiritual ou como uma bela e intensa experiência artística.

Georgetown

Bairro histórico em Washington, D.C., fundado em 1751. A área é conhecida por suas ruas de paralelepípedos, arquitetura colonial e por abrigar a influente Universidade de Georgetown, que desde sua fundação, em 1789, é tida como um dos bastiões de excelência acadêmica e influência política.

O diretor William Friedkin enfatizou a importância do local em um documentário sobre *O Exorcista*: "Georgetown, a universidade, a igreja, a tradição, os prédios antigos, a escadaria ao lado de uma casa que exala perigo e onde depois algo tenebroso acontece, todos esses elementos visuais são pecinhas de um quebra-cabeça que, ao serem esmiuçadas, começam a desenhar uma imagem no subconsciente da plateia e estabelecem a atmosfera do filme".

Georgetown foi também o lar de William Peter Blatty (ver *Jesuítas*). O carinho e a gratidão do autor aos jesuítas e a Universidade de Georgetown era tão parte de sua essência que, durante muitos anos, ele celebrava o seu aniversário fazendo uma espécie de romaria até o local.

Horror Demoníaco

Subgênero do horror que versa sobre ameaças diabólicas, definido e analisado pelo autor Charles Derry no livro *Dark Dreams*, seu estudo sobre a história psicológica do horror moderno. Pode ser sintetizado como a crença de que o mundo é um lugar nefasto devido à atuação constante de forças sobrenaturais malignas. Derry lista quatro temas predominantes do subgênero: vingança, corrupção da inocência, fenômenos místicos e ênfase na simbologia cristã.

Completando 50 anos em 2023, *O Exorcista* continua o mais expressivo marco do horror demoníaco. Para além do sucesso comercial e de crítica, é considerado também um triunfo artístico e até mesmo *teológico*. Além do aval das autoridades católicas e o sinal verde dos jesuítas, o longa conseguiu driblar classificações mais restritivas de censura e encontrou um nicho bastante extraordinário no panorama cultural de entretenimento. O pesquisador W. Scott Poole, em seu estudo sobre pânicos satânicos nos Estados Unidos, define *O Exorcista* como "possivelmente o filme de horror mais significativo da história do cinema". Para Poole, em termos de representação visual do mal demoníaco, a obra é descendente direta do período medievo e da América colonial: "*O Exorcista* inaugurou um momento na vida cultural do país no qual o demônio passou a ocupar um espaço no discurso público que não se via nos Estados Unidos desde as colônias na Nova Inglaterra do século XVII".

Ao contrário dos monstros clássicos da Universal Pictures — como Drácula, a criatura de Frankenstein, o Lobisomem e a Múmia, para citar alguns exemplos — o demônio de *O Exorcista* alcançou um *status* de credibilidade tão expressivo a ponto de se tornar uma ameaça real. De fato, há registros de conversão na esteira do filme, com espectadores aterrorizados pela experiência procurando padres e até mesmo solicitando exorcismos.

De fato, para William Peter Blatty, acreditar no diabo era uma via lógica para se acreditar em Deus. Em certo sentido, a possessão parece ter menos a ver com a realidade do demônio, do que com a necessidade moral de se ter uma religião. Mais do que chocar, *O Exorcista* quer converter.

Os padres que colaboraram na produção do filme pareciam concordar com esse argumento. Ao contrário de outras obras sobre o diabo que foram consideradas heréticas, blasfemas e satanistas, *O Exorcista* caiu nas graças dos católicos. *O Bebê de Rosemary* (*Rosemary's Baby*), lançado em 1968, não teve a mesma sorte: foi oficialmente condenado em junho do mesmo ano pela *National Catholic Office for Motion Pictures*. Doravante, todo católico que visse o filme estaria cometendo um pecado venal, cuja única chance de perdão seria sua confissão a um padre.

Modelo para todas as obras posteriores sobre possessão demoníaca, *O Exorcista* ocupa um raro lugar de exclusividade em uma indústria que sobrevive à base da repetição: ainda hoje, meio século depois, é considerado o filme mais assustador da história cinematográfica.

Narrativas de possessão perturbam sensos intrínsecos de controle: nossa mente, nossos atos, nossos corpos. Se por um lado rejeitamos a ideia de sermos invadidos por um mal poderoso a ponto de apagar a nossa identidade, usamos esse mesmo mal como desculpa para os nossos comportamentos duvidosos. "O diabo me obrigou" é menos a confissão de uma impotência e mais a transferência de uma responsabilidade. Paradoxal em suas manobras ao mesmo tempo subversivas e conservadoras, o horror demoníaco continua inspirando fascínio e temor entre leitores e espectadores.

O Império das Luzes

Série de 27 pinturas a óleo e a guache do surrealista belga René Magritte (1898- 1967). A obra retrata o contraste paradoxal de uma cena noturna sob um céu claro e azul e serviu de inspiração para o cartaz cinematográfico de O Exorcista, em 1973. Nele, onde predominam as sombras noturnas, vemos um clarão vazando da janela do quarto de Regan e, sob um poste de luz, a silhueta do padre Merrin.

"A imagem que mais me inspirou, e que se tornou icônica, veio de uma pintura que vi no Museu de Arte Moderna: *O Império das Luzes II*, de Magritte. Ele fez diversas variações da pintura ao longo de oito anos, mas a que mais mexeu comigo foi a que ele pintou em 1954 e que está no Museu de Belas Artes de Bruxelas, na Bélgica", conta William Friedkin em sua autobiografia.

Para reproduzir o efeito da pintura, o diretor de fotografia Owen Roizman precisou iluminar duas ruas. A equipe construiu uma plataforma para suportar o foco de luz que iluminaria Max von Sydow, instalar um poste e trabalhar duro por um dia inteirinho para conseguir a cena em uma tomada só, no dia seguinte.

O que fascinou Friedkin foi o contraste entre dia e noite, luz e sombra, realismo e mistério; o que ele chamou de "justaposição de elementos realistas, mas não relacionados". A cena subverte as nossas expectativas de luz e escuridão. Que a luminosidade venha do quarto onde está Regan possuída, e não do exorcista, é um poderoso lembrete que nem tudo é o que parece — Lúcifer, afinal, significa "portador da luz".

Jason Miller

Dramaturgo, ator e diretor americano (1939-2001). Antes de estrear como ator em *O Exorcista*, escreveu *That Championship Season*, peça vencedora do Prêmio Pulitzer e do Tony Award, em 1973.

Foi uma foto de Miller, em uma resenha sobre a sua peça, que chamou a atenção de William Friedkin. Em sua autobiografia, relata ter ficado intrigado com a peça (que ele definiu como "uma obra sobre a obsessão norte-americana de vencer a qualquer preço") e com o próprio Miller. O primeiro encontro dos dois foi um desastre. Friedkin o achou distante e reservado, e ele nem tinha lido *O Exorcista*. Porém, um tempo depois, Miller ligou para ele e disse: "Eu li o livro que você falou. O tal *O Exorcista*. Aquele cara sou eu. O padre Karras". O estúdio já tinha escalado Stacy Keach, mas depois de um teste em Nova York, Friedkin ficou tão impactado que acabou exigindo que encerrassem o contrato com Keach para que Jason Miller pudesse assumir o papel. E sua intuição se mostrou precisa: por sua elogiada atuação como o padre Damien Karras, Miller ganhou um Globo de Ouro e foi indicado ao Oscar de Melhor Ator Coadjuvante.

O mergulho do ator foi profundo. Ele declarou em entrevista ter morado por dois meses com os jesuítas em Georgetown, para se preparar para o papel. Para Miller, a relevância de Karras está na riqueza da construção do personagem e na estrutura que amplia seu caráter multidimensional, sem jamais perder o foco no cerne narrativo. A palavra-chave de Karras é culpa e é dela que provêm todos seus conflitos e desafios. O demônio, em última análise, é a manifestação monstruosa da culpa do padre, uma culpa "mítica", como define o ator, que rastreia sua gênese literária ao universo de Kafka e Dostoievski. Boa parte da mágica de sua atuação — sensível, mas não sentimental — vem de sua compreensão do desconforto existencial do personagem. Em uma entrevista, ele declarou:

> Em relação a Karras, estamos lidando com uma mudança metafísica profunda, pois aquilo que o sustentou em um nível espiritual e emocional escapou dele, deixando-o no vácuo. Ele é um homem de ciência e um homem de religião e são estes opostos irreconciliáveis que o enlouquecem, gerando esta culpa imensa. [...] O sacrifício, a recuperação de sua fé, dá-se por um gesto violento, quase insano. Sua fé é restaurada em um confronto com as trevas. No entanto, o desfecho permanece ambíguo. Não existe simetria quando lidamos com o bem e o mal.

Miller retornaria a esse universo em *O Exorcista III* (1990), escrito e dirigido por William Peter Blatty. O filme — baseado no romance *Legião*, do próprio Blatty — acabou tomando rumos narrativos diferentes do roteiro original, prejudicando assim não apenas o ritmo, mas a execução da obra. A carreira de Miller no cinema seguiu de forma esporádica; sua verdadeira paixão era mesmo o teatro. Em 1982, ele se tornou diretor artístico do teatro de Scranton, na Pensilvânia.

Morreu de infarto aos 62 anos, enquanto se preparava para estrelar uma nova versão de *O Estranho Casal* (*The Odd Couple*). Em 2011, dez anos após a sua morte, a premiada peça voltou aos palcos da Broadway, em uma produção estrelada por Brian Cox, Chris Noth, Kiefer Sutherland e o filho de Miller, Jason Patric —célebre no cinema de horror por sua atuação em *Os Garotos Perdidos* (*The Lost Boys*, 1987).

Jesuítas

Nome dado aos membros da Companhia de Jesus, uma ordem católica fundada pelo espanhol Santo Inácio de Loyola no século XVI, conhecida por seu compromisso com a educação, a pregação do evangelho e o trabalho em obras sociais. Altamente disciplinados e dispostos ao deslocamento, os jesuítas têm como inspiração e meta a expansão do conhecimento.

A jesuíta Universidade de Georgetown, em Washington — *alma mater* de William Peter Blatty e cenário de *O Exorcista* — é a instituição de ensino superior católica mais antiga dos Estados Unidos. Bastião de excelência docente, coleciona diversas figuras notáveis na lista de ex-alunos, incluindo dois presidentes dos Estados Unidos: Lyndon B. Johnson e Bill Clinton.

William Peter Blatty certa vez declarou que seu livro *O Exorcista* é "um 'muito obrigado' de 350 páginas aos jesuítas". O autor, que quando jovem chegou a pensar em se tornar padre e ingressar na ordem, deve a eles a base da sua educação universitária — e um inédito senso de segurança e pertencimento. Criado pela mãe em estado de penúria, Blatty chegou a morar em 28 casas durante a infância. Bolsista da Universidade de Georgetown, ele desenvolveu uma relação de profunda gratidão com os jesuítas e com o local: "Os anos em Georgetown foram provavelmente os mais felizes da minha vida. Até então, eu nunca tinha tido um lar".

Os jesuítas também desempenharam um papel importante na concepção de *O Exorcista*. O caso real de possessão demoníaca que inspiraria William Peter Blatty a escrever o romance foi comentado em sala de aula pelo padre Eugene B. Gallagher, chamando a atenção imediata de seu jovem aluno Blatty, que na época cursava uma disciplina sobre o Novo Testamento (ver *William Peter Blatty*).

Uma curiosidade: o atual Papa Francisco é o primeiro papa jesuíta da história do Vaticano.

Joseph Dyer

Um dos padres da Universidade de Georgetown, amigo próximo do padre Karras e assistente do presidente da instituição acadêmica. Interpretado por um clérigo de verdade, o padre William O' Malley, é mais um personagem intrigante de *O Exorcista*.

No livro, ele é apresentado como "o padre de faces rosadas" na seguinte descrição: "Era jovem e diminuto, com olhos matreiros atrás de óculos com armação de aço". Nós o conhecemos em uma festa na casa de Chris MacNeil, onde ele é uma das atrações mais efusivas e carismáticas — seja atacando o bufê de curry, deslumbrando a todos com canções no piano ou conversando de maneira casual sobre profanações na igreja. Grande amigo e confidente do padre Damien Karras, Dyer acompanha suas maiores angústias: a crise de fé, o luto pela mãe, a busca de explicações para o mal que aflige Regan MacNeil. No fim, após o sacrifício de Karras, é Dyer quem lhe concede a benção final.

Sua amizade com o padre Karras é retratada como íntima e, para alguns leitores/espectadores, afetivamente ambígua. Tanto no romance, quanto no filme, é possível identificar no padre Dyer traços do chamado *queer coding*: recurso em que personagens exibem características que podem ser interpretadas como LGBTQIAP+ por meio de elementos visuais ou textuais, sem que sua orientação sexual seja abertamente explicitada. Considerações afetivas à parte, em alguns trechos padre Dyer parece cogitar uma vida longe da Igreja, embora sem levantar questões acerca de sua fé ou vocação. Em um trecho enigmático do romance, ele diz a Karras que Chris parece muito "pé no chão". "Ela pode nos ajudar com o meu plano para quando nós dois largarmos a batina", comenta ele. Quando Karras pergunta quem tem tais planos, ele responde: "Gays. Aos montes". Em seguida, em um tom meio jocoso e meio revelador, ele confessa que gostaria da ajuda de Chris com um roteiro para um filme sobre a vida de Santo Inácio de Loyola.

O padre Dyer é um personagem igualmente relevante no romance *Legião* (1983). Continuação de *O Exorcista*, o livro foi adaptado para o cinema como *O Exorcista III* pelo próprio Blatty, que assinou também o roteiro e a direção. Na continuação, reencontramos Dyer, mais de uma década depois dos acontecimentos do primeiro filme, mantendo o vínculo de amizade iniciado com Kinderman no desfecho da trama original. No entanto, a camaradagem entre eles termina de modo abrupto e chocante, infelizmente, quando Dyer é vítima do Geminiano. O assassino, aproveitando que o padre está internado no hospital, invade o quarto, extrai todo o sangue de seu corpo e usa o fluido para escrever na parede "It's a Wonderfull (sic) Life" — referência ao filme homônimo de Frank Capra, traduzido no Brasil como *A Felicidade Não Se Compra*, que era o favorito de Dyer.

Karl Engstrom

Empregado suíço da família MacNeil, casado com a governanta Willie. De poucas palavras, Karl é enigmático até mesmo para Chris, para quem ele trabalha há quase seis anos: "*Sujeito estranho*, pensou ela. Como Willie, trabalhador; muito leal, muito discreto. Mas algo nele a deixava desconfortável. O que era? Aquele ar sutil de arrogância? Não. Era outra coisa. Mas ela não conseguir definir com precisão." Em outro trecho, ele é descrito como "uma máscara" e "um hieróglifo sem tradução". Os leitores, no entanto, têm acesso ao "que se move por trás da máscara": um drama familiar. O casal Engstrom tem uma filha viciada em drogas, Elvira, que os deixou. Conhecendo seu paradeiro, Karl continua tentando manter contato e a visitando, quase sempre para levar dinheiro. Em uma tentativa canhestra de poupar Willie do sofrimento de testemunhar o estado da filha, ele a faz acreditar que Elvira está morta.

O detalhe da filha nos ajuda a compreender a dedicação de Karl com Regan possuída. É como se ele tentasse compensar, nos cuidados com Regan, a incapacidade de cuidar da própria filha. O modo com Elvira é descrita no livro muitas vezes se assemelha ao quadro da possessão. Desbocada, em desalinho e guinchando, Elvira tem "lábios dissolutos" e "um rosto arruinado, onde juventude e beleza foram enterradas vivas em milhares de quartos de motel". Dividindo com o namorado o caos de um apartamento mísero, Elvira é retratada como se "possuída" pelo vício. O paralelo entre duas acrescenta um rico elemento dramático ao personagem de Karl — e reforça sua caracterização como um homem, ao mesmo tempo, resistente e resignado.

Outra prova de sua resistência resignada são os ataques de Burke Dennings. Karl é alvo frequente de Burke Dennings, que nutre pelo empregado suíço uma inexplicável antipatia (ver *Burke Dennings*). Burke constantemente acusa Karl de ser nazista, acusação essa sem fundamentos aparentes na trama. Depois da possessão, e do assassinato de Burke, o diabo em Regan por vezes se manifesta como o diretor — nessas ocasiões, as ofensas contra Karl repetem o mesmo padrão. No livro, o empregado atura as agressões de forma impassível, sem queixas ou revide. Burke, por outro lado, é descrito como irascível e descontrolado, "com os cantos da boca espumando saliva", enquanto o empregado permanece calado, "com os braços cruzados e uma expressão imperturbável". Em um trecho, Chris pede desculpas pelo comportamento de Burke, ao que Karl responde que não presta atenção nele. Chris devolve: "Eu sei. É exatamente isso que o deixa alucinado".

No filme, no entanto, Karl surpreendentemente não apenas reage, como ameaça Burke de morte. É uma alteração curiosa para o personagem, sobretudo se pensarmos que, na adaptação cinematográfica, a ausência da trama com a filha viciada faz com que ele pareça suspeito do crime.

Uma última reflexão: quando a esposa Willie quer assistir um filme sobre os Beatles, Karl insiste em levá-la para ver um sobre Mozart. Talvez Karl represente a pétrea imobilidade do conservadorismo, talvez seja apenas um adepto da tradição. De todo modo, fiel ao abismo geracional que prevaleceu nos anos 1970, ele talvez simbolize o *establishment* e sua impotência perante tempos vertiginosos e irrefreavelmente modernos (ver *Zeitgeist*).

Key Bridge

A mais antiga ponte sobre o Rio Potomac, que liga Georgetown a Virginia. Em *O Exorcista*, marca o local onde se dá o primeiro encontro entre Chris MacNeil e o padre Damien Karras.

Em termos simbólicos, a ponte representa conexão entre duas margens distintas, estabelecendo um lugar seguro de intersecção. Simboliza também a união de opostos, bem como a capacidade de acessar territórios desconhecidos e encontrar solução para conflitos aparentemente insuperáveis.

Neste sentido, o encontro na ponte entre o padre em crise de atuação com a atriz à procura de ajuda é bastante significativo. Depois de exaurir as possibilidades médicas e psiquiátricas em busca de um diagnóstico para a aflição de sua filha, a ateia Chris é aconselhada a procurar um padre que possa exorcizar a menina. O padre em questão, contudo, não acredita em possessão demoníaca e desaconselha qualquer tentativa de exorcismo. A ironia aqui é justamente a inversão de expectativas: à esta altura da trama, esperamos que o padre seja capaz de trazer não apenas conforto, mas resolução. Padre Karras, no entanto, não está sequer trajando a batina. É um padre à paisana, portando somente um agasalho da Universidade de Georgetown. Buscando encontrar o místico, Chris se depara apenas com o médico. Neste ponto de *O Exorcista*, tudo parece perdido. Mas os dois atravessam a ponte e logo são vistos descendo uma escada. Temos no encadeamento dessas duas cenas mais uma evidência da intuição cinematográfica de Friedkin. Afinal, embora o discurso do padre seja de hesitação e recusa, fisicamente ele já começou a sua descida ao inferno. É o que os gregos chamavam de catábase: um ingresso heroico ao mistério dos mundos inferiores.

Por fim, um detalhe interessante: no romance de Blatty, o padre Lankester Merrin diz a Chris que foi batizado em homenagem "a uma ponte".

Kinderman

Tenente William F. Kinderman é o detetive que surge na trama para investigar a misteriosa morte de Burke Dennings. Sensível e bonachão, é ao mesmo tempo afiado em suas percepções e privilegia uma abordagem interpessoal mais humana para interrogar testemunhas e possíveis suspeitos do crime. Interpretado por Lee J. Cobb em *O Exorcista* (1973) e George C. Scott em *O Exorcista III* (1990), o investigador é uma versão *soft* da tradição cinematográfica dos detetives *hardboiled* — mas, não obstante, uma bela homenagem de William Blatty à própria história do cinema.

Blatty sempre declarou que, em *O Exorcista*, sua primeira intenção narrativa era desenvolver um enredo policial com toques sobrenaturais. Embora o diretor William Friedkin definisse o filme como um "mistério" e a atriz Linda Blair como "um *thriller* teológico", o produto final (em termos de execução e recepção), não é exatamente a história de detetive intencionada por Blatty. O que não significa, é claro, que o detetive não tenha importância capital na trama. Em *O Exorcista*, sua investigação descortina nuances dos personagens. Já em *Legião*, enquanto protagonista, cabe a ele estabelecer o elo entre um passado ao mesmo tempo doloroso e nostálgico, e um presente que contemple alguma esperança de futuro.

Enquanto representante da ordem e do controle, o personagem desempenha ainda uma outra função importante: ele ancora a narrativa em uma base racional. A lei, junto à ciência, forma mais um pilar necessário para sustentar a premissa sobrenatural de *O Exorcista*. A presença de Kinderman torna concreto o perigo que a possessão sobrenatural representa no mundo material. Regan possuída não é apenas um embaraço para as visitas ou um espetáculo chocante de diabolismo blasfemo, onanista e nauseante: ela é uma assassina. O detetive nos recorda que, para além da discussão teológica e metafísica, *O Exorcista* é uma história de crime — completinha com o desfecho trágico e melancólico de uma boa trama policial.

Tanto no livro quanto no filme, Kinderman é um inveterado cinéfilo. Sua primeira conversa com o padre Karras termina com um convite para acompanhá-lo para ver *Otelo* no cinema (ver *Otelo*). "Sabe, adoro falar de cinema... discutir, criticar", declara ele, com entusiasmo. Como um bom amante dos filmes, é apaixonado por grandes atores. Em sua visita investigativa à casa de Chris MacNeil, ele não resiste à oportunidade de pedir um autógrafo, confessando que assistiu um de seus filmes — ironicamente intitulado *Angel* — seis vezes. Outra peculiaridade de Kinderman é encontrar semelhança nas pessoas com astros do cinema. No livro, ele compara o padre Karras com Marlon Brando; no filme, com John Garfield.

Em homenagem ao mais cinéfilo dos investigadores de homicídio da ficção, eis uma lista das referências cinematográficas do Detetive Kinderman, extraídas de *O Exorcista* e *Legião*:

Sindicato de Ladrões
(*On The Waterfront*),
dirigido por Elia Kazan (1954)

Chaga de Fogo
(*Detective Story*), dirigido
por William Wyler (1951)

Casablanca, dirigido por
Michael Curtiz (1942)

O Falcão Maltês: Relíquia Macabra (*The Maltese Falcon*),
dirigido por John Huston (1941)

A Felicidade Não se Compra
(*It's a Wonderful Life*), dirigido
por Frank Capra (1947)

Alien, o Oitavo Passageiro
(*Alien*), dirigido por
Ridley Scott (1979)

Que Espere o Céu
(*Here Comes Mr. Jordan*), dirigido
por Alexander Hall (1941)

Desencanto
(*Brief Encounter*), dirigido
por David Lean (1945)

Gunga Din, dirigido por
George Stevens (1939)

O Terceiro Homem
(*The Third Man*), dirigido
por Carol Reed (1949)

Lankester Merrin

Padre jesuíta e exorcista convocado a enfrentar o demônio e liberar Regan MacNeil da possessão. Merrin também é paleontólogo e autor de diversos livros. Segundo o próprio William Peter Blatty, um dos modelos para o personagem foi o padre jesuíta francês Pierre Teilhard de Chardin (1881-1955). Paleontólogo, filósofo e teólogo, o visionário Chardin buscou uma aproximação entre ciência e religião, defendendo o que chamou de "Ponto Ômega", estado excelso da consciência humana. Outra inspiração para a construção de Merrin foi o arqueólogo britânico Gerald Lankester Harding, um dos responsáveis pela descoberta dos Manuscritos do Mar Morto, que Blatty conheceu quando trabalhou em Beirute (ver *William Peter Blatty*).

Experiente, intuitivo e sóbrio, Merrin representa a lógica a serviço da fé. No romance de Blatty, é apresentado no prólogo como um anônimo pesquisador em missão arqueológica no Iraque, e surge devidamente envolto em mistério. Sua identidade sacerdotal não é revelada de imediato e o narrador se refere a ele apenas como "o homem de cáqui" — privilegiando a faceta expedicionária do arqueólogo antes de introduzir a natureza filósofo-teológica do padre. No livro e no filme, é representativo que a trama comece com Merrin. Nenhum outro personagem exemplifica de modo tão preciso a fina compreensão do peso da ancestralidade, base que fundamenta o enredo de *O Exorcista*. Merrin entende que, na batalha de primevas forças antagônicas, tudo é maior em escopo e ilimitado em termos temporais.

Seu protagonismo se torna ainda mais inequívoco na versão fílmica, onde é interpretado pelo ator sueco Max von Sydow (ver *Max von Sydow*). A imagem de sua chegada à casa das MacNeil ilustra um dos cartazes de cinema mais reconhecidos do mundo. E embora o título da obra se refira ao padre mais jovem (ver *Damien Karras*), é Merrin quem faz dele um exorcista.

Em termos analíticos, ele representa o arquétipo do Velho Sábio. Sigmund Freud versou sobre o que chamou resíduos arcaicos; formas mentais dissociadas da experiência pessoal de um indivíduo que representam uma espécie de herança coletiva do espírito humano. Mas coube a Carl Jung definir tais resíduos como arquétipos: tendências instintivas para formar representações com inúmeras variações de detalhes, que não perdem sua configuração original. Jung postulou que uma das características do arquétipo é o fascínio que ele tende a inspirar, sendo capaz de criar "mitos, religiões e filosofias que influenciam e caracterizam nações e épocas inteiras". Na visão de Jung, o Velho Sábio engloba ideais do inconsciente coletivo como sabedoria, reflexão e orientação espiritual. Ele desempenha o papel de mentor, conselheiro ou guia para os heróis em suas jornadas. Na galeria ficcional de grandes mestres, aqueles instrumentais para o desenvolvimento do potencial heroico do protagonista, Merrin faz companhia a personagens que englobam de Merlin a Obi-Wan Kenobi.

Cansado e doente, Merrin acaba morrendo de infarto durante uma das sessões de exorcismo. Não obstante, seu personagem reveste o enredo com o verniz indispensável de autoridade que enriquece toda obra de fulcro sobrenatural. Seu entendimento da inevitabilidade do confronto com Pazuzu, longe de ser somente um augúrio de fracasso, surge como uma profunda jornada de fé. É sua postura decidida que revestirá Karras de coragem para o ato final.

Legião

Romance de William Peter Blatty, continuação de *O Exorcista*.

Publicado em 1983, *Legião* (*Legion*) retoma tramas do livro anterior, trazendo de volta alguns personagens, como o padre Joseph Dyer e o padre Damien Karras. Além do detetive William F. Kinderman, que assume o papel de protagonista. O detetive é forçado a confrontar suas crenças, enquanto investiga uma série de assassinatos violentos em Georgetown, Washington D.C..

Assim como em *O Exorcista*, o romance perscruta a temática da fé, combinando a realidade brutal da maldade humana com forças misteriosas e sobrenaturais. E enquanto a primeira obra é, em grande parte, a descida ao inferno do padre Karras, *Legião* é a noite escura da alma de Kinderman. Os dois personagens seguem entretecidos, a despeito do desfecho do padre em *O Exorcista*. A continuação, não obstante, explora a lacuna nostálgica deixada por Karras reforçando duplos do jesuíta; seja em chave positiva no padre Dyer, ou na projeção monstruosa de Tommy Sunlight.

Em seu estudo sobre o chamado "Problema do Mal" nas duas obras, o autor Tim Kroenert conclui que as histórias de Karras e de Kinderman são "faces opostas da mesma moeda etérea, com uma tanto complementando quanto elucidando a outra [...] juntas, representam [...] um *insight* fascinante na visão de mundo e nas crenças religiosas do autor". De fato, embora Damien Karras seja o alter ego mais conspícuo de Blatty, há muito da inquietação teológica do autor em Kinderman também. Por sua capacidade de adensar os temas religiosos do romance anterior, ao mesmo tempo em que subverte certezas e lança novos enigmas, *Legião* é um estudo narrativo complementar para todos os fãs de *O Exorcista*.

O livro foi adaptado para as telas pelo próprio Blatty, que assinou roteiro e direção, com o título *O Exorcista III: Legião* (*The Exorcist III: Legion*, 1990).

Linda Blair

Atriz norte-americana nascida em St. Louis, Missouri, em 1959. Modelo infantil desde os 5 anos de idade, tornou-se mundialmente famosa aos 13 ao interpretar Regan MacNeil em *O Exorcista* (1973).

O diretor William Friedkin testou cerca de 500 atrizes até se decidir por Linda Blair e declarou tê-la escolhido "por sua estabilidade emocional". Protagonista de cenas que permanecem impactantes até os dias de hoje, foi alvo de muita especulação midiática na época do lançamento do filme, com imprensa e público alimentando rumores de que teria saído traumatizada das filmagens. Linda sempre negou os boatos, alegando que a experiência não a afetara nem mental nem espiritualmente.

Ela retornaria ao universo do Exorcista em dois filmes posteriores: *O Exorcista II – O Herege* (1977) e a paródia *A Repossuída* (*Repossessed*, 1990). Apaixonada por animais e ativista de longa data, fundou a Linda Blair Worldheart Foundation em 2004. A ONG tem o compromisso de resgatar e reabilitar cães que sofreram maus-tratos ou foram abandonados, para encaminhá-los posteriormente à adoção em lares permanentes.

Combinando a disposição incansável e lúdica da infância com um precoce e sóbrio profissionalismo, Linda Blair deslumbrou os colegas mais maduros e experientes com uma atuação inegavelmente admirável. Seu retrato de Regan MacNeil antes da possessão é tão memorável quanto o espetáculo abjeto de sua Regan possuída. Oscilando com cautela e precisão entre nuances, ela logrou em tornar crível — e até mesmo *realista* — o drama de uma criança aparentemente comum afligida de forma inexplicável por um mal extraordinário. Por sua atuação no filme, ela recebeu o Globo de Ouro de Melhor Atriz Coadjuvante em 1974, e foi indicada ao Oscar na mesma categoria.

"Maldição do *Exorcista*"

Série de acidentes e acontecimentos estranhos que acompanharam a produção do longa-metragem *O Exorcista*, e que muitos acreditam ter causas sobrenaturais. Entre os episódios mais fatídicos, está a morte do ator Jack MacGowran, intérprete de Burke Dennings, e de Vasiliki Maliaros, que interpretou Mary Karras. Ambos faleceram após o término das filmagens.

Em sua autobiografia, o diretor William Friedkin comentou: "Muito já foi dito sobre 'a maldição do *Exorcista*'. Se eu acreditasse nisso na época, não teria conseguido terminar o filme". Embora Friedkin e alguns membros do elenco neguem a suposta "maldição", a produção foi, de fato, pontuada por incidentes. Desde o sumiço da gigantesca estátua de Pazuzu — que, a caminho do Iraque, se perdeu e foi parar, inexplicavelmente, em Hong Kong — até contratempos técnicos. O diabo parecia mesmo estar à solta no set. E fora dele também: o filho caçula de Jason Miller foi atropelado por uma moto e teve que ficar internado no hospital, o irmão de Max von Sydow faleceu, assim como a avó de Linda Blair. A atriz Ellen Burstyn conta, em sua autobiografia, que Friedkin passou a pedir que os dois padres atuantes no filme abençoassem cada novo cenário: "Ficou claro que estávamos brincando com fogo. Metáfora essa que logo se tornaria realidade", escreveu a atriz. Ela se refere ao incêndio misterioso que destruiu o cenário da casa das MacNeil e interrompeu as filmagens por semanas.

A história mais chocante, porém, é a da atriz Mercedes McCambridge, que atuou como a voz do demônio nas cenas em que Regan está possuída. Envolvido em um escândalo financeiro, seu filho único matou a esposa, as duas filhas (de 13 e 9 anos de idade) e se suicidou em seguida. O crime aconteceu quinze anos depois de Mercedes emprestar seu talento e sua voz inigualável ao demônio em *O Exorcista*..., mas ainda tem quem acredite que a tragédia posterior em sua vida pessoal foi vingança do exorcizado Pazuzu.

Mary Karras

Mãe do padre Karras, mora sozinha em Nova York desde que o filho assumiu um posto em Washington. Mary Karras teria sido inspirada em Mary Mouakad, mãe do autor William Peter Blatty. As duas têm em comum a origem estrangeira (a Mary ficcional é grega; a real, libanesa) e uma vida permeada de dificuldades financeiras como imigrantes nos Estados Unidos. A escrita de *O Exorcista* serviu como uma espécie de expurgo catártico para Blatty, sobretudo no que diz respeito à perda de sua mãe. Em sua autobiografia, William Friedkin relata: "Blatty baseou Padre Karras, o psiquiatra/padre nele próprio, reproduzindo o sofrimento que vivera após a morte da mãe". Mary é também o nome da mãe de Jesus o que, em uma narrativa estruturalmente católica (e especificamente *jesuíta*) aponta de maneira sutil para a natureza crística do padre Karras.

Os trechos que descrevem a relação de Karras com a mãe estão entre os mais comoventes do romance. Ao relatar e relembrar penúria e *pathos*, o romance alcança um tom assombroso por vezes tão impactante quanto a possessão demoníaca:

> *Segurou-se no corrimão e subiu, tomado por um cansaço repentino que ele sabia ser causado pela culpa. Não devia tê-la deixado. Não sozinha. No quarto andar, procurou a chave no bolso e enfiou na fechadura: 4C, o apartamento de sua mãe. Abriu a porta como se fosse uma ferida ainda não cicatrizada. [...] Ele se sentou à mesa da cozinha, ouvindo a mãe falar, e as paredes sujas e o chão empoeirado entravam em seus ossos. O apartamento era uma choça. [...] Ele evitava aqueles olhos, eram poços de pesar e passavam os dias olhando pela janela. Eu não devia tê-la deixado.*

A história da mãe de Karras nos é relatada em *flashes* visuais, altamente simbólicos. A visita, o enterro, a internação, um sonho de angústia. Os fragmentos mnemônicos são carregados pelo fluxo de consciência de Karras para finalmente desembocarem no trecho em que o demônio em Regan se passa por Mary Karras. O autor Thomas Hibbs define o demônio como parasitário e ressalta: "o demônio não cria nada; ele apenas imita, inverte e debocha". A imitação, contudo, atinge Karras em sua maior fraqueza. Sem o distanciamento que experiente Merrin adquiriu ao longo dos anos, o padre mais jovem ainda não possui recursos para abstrair as provocações demoníacas e acompanhamos seu enfraquecimento ao longo do ritual. Somente diante da morte de Merrin, e da possibilidade de colapso cardíaco de Regan, é que ele se fortalece de maneira inédita — e morre para atestar sua enfim recuperada fé.

Em *O Exorcista*, Mary é interpretada por Vasiliki Maliaros, na época com 88 anos. Maliaros, de origem grega, nunca tinha atuado como atriz antes; ela foi descoberta por Friedkin em um restaurante grego em Nova York. "Não tenho interesse em astros. Tenho interesse em atores inteligentes", declarou o diretor em uma entrevista. A carreira artística da talentosa estreante, no entanto, foi interrompida abruptamente com a sua morte em 1973, depois do término das filmagens (ver *Maldição do Exorcista*).

Max von Sydow

Ator sueco (1929-2020), com expressiva e profícua carreira no cinema, no teatro e na TV. Além de sua colaboração artística com o diretor sueco Ingmar Bergman — com quem trabalhou em diversos filmes, sendo *O Sétimo Selo* (*Det sjunde inseglet*, 1957) um dos mais célebres — tornou-se internacionalmente conhecido por sua atuação em filmes norte-americanos como *Ilha do Medo* (*Shutter Island*, 2010) e *Star Wars: O Despertar da Força* (*Star Wars: The Force Awakens*, 2015).

Tinha apenas 44 anos quando interpretou o experiente padre Lankester Merrin em *O Exorcista* (1973), embora caracterizado para parecer bem mais velho (ver *Dick Smith*). A maquiagem de Sydow levava quatro horas para ser aplicada, mas o ator suportou pacientemente todos os percalços de uma produção longa e permeada de contratempos. Sua única dificuldade foi dar verossimilhança à uma das cenas de exorcismo.

William Friedkin relatou em sua autobiografia que Sydow não conseguia convencer como Merrin quando proferia a frase "O poder de Cristo o compele!". Frustrado, Friedkin teria conversado com o ator, brincando que teria que chamar Ingmar Bergman para dirigir a cena e extrair do ator a convicção necessária para dar credibilidade ao exorcismo. "Não tem nada a ver com Bergman", teria dito von Sydow. "O problema é que eu não acredito nas palavras. Eu não acredito em Deus". Quando Friedkin retrucou que ele interpretara Jesus em *A Maior História de Todos os Tempos* (*The Greatest Story Ever Told*, 1965), Sydow retrucou: Mas eu o interpretei como um homem, não como um deus".

O diretor sugeriu então que ele visse Merrin como homem, e não como um padre com poderes sobrenaturais. O ator pediu uma hora e o resultado é pura mágica cinematográfica. Grandioso e eloquente, o padre Merrin seria um dos personagens mais emblemáticos da longeva e brilhante carreira do ator.

Medalha de São José

A medalha de São José, indiscutivelmente cristã, surge logo no início de *O Exorcista*, no atmosférico e agourento prólogo no Iraque. Dos achados expedicionários do padre e arqueólogo Lankester Merrin, é o primeiro item que nos é apresentado, acompanhado do comentário do padre: "Isso é estranho". De fato, a medalha constitui uma relíquia improvável e anacrônica naquele sítio arqueológico. De saída, ela nos prepara para uma narrativa que testa os limites do próprio realismo que lhe parece tão estrutural. A medalha católica, entre os vestígios da antiga capital do primeiro reino árabe, tem uma importância mais simbólica e estratégica do que historicamente fidedigna.

Na fé cristã, São José é o esposo da Virgem Maria e o pai terreno de Jesus. Em 1870, o Papa Pio IX o declarou oficialmente patrono e protetor da Igreja Católica. Em 2022, data comemorativa de 150 anos desta proclamação, o Papa Francisco refletiu sobre o título de São José em uma audiência pública:

> E aqui há um traço muito bonito da vocação cristã: guardar. Guardar a vida, guardar o desenvolvimento humano, guardar a mente humana, guardar o coração humano, guardar o trabalho humano. O cristão é — podemos dizer — como São José: deve guardar. Ser cristão não é apenas receber a fé, confessar a fé, mas guardar a vida, a própria vida, a vida dos outros, a vida da Igreja.

Essa reflexão nos ajuda a elucidar a pertinência de São José, enquanto símbolo e arquétipo, para o enredo de *O Exorcista*. Ele representa a profissão de fé enquanto exercício diligente de cuidado, protegendo aqueles que são chamados a proteger. A medalha, encontrada minutos antes da estátua de Pazuzu (ver *Pazuzu*), antecipa e fortalece o compromisso de Merrin de *guardar a vida* — desafiando até mesmo os limites de sua condição humana no cumprimento de um dever religioso, ancestral e eterno. Duas outras aparições da medalha em *O Exorcista* e *O Exorcista: A Versão que Você Nunca Viu* parecem carregar o mesmo sentido. No sonho de luto e remorso do padre Karras, talvez para lembrar que o cuidado com "a vida dos outros" não está circunscrito à família e, para ele, não acaba com a morte de sua mãe. E na despedida de Chris e Regan de Washington, quando o padre Dyer devolve a medalha para Chris, com a sugestão: "Por que não fica com ela?". A implicação aqui é a mesma: a proteção e o cuidado de Regan não terminam com a morte do padre Karras e Chris deve continuar a se proteger, e a proteger a filha, de futuras e bastante prováveis forças das trevas.

No romance, porém, Blatty não faz nenhuma menção a São José. O santo a figurar na medalha é o menos conhecido, mas igualmente pertinente, São Cristóvão. A história deste mártir é, no mínimo, intrigante: de acordo com a tradição, em Samos, na Lícia, o verdadeiro nome de Cristóvão era Reprobus. Ele era descrito como "um homem gigante", obcecado em servir apenas ao homem mais poderoso do mundo. Inicialmente, esse homem de imenso poder parecia ser o rei. Sendo assim, Reprobus se ofereceu para servi-lo. No entanto, ao descobrir que o rei temia o Diabo, julgou ter se enganado e, rapidamente, transferiu sua lealdade para Satã. Mais uma vez, tudo ia bem — até o dia em que Reprobus descobriu que o mestre nutria tamanho temor de Jesus Cristo e que não conseguia passar por uma rua onde havia uma cruz. Finalmente, ele decidiu servir apenas a Cristo. Um encontro epifânico com Jesus confirmou a sua fé e Reprobus, agora Cristóvão, tornou-se exemplo de devoção. Na iconografia cristã oriental, São Cristóvão tem ainda outro interessante detalhe: assim como Pazuzu, é representado com uma cabeça de animal. Conhecido como Santo Cinocéfalo, ostenta uma cabeça de cachorro.

Sendo assim, a ideia de um santo vacilante e confuso — que precisa encarar o demônio antes de encontrar Deus — também parece sob medida para o enredo de *O Exorcista*.

Nowonmai

Nome usado pelo demônio que possui Regan para se identificar. Significa "eu sou ninguém" (*I am no one*) ao contrário. Inicialmente, o padre Karras acredita se tratar de um idioma desconhecido. Porém, após uma análise no Instituto de Línguas e Linguística, um dos especialistas mata a charada: o demônio, falando por Regan, usa inglês ao contrário.

A apresentação é interessante, sobretudo se examinada no contexto bíblico do episódio em que Jesus cura um homem tomado por espíritos malignos. A resposta do homem quando inquirido sobre seu nome ("Legião, por que somos muitos") aponta para pluralidade. Em *O Exorcista*, o demônio que possui Regan por vezes alude a um desconcertante plural, mas também se apresenta como "Nowonmai" (*I am nowon*). O ser *ninguém* é particularmente perturbador, pois a vacuidade de personalidade o capacita a ser *todo mundo*. Em seu estudo sobre o diabo, o pesquisador Luther Link conclui: "Ele pode ter muitas máscaras mas, em sua essência, é uma máscara sem rosto".

É esta não identidade — escorregadia, cambiante e mimética — que torna sua presença tão ubíqua. *O Exorcista* consegue expressar isso para seus espectadores de forma brilhante. Não há nada mais aterrador do que a constatação de que a entidade maligna que possui Regan *já estava rondando todos os personagens* antes mesmo da possessão.

Em seu documentário sobre a história do horror, o ator, escritor e roteirista Mark Gatiss elege a cena em que Regan possuída emula um pedinte que implora por ajuda ao padre Karras no metrô como a mais arrepiante do filme: "Talvez por sugerir a onipresença do mal e que o diabo está sempre nos observando... fazendo anotações". William Peter Blatty mergulha ainda mais nesta noção em seu romance *Legião*, a continuação de *O Exorcista*.

Otelo

Peça de William Shakespeare e mais uma referência à obra do bardo em *O Exorcista* (ver *Rei Lear*). Tanto no livro quanto no filme, o detetive Kinderman convida o padre Karras para assistir a uma adaptação da peça para o cinema, inventando um elenco hipotético e improvável. No livro, ele escala John Wayne como Otelo e Doris Day como Desdêmona; no filme, Groucho Marx e Debbie Reynolds, respectivamente.

A escolha por *Otelo* acena para as forças insondáveis que penetram, insidiosas, na consciência moral humana e produzem atos verdadeiramente diabólicos. Assim, podemos alegar que Otelo é possuído duas vezes: pelo ciúme, como mal orgânico e latente, e por Iago, personificação satânica das emoções mais turvas, que o leva ao crime, à desonra e à morte.

Pazuzu

Rei dos demônios dos ventos, uma entidade mitológica da Assíria do primeiro milênio antes de Cristo que é, ao mesmo tempo, o vilão ficcional mais e menos conhecido do horror. Identificado no romance e no filme como uma espécie de personificação do mal, ele permanece um confuso constructo que mescla a religião mesopotâmica com a representação pictórica do diabo cristão. Híbrido homem-animal com dois pares de asas, corpo de homem, cabeça de cão, garras de águia, cauda de escorpião e um falo em forma de serpente. Pazuzu acumula atributos animalescos para reforçar sua monstruosidade e representa, na semântica de *O Exorcista*, a corrupção da pureza quando penetrada pela ancestralidade ctônica do sexo. Como demônio dos ventos e senhor do vento sudeste — tradicionalmente associado a doenças, pragas e catástrofes —, simboliza a força irrefreável e amoral da própria natureza.

No romance, ele surge desde o prólogo como uma ameaça difusa, mas não menos funesta. O padre Merrin, concluindo uma escavação arqueológica no Iraque, encontra o demônio babilônico primeiro em um amuleto, depois em uma estátua. Ambos os contatos são descritos como presságios de mau agouro:

> *Havia algo no ar. Ele ficou de pé e se aproximou; então, sentiu um leve formigar na nuca quando seu amigo finalmente se mexeu para pegar um amuleto de pedra verde [...] Era uma cabeça do demônio*

> *Pazuzu, personificação do vento sudoeste. Seu poder era a doença e os males. A cabeça estava furada. O dono do amuleto o usara como escudo. — O mal contra o mal — disse o curador.*

E, ao fim do capítulo:

> *No palácio de Ashurbanipal, ele parou e olhou para uma descomunal estátua de calcário in situ. Asas desgrenhadas e garras nos pés. Um pênis inchado, grande, ereto, e a boca aberta em um sorriso feroz. O demônio Pazuzu. [...] Ele sabia. Estava chegando.*

Não se sabe o motivo pelo qual William Peter Blatty o escolheu para representar a ameaça demoníaca em O Exorcista. Em sua autobiografia, William Friedkin, o diretor do filme, afirma que Blatty viu uma estátua de Pazuzu no Iraque e ela o inspirou a construir os detalhes da sua história de possessão demoníaca:

> *O romance era para ser uma trama policial sobrenatural. O instinto de Blatty era causar um frêmito nos leitores sugerindo a existência de forças espirituais, mas ele nunca considerou a sua uma história de horror. Os detalhes começaram a surgir para ele a partir de uma estátua que certa vez avistara em Mosul, no Iraque, do demônio Pazuzu. Em casos de possessão, a entidade invasora, seja real ou imaginária, é identificada como um demônio e não como o próprio Satã.*

Blatty, em um longo ensaio sobre O Exorcista, confirma a suposição de Friedkin:

> *Historicamente, os "demônios" envolvidos em casos de possessão ou pseudo possessão raramente se identificam como Satã. O chefe dos anjos caídos decerto tem coisas bem piores a fazer. Mesmo nos termos do meu romance, jamais soube a identidade do demônio. Duvido muito que seja Satã e não é de modo algum um dos*

espíritos dos mortos cuja identidade ele por vezes assume. Se eu tivesse que dar um palpite, diria que é Pazuzu, o demônio assírio do vento sudoeste.

Para a versão cinematográfica do romance, o diretor William Friedkin encomendou uma reprodução de três metros e meio do demônio, baseada na pequena estátua que se encontra em exposição no Museu do Louvre. Não apenas o Louvre, em Paris, como ainda o Museu Britânico, em Londres, possui em seu acervo assírio amuletos e estátuas de Pazuzu. A informação que acompanha a exposição nos dois museus, contudo, privilegia o caráter *protetor* do demônio. Em minha pesquisa de campo sobre O *Exorcista*, encontrei os seguintes textos, no Louvre e no Museu Britânico, respectivamente:

> O demônio Pazuzu era associado aos ventos maléficos, particularmente o vento oeste, vetor de pragas. Seu rosto aterrorizante e carrancudo e seu corpo escamoso repeliam as forças do mal e, em determinadas circunstâncias, a figura era considerada um espírito protetor. Pazuzu, um demônio do submundo infernal, tinha o poder de repelir outros demônios e era, portanto, invocado para fins benéficos, sobretudo para abolir a sua mulher Lamashtu de volta ao inferno. Lamashtu era uma demônia que atacava os homens para infectá-los com diversas doenças.

> Apesar de sua aparência assustadora, Pazuzu não era perigoso para os seres humanos e sim vital para a proteção contra as forças maléficas. Era particularmente eficaz no combate à demônia Lamashtu. Bastava deparar-se com ele para desencorajá-la a entrar em um cômodo e ferir uma mãe ou uma criança.

É curioso notar como, na transposição do mito para a literatura, Pazuzu assume exatamente as características do demônio que deve combater. Desde sua primeira manifestação, seu objetivo de ferir criança e mãe permanece o único fator que se mantém consonante, até o desfecho da narrativa.

O recurso utilizado por este Pazuzu ficcional — deslocado de sua potência magistral, do seu poder apotropaico e reduzido à um espírito implicante — é a crescente animalização do corpo de Regan, como forma de conspurcar a inocência da criança e causar uma perplexidade traumática na mãe (ver *Animalidade*).

Historicamente, contudo, Pazuzu foi um amuleto popular, utilizado para salvaguardar espaços domésticos de influências malignas e espantar outros demônios. "Mal contra o mal" — frase que ouvimos no prólogo de *O Exorcista* — de fato é uma ótima definição do seu papel. A maior parte das imagens do demônio encontradas em escavações traz apenas a sua cabeça, com orifícios ou elos, para ser usada como pingente. Mulheres, em especial grávidas ou lactantes, confiavam em Pazuzu para proteger seus bebês. No entanto, como adverte o professor Nils P. Heeßel, especialista em demonologia babilônico-assíria, pedir a intervenção protetiva do demônio podia custar caro, uma vez que o ele, ambivalente e imprevisível, podia direcionar sua ira para aqueles que o solicitavam. "A força destrutiva de Pazuzu pode se concentrar nas pessoas, e não nos seus adversários demoníacos [...] Sua invocação permanece um ato perigoso", conclui ele.

A figura de Pazuzu exibida no filme reprisa o gesto de Hermes, apontando para cima e para baixo ao mesmo tempo. Tal gesto sintetiza o conceito de reciprocidade de ações, aproximando polaridades em um reflexo especular que garante: nenhum fenômeno é isolado ou carece de complementação. O confronto com o lado sombrio pressupõe um afastamento das certezas racionais. No embate com o incontrolável e o incognoscível, a própria materialidade do mal é um convite à suspensão da descrença. Assim, Pazuzu, de forma paradoxal, desloca os personagens do conforto de suas céticas certezas, rumo a uma esperança de fé.

Regan MacNeil

Regan Teresa MacNeil é um dos personagens principais de *O Exorcista* e uma das criações ficcionais mais paradigmáticas da história cultural do horror. Filha da atriz Chris MacNeil, ela tem doze anos e, durante a trama, está morando em Washington D.C. com a mãe. Inicialmente, o drama de Regan parece ser o divórcio recente dos pais e uma certa disposição introspectiva e melancólica. Logo, acontecimentos misteriosos começam a afetar a menina e a própria casa e, após um longo e doloroso percurso em busca de um diagnóstico clínico, a conclusão é que Regan está possuída por forças diabólicas e precisa de um exorcismo. A possessão, que coincide com o ingresso da menina na puberdade, é simultaneamente pretexto e contexto para reflexões teológicas e estudos inesgotáveis sobre o feminino monstruoso nas narrativas de horror.

    A ambiguidade da personagem começa pelo nome. Em sua origem gaélica, Regan significa "rei" ou "filho do rei". Mas a escolha do nome em *O Exorcista* é mais artística do que etimológica; tanto Blatty quanto Chris a batizam como Regan em homenagem a William Shakespeare (ver *Rei Lear*). O nome duplo, Regan Teresa, reforça a natureza ambivalente da personagem. Enquanto *Regan* possui uma origem dramática, shakespeariana e ameaçadora, *Teresa* evoca nuances beatíficas, místicas e sacrificiais de pelo menos duas populares santas católicas. Assim, temos a combinação contrastante da realeza com a santidade, da arte com a religião e da dimensão terrorífica do feminino com sua face mais imaculada.

É particularmente interessante que Regan seja uma menina às portas da adolescência. Com sua protagonista pré-púbere sofrendo uma verdadeira metamorfose no corpo e na personalidade, *O Exorcista* dialoga com a tradição do horror de metaforizar em monstruosidade as fases liminares da vida — licantropia na puberdade, descontrole telecinético na menstruação, gestações diabólicas, psicopatia na menopausa e toda a fantasmagoria da velhice. Quando possuída pelo demônio, Regan encena de maneira hiperbólica a rebeldia da adolescência, especialmente nos moldes do que era percebido como transgressão na década de 1970 (ver *Watergate*). Ela ataca família, religião e ciência com igual desdém, direcionando golpes verbais e físicos contra a mãe, os padres e os médicos. E demonstra, com recorrente linguagem chula e gestos obscenos, uma fixação púbere com o sexo. A inesquecível cena na qual se masturba (na verdade, se *mutila*) com um crucifixo e esfrega o rosto da mãe em sua vagina ensanguentada permanece o auge definitivo do feminino monstruoso no cinema de horror: herético, incestuoso e sexualmente violento.

Ao mesmo tempo vítima, monstro e *final girl*, Regan é a imagem da pureza, a personificação do abjeto e exemplo de sobrevivência. Sua versão endiabrada repercute ainda hoje como contundente retrato de possessão demoníaca e, curiosamente, do próprio demônio. A confusão entre a personagem invadida e o seu invasor é tão grande que Regan, e não Pazuzu, ocupa a nona posição na lista de 100 maiores vilões cinematográficos de todos os tempos do AFI (American Film Institute).

Infante e arcaica, solar e sombria, indefesa e mortal, Regan agrega e sintetiza a obsessão de *O Exorcista* com contrastes. Seja no texto de Blatty, na tela de Friedkin ou na textura de Linda Blair, Regan se consagra uma esfinge mais inquietante — e poderosa — do que o demônio que ousa decifrá-la.

Rei Lear

Peça de teatro de William Shakespeare, de onde Chris MacNeil tira o nome para sua única filha, Regan. Na peça, Regan é uma das três filhas do personagem título, junto a Goneril e Cordélia.

A autora Barbara Creed, em seu estudo sobre monstruosidade feminina nas narrativas de horror, ressalta a escolha do nome como uma espécie de filiação literária macabra: "O elemento mais inquietante a respeito de Regan [MacNeil] é a sua xará, Regan, uma das filhas monstruosas do Rei Lear, descrita como 'mais afiada do que dente de serpente'". Questões — e tensões — filiais permeiam o enredo de O Exorcista. Primeiro, na relação de Regan com um pai bem-sucedido na ausência e uma mãe que se sente fracassada na presença. Depois, no remorso do padre Karras que, ao abraçar a Igreja, receia ter desamparado a mãe.

Uma curiosidade: no romance O Exorcista, a adaptação fílmica de Rei Lear (1971) é o álibi que Karl oferece à polícia, quando interrogado durante a investigação sobre a morte de Burke Dennings. A versão que Karl supostamente teria ido assistir no cinema na noite do crime, estrelada pelo ator Paul Scofield, conta em seu elenco com Jack MacGowran, intérprete de Burke Dennings em O Exorcista.

Ritalin®

Ritalin gently overcomes mild depression and the fatigue so often associated with it. This is one agent that really brightens mood and improves performance, helps restore alertness, enthusiasm, and drive. Patients often report that fatigue and worry seem to vanish; they are able to go all day without becoming tired.

Acts in minutes Unlike other antidepressants, Ritalin usually brings relief with the very first dose. Your patients need not wait days or even weeks to begin feeling better. Ritalin also . . .

Offers outstanding safety Unlike amphetamines, Ritalin rarely affects blood pressure or heart rate. It has not been associated with muscle tremors or urinary retention as have the potent MAO inhibitors or tricyclic compounds. And toxic or adverse effects on blood, urine, liver or kidney function are not to be anticipated. For these reasons, Ritalin . . .

Proves especially valuable for the elderly This time-tested agent is well tolerated, even by older patients. It rarely affects appetite or causes rebound depression.

Dosage *Oral:* Initially, two 10-mg. tablets in the morning, one at noon, and one more, if necessary, at 5:00 p.m. For maintenance, revise as needed.
Side-effects Nervousness or insomnia, if present, can be avoided by dosage-reduction or by omitting Ritalin in the afternoon. Reports note a few cases of anorexia, dizziness, headache, palpitations, drowsiness, skin rash, overt psychotic behavior and psychic dependency.
Cautions Not recommended for severe depressions, except in hospital under close supervision. Patients with agitation may react adversely. Use cautiously in the presence of marked anxiety or tension. Ritalin may potentiate the effect of pressor agents; exercise care in use with epinephrine, levarterenol, or angiotension amide. While oral Ritalin has little or no effect on normal blood pressure, use cautiously in patients who have hypertension.
Contraindications Glaucoma, epilepsy.
Supplied All forms contain methylphenidate hydrochloride. Tablets of 10 mg. (pale blue, scored); bottles of 100 and 500. Tablets of 20 mg. (peach, scored); bottles of 100 and 500. Ampoules of 20 mg. (lyophilized); boxes of 10 and 100.

Helps relieve chronic fatigue and apathy quickly

CIBA
DORVAL, QUEBEC

0062

Ritalina

Remédio para tratamento do transtorno de déficit de atenção e hiperatividade (TDAH) em crianças e adultos. Age como estimulante do sistema nervoso central, ajudando a aumentar a concentração e controlar a hiperatividade. A Ritalina funciona ao aumentar os níveis de certos neurotransmissores no cérebro, como a dopamina, que desempenham um papel crucial na regulação do foco e do comportamento. O uso inadequado, no entanto, pode causar inúmeros efeitos colaterais e provocar dependência. Apesar de ainda popular, a prescrição de Ritalina atualmente é vista com maior cautela e discernimento e seu uso, quando de fato necessário, deve ser conduzido sob supervisão médica.

Em *O Exorcista*, o médico que examina Regan em seus primeiros sintomas de possessão diagnostica "uma desordem neural" e receita dez miligramas de Ritalina duas vezes ao dia. Com exames, consultas médicas e prescrições de medicamentos controlados, a trama busca retardar o reconhecimento da possessão demoníaca. Os personagens só contemplam o sobrenatural após o esgotamento de possibilidades médicas e psiquiátricas, na ausência de um diagnóstico preciso do que desconfiam ser uma doença com características psicossomáticas. Mas, a despeito dos tratamentos, a infestação demoníaca recrudesce — e as doses do medicamento são insuficientes para conter a possessão. Por fim, a força coercitiva da manifestação diabólica obriga os médicos a reconhecerem a sua ignorância factual perante acontecimentos que evadem parâmetros dedutivos e lógicos. Ainda que convenções racionais estabeleçam a ciência como indicador de progresso, os médicos logo sugerem que Chris MacNeil procure um exorcista para tratar a filha (ver *Exorcistas*).

Sharon Spencer

Assistente pessoal de Chris e preceptora de Regan. Durante os acontecimentos em *O Exorcista*, Sharon está morando temporariamente em Washington para supervisionar a educação escolar da menina e manter os compromissos de Chris em ordem. Ainda que instalada em um hotel para ter mais privacidade com o seu namorado, Sharon passa a maior parte do tempo na casa das MacNeil, sobretudo durante a possessão de Regan.

A assistente combina a ascensão da consciência espiritual com a disciplina prática e eficiente da rotina. No livro, ela é descrita como "em busca da serenidade", explorando auto-hipnose, mantras budistas e meditação transcendental — e até mesmo o tabuleiro Ouija. É ela também quem, a despeito do ateísmo de Chris, conversa com Regan sobre Deus. A personagem funciona como ponto de equilíbrio entre ciência e religião, se mostrando igualmente preparada para aceitar a hipótese de uma lesão no lobo temporal ou de uma possessão demoníaca.

À medida que o quadro de Regan se agrava, é interessante notar que Sharon é uma das personagens mais expostas ao horror da possessão. Além de auxiliar na higiene e na limpeza, é ela quem aplica as injeções na menina e administra seus medicamentos.

Fora do cânone blattyano, a personagem ganha destaque em *O Exorcista II: O Herege*, continuação extraoficial da obra, novamente interpretada pela atriz Kitty Winn.

Spider Walk

Cena do filme na qual uma acrobática Regan desce as escadas contorcida como uma aranha. Cortada na versão do diretor em 1973, foi finalmente restaurada para *O Exorcista: A Versão que Você Nunca Viu* (2000). Friedkin alegou que o motivo pelo qual a cena foi cortada na primeira versão foi puramente técnico: os cabos que seguravam o corpo da atriz — a contorcionista Linda Hager, que serviu de dublê para Linda Blair nesta cena —, não puderam ser devidamente apagados na edição.

Em uma trama que muito se apoia na animalidade monstruosa como indicativo de manifestação demoníaca, o acréscimo de mais uma figuração bestial acentua de forma muito bem-sucedida os horrores da possessão (ver *Animalidade*). Em termos de simbolismo analítico, aranhas representam o feminino, a Mãe, a Sombra. Na leitura freudiana, porém, aparições oníricas de aranhas podem representar medo de uma mãe fálica, potente em ira e intenção. Nesse sentido, a imagem da criança/aranha que ameaça a mãe se torna ainda mais enigmática — e representa um poderoso reforço visual à paisagem arquetípica do filme.

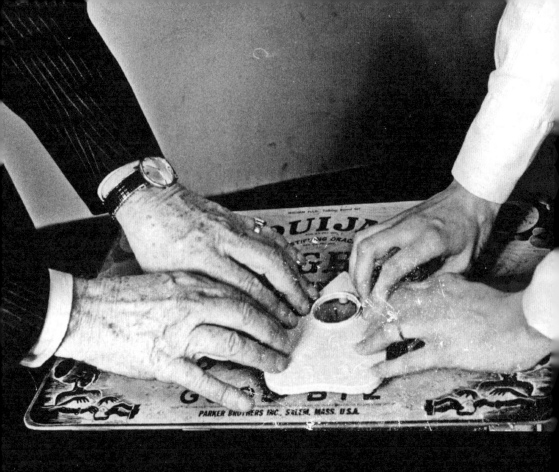

Tabuleiro Ouija

Tabuleiro que supostamente permite a comunicação com o mundo espiritual e cujo uso e eficácia permanecem controversos, entre religiosos e céticos, mesmo nos dias de hoje. Para alguns, trata-se de um entretenimento inofensivo; para outros, um perigoso portal capaz de atrair espíritos malignos e demônios. É composto por um tabuleiro com letras do alfabeto, números de 0 a 9, as palavras "sim", "não" e "adeus" e a prancheta, uma peça móvel sobre a qual os participantes devem colocar a ponta dos dedos indicadores. A intenção da prática é se comunicar com os espíritos por meio de perguntas feitas em voz alta, a serem respondidas pelos movimentos da prancheta. O tabuleiro desempenha um papel fundamental em *O Exorcista*: é por meio dele que Regan parece atrair a entidade maligna que acaba por possuí-la (ver *Capitão Howdy*).

O tabuleiro Ouija surgiu com a popularização da onda espiritualista europeia que atingiu fortemente os Estados Unidos no século XIX. No período oitocentista, as sessões espíritas estavam em voga e eram comuns em reuniões sociais nas quais o anfitrião oferecia aos convidados a oportunidade de participarem de uma experiência ao mesmo tempo excêntrica, divertida e metafísica. Com a invenção, patenteamento e comercialização do tabuleiro Ouija, a atividade se tornou mais difundida — e mais prática. Prescindindo da presença de médiuns, a Ouija prometia oferecer aos participantes um canal de comunicação mais ágil e direto com os espíritos. Em um momento histórico no qual as altas taxas de mortalidade tornavam inescapáveis as reflexões sobre o além, os tabuleiros estavam em plena consonância com a atmosfera de temor, fascínio e obsessão pela morte e pelos mortos.

No romance de William Peter Blatty, o tabuleiro tem um papel ainda mais significativo para o enredo do que no filme de William Friedkin. No livro, quem compra o tabuleiro é Chris, na tentativa de "revelar pistas ao seu subconsciente". Ela usa com Sharon e com Burke, que mexe a prancheta de propósito, com o intuito de formar apenas palavras obscenas (ver *Burke Dennings*). Para ela, portanto, é apenas uma ferramenta lúdica e inofensiva para explorar o inconsciente. Mas no livro Blatty inclui um personagem fascinante, a vidente Mary Jo Perrin, que a adverte sobre os perigos do Ouija. Mary Jo é uma das convidadas da festa de Chris, na qual Regan faz xixi no tapete vaticinando a morte do astronauta. Ao fim da festa, quando estão se despedindo, Chris pergunta se ela vê algum problema no uso frequente de Regan do tabuleiro e a vidente é categórica: "Eu não deixaria".

Os célebres investigadores paranormais Ed e Lorraine Warren ecoam a advertência da vidente católica ficcional no livro *Demonologistas*:

> *Essa é a forma mais comum pela qual espíritos negativos são atraídos. [...] O tabuleiro Ouija já provou ser uma famigerada chave mestra para o terror, mesmo quando a intenção da comunicação é de natureza absolutamente positiva [...] De todos os casos a que atendemos, quatro em cada dez envolvem indivíduos que contataram espíritos inumanos pelo uso de um tabuleiro Ouija. Fui uma das poucas pessoas que examinaram os registros oficiais do caso retratado no livro O Exorcista. Aquele caso que, a propósito, aconteceu a um garoto, não a uma garota — ocorreu em 1949 e, sabe como ele começou? Com o uso de um tabuleiro Ouija!*

Aos interessados em explorar mais a história e as curiosidades do tabuleiro, vale a pena conferir a pesquisa de Robert Murch. Autoridade mundial em Ouija, Murch é também colecionador, historiador, fundador e presidente *da Talking Board Historical Society*. Saiba mais em https://robertmurch.com/

Tubular Bells

Nome do álbum musical do inovador músico britânico Mike Oldfield, lançado em 1973, que compõe a trilha sonora de *O Exorcista*. O disco é composto por apenas duas faixas longas, cada uma com cerca de 20 minutos de duração. Oldfield, que na época da gravação tinha apenas 19 anos, tocou múltiplos instrumentos em ambas as faixas, incluindo guitarra elétrica e acústica, baixo, teclado, flauta, órgão e sinos tubulares — origem do título do disco.

Famosa como "a música de *O Exorcista*", Tubular Bells não foi a primeira opção do diretor William Friedkin. A ideia inicial era uma trilha composta para o filme e o convite foi para Bernard Herrmann, uma verdadeira lenda do cinema. "Ele foi a minha primeira e única escolha", relatou Friedkin em sua autobiografia. Herrmann é hoje mais lembrado por sua longa colaboração com o diretor Alfred Hitchcock — é dele, entre

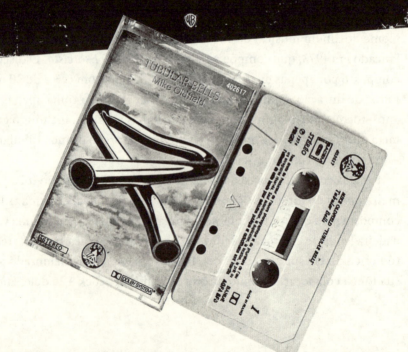

muitas outras, a imortal trilha de *Psicose* (*Psycho*) — mas para Friedkin, o compositor norte-americano seria sempre uma referência por ter assinado a trilha de *Cidadão Kane* (*Citizen Kane*), o filme que o inspiraria a se tornar diretor de cinema (ver *William Friedkin*).

O encontro com Herrmann, no entanto, foi um desastre. Friedkin levou uma cópia do filme pessoalmente para o compositor, que estava em Londres na época. Herrmann, que parecia desinteressado no material, aceitou com desdém e impôs duas condições: a remoção do prólogo no Iraque e uma "colaboração" sem troca ou conversa, na qual ele teria autonomia para compor a trilha e enviar o material pronto para Friedkin. Herrmann também sinalizou que gostaria de usar órgão de igreja, uma redundância pouco criativa que deixou o diretor perplexo.

Decepcionado com seu ídolo, Friedkin recorreu a Lalo Schifrin, cuja trilha para *Missão Impossível* (*Mission Impossible*) se tornaria uma das mais reconhecíveis do cinema. A ideia, contudo, foi desastrosa. "Eu sentia que a trilha de *O Exorcista* deveria ser atonal e minimalista, como o toque de uma mão gelada na nuca. Queria uma música de câmera abstrata, pois sentia que uma grande orquestra iria arruinar a intimidade do filme", explicou Friedkin. Quando Schifrin apresentou o trabalho pronto com uma "grande orquestra", foi o fim da parceria — e de uma amizade de dez anos.

Exausto, desesperançoso e com o estúdio nas suas costas, o diretor se deparou com o disco de Oldfield. Era *exatamente* o que ele imaginara para o filme. Ou, nas palavras de Friedkin, "uma dádiva dos deuses do cinema".

Graças ao filme, Tubular Bells se tornou uma referência para cinéfilos, um hino para os admiradores de *O Exorcista* e um imenso sucesso para a gravadora, se tornando o primeiro disco da Virgin Records a vender um milhão de cópias.

Original e singular, o disco rendeu a Oldfield o Grammy de Melhor Composição Instrumental em 1974.

Watergate

Escândalo político que abalou as estruturas de poder nos Estados Unidos na década de 1970, expondo a corrupção do Partido Republicano e as táticas fraudulentas e criminosas do então presidente Richard Nixon e sua equipe.

Tudo começou com uma invasão no Comitê Nacional Democrata, localizado no prestigiado complexo Watergate, em 1972. Executada para simular um roubo aleatório, na verdade foi orquestrada por membros da equipe de Nixon, em uma tentativa pífia de espionar os democratas (que eles já tinham grampeado) antes das eleições. Nixon, que encerrava o seu primeiro mandato na Casa Branca, era o favorito para vencer as eleições naquele ano, garantindo mais quatro anos no poder. Cinco meses depois da invasão em Watergate, ele de fato venceu as eleições presidenciais de lavada, derrotando o democrata George McGovern com ampla vantagem. O mandato, porém, seria curto — e culminaria em um dos fracassos mais retumbantes da política moderna dos Estados Unidos.

As notícias da invasão em Watergate logo atraíram a atenção da imprensa, sobretudo a de Bob Woodward e Carl Bernstein, dois jovens repórteres do *The Washington Post*. Auxiliada por um informante misterioso — que apelidaram jocosamente de Garganta Profunda, fazendo referência ao filme pornô com Linda Lovelace —, a investigação jornalística de Woodward e Bernstein acabaria por revelar um escândalo de escopo muito maior do que o inicialmente noticiado, que implicava diversas esferas do poder e sugeria o envolvimento direto do presidente. Em 1974, para evitar o *impeachment*, Nixon deixou a presidência, tornando-se o primeiro presidente norte-americano a renunciar ao cargo.

O Exorcista começou suas filmagens em 14 de agosto de 1972, apenas dois meses após a invasão na sede do Partido Democrata, e as estendeu até 1973. Em sua autobiografia, a atriz Ellen Burstyn comenta a sincronicidade: "Durante as filmagens, todos os dias líamos nos jornais sobre a invasão no QG dos Democratas, as revelações do Garganta Profunda e a implosão do governo Nixon".

A adaptação cinematográfica de *O Exorcista* de fato atingiu um ponto nevrálgico do corpo político do país. Sua narrativa de mergulho nas trevas e redenção na luz, na qual dois protagonistas literalmente exorcizam o mal que invadiu Washington, oferecia a promessa de paz e restituição da ordem que a nação estava precisando. Era como se o público que esperava até sete horas no frio e na neve para assistir ao filme, estivesse de fato indo "ver o exorcista". Era catarse e esperança de cura.

O próprio William Friedkin declarou que, na era Watergate, a indistinta ameaça que rondava os personagens de *O Exorcista* não era exclusivamente ficcional: "Havia algo à espreita, cercando todos nós" (ver *Zeitgeist*).

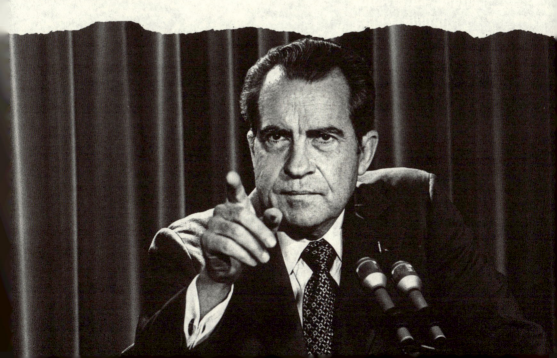

Friedkin não via O Exorcista como um filme de horror. Em uma entrevista, definiu a obra como "um filme realista sobre acontecimentos inexplicáveis"

William Friedkin

Diretor de *O Exorcista*, nascido em Chicago em 1935 e que faleceu em agosto de 2023, aos 87 anos. Conhecido por seu estilo documental, realista e tecnicamente desafiador, Friedkin foi um dos mais enérgicos *enfant terribles* do cinema norte-americano.

Filho de imigrantes judeus, cresceu sem irmãos, com a mãe enfermeira e o pai vendedor. A constante ausência do pai o tornou bem próximo da mãe, a quem ele adorava. Sua infância e juventude foram marcadas pela pobreza e pela violência do bairro. "Foi um milagre eu não ter ido parar na cadeia ou nas ruas, como aconteceu com muitos amigos meus", concluiu ele em sua autobiografia. Sem dinheiro para faculdade e sem grandes perspectivas, Friedkin parecia destinado a uma vida à deriva. Até que uma namorada o levou a assistir *Cidadão Kane* (*Citizen Kane*, 1941) no cinema... "Eu não sei o que é isso, mas é isso que eu quero fazer", descobriu ele. Daquele dia em diante, seguindo os passos de seu ídolo Orson Welles, William Friedkin começou a sua jornada na história do cinema.

Contemporâneo de Francis Ford Coppola e Peter Bogdanovich, começou a carreira nas ondas do Cinema Novo nos Estados Unidos, privilegiando um trabalho mais conceitual e engajado. Depois de alguns fracassos, conquistou apreço com o tocante *Os Rapazes da Banda* (*The Boys in The Band*, 1970), mas cismou que estava indo por um caminho perigoso: o de cineasta *intelectual*. Disposto a um *rebranding* radical, ressurgiu com estardalhaço, emplacando dois filmes extraordinários nos dois anos seguintes. Seu primeiro longa a conquistar crítica e público foi *Operação França* (*The French Connection*), indicado a oito estatuetas do Oscar em 1972, das quais arrebatou cinco — incluindo Melhor Filme e Melhor Diretor. No mesmo ano, começou a dirigir *O Exorcista*, filme pelo qual seria lembrado — e, mais importante, *amado* — ao longo de toda sua carreira.

Depois de uma breve experimentação com um cinema mais artístico, decidiu que não queria fazer "filme cabeça" e direcionou a carreira para empreendimentos mais comerciais. Seus filmes, no entanto, foram inegavelmente autorais, e seu estilo em nada se encaixava ao tradicionalismo do *mainstream*.

Famoso por belas cenas em celuloide e boas brigas no *set*, foi um diretor minucioso, mas também irascível e temperamental. "Todos os meus filmes, peças e óperas foram marcados por conflitos [...] O denominador comum de todos eles sou eu, então...", confessou ele em sua autobiografia. De fato, as histórias do comportamento errático (e autocrático) do diretor são lendárias. Atores, equipe técnica e produtores concordavam que Friedkin era brilhante e obsessivamente dedicado ao trabalho — mas quase todos tinham pelo menos um episódio bizarro para contar depois da experiência.

Em *O Exorcista*, não foi diferente. A filmagem demorou muito mais tempo do que o previsto e custou infinitamente mais do que o planejado. Lidando com contratempos na produção (ver *Maldição do Exorcista*) e com as pressões do estúdio, Friedkin não apenas perdeu a paciência, como ainda *testou* a paciência de todos ao seu redor. Ele disparava armas de fogo no *set*, colocava música nas alturas, repetia zilhões de vezes uma mesma cena e, em dois episódios que ficaram célebres, esbofeteou o padre William O'Malley para conseguir a reação que queria na câmera, além de ter sido responsável por um acidente que renderia um problema crônico de coluna para Ellen Burstyn. Sempre obcecado pela credibilidade dos atores, passava dos limites quando sentia que podia extrair um pouco mais de realismo em uma cena. Quando Burstyn comentou que um dos técnicos estava a puxando com muita força na cena em que Regan a derruba com um tapa, Friedkin incentivou o sujeito a puxá-la *ainda mais*. O resultado foi uma queda violenta e um grito real de dor — que ele, obviamente, aproveitou no filme. "Ele sempre foi maravilhoso comigo, exceto quando arruinou minha coluna para sempre", declarou anos depois a atriz que, a despeito do trauma, se tornou amiga do cineasta.

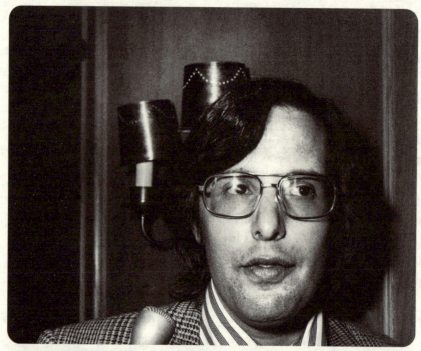
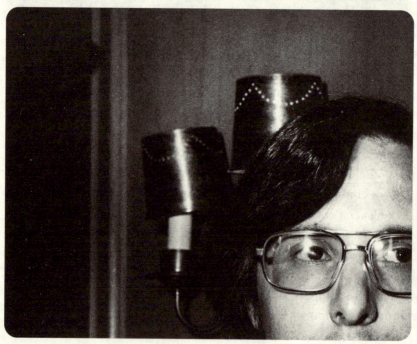

A relação com William Peter Blatty também começou de forma violentamente sincera. Ao ler um roteiro do escritor, ele comentou: "É a maior merda que já li em minha vida". Blatty não só achou graça, como admirou a coragem e a sinceridade de Friedkin. Anos mais tarde, depois de vários diretores recusarem O Exorcista, ele se lembrou do estilo direto de Friedkin e mandou o romance para ele. O diretor se apaixonou pelo material. Foi o começo de uma relação artística altamente produtiva, que se sedimentou em um genuíno e duradouro elo de amizade e em admiração mútua.

Friedkin não via O Exorcista como um filme de horror. Em uma entrevista, definiu a obra como "um filme realista sobre acontecimentos inexplicáveis". Não se identificando com nenhuma crença ou religião, seu interesse pela história era menos do ponto de vista teológico e mais do narrativo. Ao contrário do autor William Peter Blatty, que apreciava investigar a fundo os meandros emocionais, filosóficos e psicológicos dos personagens, Friedkin privilegiava a imagem em seu caráter mais cru e objetivo. Ele tinha pavor de diálogos muito explicadinhos ou de qualquer estratégia didática que apagasse as ambiguidades do roteiro. Em um aspecto, no entanto, os dois concordavam: O Exorcista era sobre transcendência.

A discordância de abordagem entre os dois Williams (o autor Blatty e o diretor Friedkin) possivelmente foi o que tornou o filme uma obra tão grandiosa. Do mesmo modo que O Exorcista precisou do lirismo, da sensibilidade e da profundidade de Blatty, requereu em igual medida da precisão técnica, do pragmatismo e da artesania cinematográfica de Friedkin. "Nas mãos de qualquer outro diretor em Hollywood, O Exorcista poderia ter facilmente descambado para uma comédia involuntária", reconheceu Blatty.

Friedkin certa vez declarou ter "o dedo no pulso da América". A arte é coração, mas é preciso um toque firme para medir seus batimentos cardíacos. Blatty soube disso antes mesmo de o filme estar pronto. Nós, aprendemos com O Exorcista de William Friedkin.

Foi a combinação de intuição materna com confiança nos desígnios divinos que levou Mary a acreditar em um destino extraordinário para seu pequeno William

William Peter Blatty

Escritor, roteirista, produtor e diretor norte-americano, nasceu em Nova York em 1928 e morreu aos 89 anos, em 2017. Embora o senso de humor brincalhão fosse um de seus traços mais marcantes, na vida e na escrita, ficou célebre por seu romance *O Exorcista*, uma das obras de horror mais inquietantes do século XX.

Filho de libaneses, foi abandonado pelo pai quando tinha apenas 3 anos de idade e criado em Nova York pela mãe que, para sobreviver, vendia compotas de geleia na rua. Caçula de cinco filhos, era o mais próximo de sua mãe, que nutria por ele um carinho especial. Ela o chamava de *Il Waheed* que, em árabe, significa *O Escolhido*. Mary Mouakad de fato acreditava que o filho estava destinado à grandeza. E fé era um dos traços mais fortes de sua natureza: assim como seus ancestrais, Mary era profundamente religiosa, e sedimentou em Blatty uma sólida devoção ao catolicismo.

Foi a combinação de intuição materna com confiança nos desígnios divinos que levou Mary a crer em um destino extraordinário para seu pequeno William. Ela sonhava, por exemplo, em ver o filho estudando na prestigiada Universidade de Georgetown. Sem dinheiro para pagar os alugueis, a família levava uma vida de penúria, se mudando constantemente. Blatty trabalhava como sorveteiro quando surgiu a oportunidade de fazer uma prova para a sonhada universidade. A instituição concedia apenas uma bolsa integral por ano, baseada no resultado de maior excelência a ser obtido em uma prova que durava sete longas e massacrantes horas. Nem ele próprio estava convencido de que sua sapiência seria o suficiente para aquele imenso desafio. Mas sua mãe seguiu confiante, certa de que o filho estava fadado a seguir os passos dos heróis bíblicos que, a despeito de sua aparente fraqueza, são capazes de feitos improváveis e vitórias gloriosas. William Friedkin, o premiado cineasta que se tornou parceiro profissional e amigo de Blatty ao assumir a direção

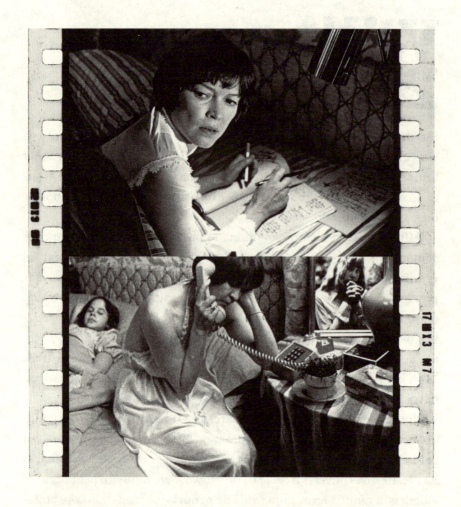

da versão cinematográfica de *O Exorcista*, relata em sua autobiografia: "Bill saiu da prova convencido de que tinha fracassado. [...] No verão, estava trabalhando como garçom quando recebeu uma ligação da universidade. Ele ganhou a bolsa".

Georgetown haveria de se tornar um dos locais mais significativos da vida de Blatty (ver *Fé* e *Georgetown*). A universidade foi sua primeira moradia fixa e os jesuítas, suas ansiadas figuras paternas. Encantado com as perspectivas que se abriam em seu horizonte, dedicou-se aos estudos e tomou como norte os professores que, além de balizas morais

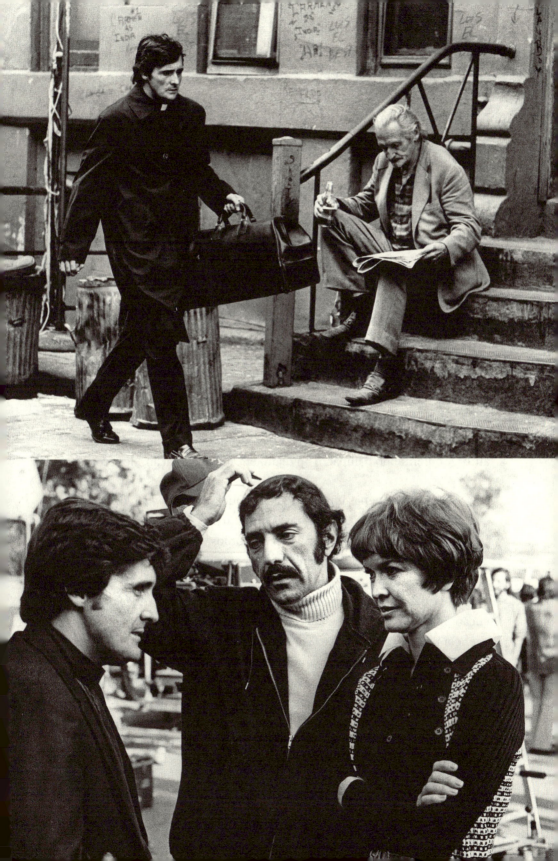

e éticas, se tornaram para Blatty exemplos de sabedoria e discernimento. Na seção de agradecimentos de O Exorcista, ele agradece aos padres que o educaram, afirmando que foram eles que "o ensinaram a pensar".

A importância biográfica de Georgetown está profundamente entretecida à gênese de O Exorcista. Não apenas pelo recrudescimento da fé do autor, mas pela ideia que, décadas mais tarde, se tornaria a premissa do romance que o elevaria ao patamar dos sonhos de sua mãe. Blatty estava se formando em Literatura e Filosofia Escolástica quando ouviu pela primeira vez a história assombrosa de um menino de 14 anos que, supostamente, teria sido vítima de uma possessão demoníaca. O misterioso caso — um dos únicos três anunciados pela Igreja Católica nos Estados Unidos do século XXI — culminou em um exorcismo.

A história foi comentada em sala de aula pelo padre Eugene B. Gallagher, chamando a atenção imediata de seu jovem aluno que, na época, cursava uma disciplina sobre o Novo Testamento. Blatty ficou fascinado com a perspectiva de uma confirmação empírica de possessão demoníaca — e ao seu alcance. A ideia de que houvesse prova da existência do demônio e, consequentemente, de Deus, acendeu o interesse do futuro autor. Comentando o impacto do relato em sua imaginação, ele recorda:

> Não fiquei apenas impressionado: fiquei *entusiasmado*. Ali estava, afinal, na minha cidade, nos tempos atuais, a evidência tangível da transcendência. Se existiam demônios, decerto existiam anjos e, possivelmente, também Deus e a vida eterna.

Duas décadas se passaram desde o surgimento da ideia até a sua execução. Blatty se formou, se alistou na Força Aérea, ingressou em uma agência internacional de informações e trabalhou por um tempo em Beirute, reencontrando-se com a Líbano de seus ancestrais. De volta aos Estados Unidos, começou a escrever e descobriu o talento que haveria de ser seu ganha-pão: a comédia. Durante anos, destacou-se por seu dom para comicidade e seus textos, repletos de tiradas espirituosas, acabaram o conduzindo para o cinema. Entre livros de sucesso e roteiros elogiados, firmou-se como referência no humor.

Em 1969, porém, a vida pessoal de Blatty não estava para comédia. Ainda mergulhado no luto pela morte de sua mãe, atravessou um divórcio doloroso. Foi então que decidiu regressar à ideia de uma história sobre possessão demoníaca e fazer um livro "sério": "Foi assim que me ocorreu, muito tempo depois [...] que aquele caso de possessão, que acendera minhas esperanças em 1949, era um tema e tanto para um romance", declarou ele. Com a bênção (e as advertências) dos padres jesuítas, Blatty avançou na escrita com diligência e esmero. Logo o romance ganhou corpo, alma e, ainda mais importante, coração.

O Exorcista foi um fenômeno quando publicado, vendendo treze milhões de cópias e encabeçando por meses a lista do *New York Times* dos livros mais vendidos do país. A escrita de Blatty foi comparada à de Edgar Allan Poe e Mary Shelley. Logo, os direitos foram negociados para uma adaptação cinematográfica. O filme haveria de repetir — e expandir — o sucesso do romance. Assinando a produção e o roteiro do longa, Blatty foi aclamado pela crítica, recebendo o Oscar de Melhor Roteiro e o Globo de Ouro.

O amigo William Friedkin relatou em sua autobiografia um detalhe comovente: O escritor guardava duas fotos quase idênticas de um cinema em Nova York. Na primeira, se vê a mãe dele, Mary, pedindo esmola na esquina. Na segunda, o letreiro do cinema anuncia em letras chamativas: O EXORCISTA, DE WILLIAM PETER BLATTY.

Nos anos seguintes, Blatty escreveu mais uma dezena de livros e dirigiu dois filmes, entre eles *Legião*, a continuação de *O Exorcista*. Na literatura e no cinema, sua história poderosa de luta entre forças das trevas e prevalência de atos de bondade inaugurou uma nova tradição no horror. O sucesso de *O Exorcista* atravessou décadas e se manteve incólume (ou, melhor ainda, *imaculado*) até os dias de hoje. Seu grande feito ainda causa reverência e perplexidade para muitos.

Para Mary, contudo, não seria surpresa alguma.

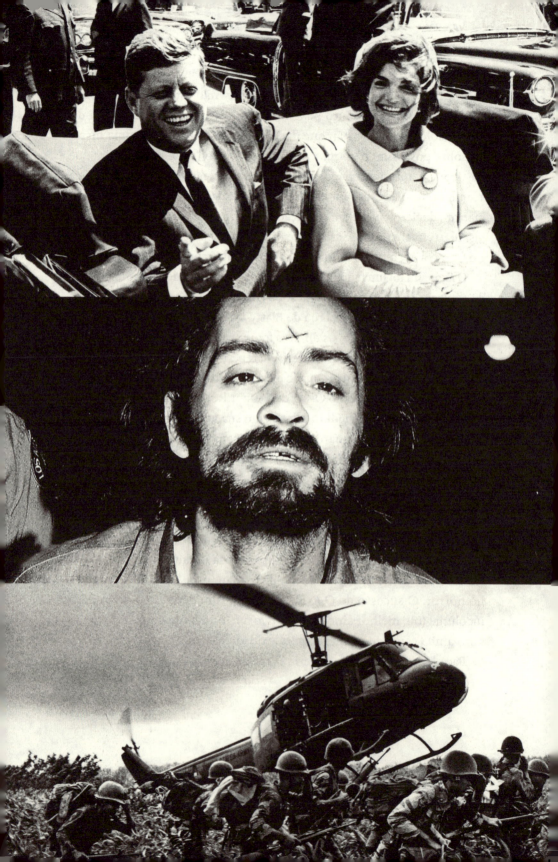

Zeitgeist

Escrito por William Peter Blatty em 1969, *O Exorcista* vibra na frequência do Juízo Final que caracterizou o período de sua concepção. O final dos anos 1960 trouxera inquietude, desamparo e uma polarização antagônica que parecia irremediável. Políticas externas equivocadas esgarçaram o tecido delicado da confiança do povo no governo e deram origem a duas reações distintas: conformismo resignado em uns e repúdio engajado em outros. O fosso aberto pelo confronto geracional criara dois universos incomunicáveis. O país parecia fragmentado e o único ponto de contato entre velhos e jovens, pais e filhos, republicanos e democratas era o medo. Na esteira dos acontecimentos que macularam a inocência do povo naquele decênio, duas noções perturbadoras assombravam o sonho americano: a de que Deus estava morto e a de que o demônio havia encontrado morada definitiva no caos que se tornaram os Estados Unidos.

Os anos 1960 e 1970 foram particularmente turbulentos para os norte-americanos. Assassinatos políticos, a Guerra do Vietnã, os conflitos contra o movimento em prol dos direitos civis, a crise econômica do embargo de petróleo, os assassinatos da "família" Manson e, finalmente, o escândalo conhecido como Watergate, que acompanhou o apogeu e a queda dos republicanos com a reeleição e posterior renúncia do presidente Richard Nixon, em 1974 (ver *Watergate*). Como toda obra de arte, *O Exorcista* foi construído com a argamassa cultural que moldava o país na época e arquitetado dentro dos parâmetros do *Zeitgeist*, o espírito do

Blatty, Blair e von Sydow celebrando as vitórias do filme na premiação do Globo de Ouro, em 1974

tempo. Embora o prólogo no Iraque insira a trama dentro de um escopo mais amplo e ancestral — uma vez que a luta do bem contra o mal desafia limites geográficos e temporais — o espetáculo da possessão se dá em Washington, capital e coração político dos Estados Unidos.

Ao mesmo tempo perturbador e reconfortante, *O Exorcista* seduziu público e crítica, entrando para a história como o primeiro filme de horror a ser indicado para o prêmio de Melhor Filme da Academia. A obra recebeu, no total, dez indicações ao Oscar — incluindo as categorias principais, como Melhor Filme, Melhor Diretor, Melhor Atriz, Melhor Atriz Coadjuvante, Melhor Ator Coadjuvante e Melhor Roteiro (de autoria do próprio Blatty, vencedor do Oscar e do Globo de Ouro). Um *tour* pela literatura teórica de horror contextualiza a dimensão da obra na cartografia do gênero. Para David Skal, "*O Exorcista* foi um dos maiores estímulos para o gênero do horror desde os dias de Drácula e Frankenstein". Para W. Scott Poole, trata-se de "o filme de horror mais significativo da história do cinema". Para Wheeler Winston Dixon, a obra "foi absurdamente bem-sucedida e controversa, reacendendo um debate público não somente sobre o gênero, mas sobre a natureza do bem e do mal". Kenneth Muir resume: "*O Exorcista* talvez seja o filme que mudou o cinema de horror para sempre".

Uma explicação possível para o sucesso arrebatador de *O Exorcista* foi uma mescla de tema com *timing*: enfrentando uma crise generalizada, o país ansiava por uma narrativa que combinasse horror sem precedentes com divina redenção, submetendo os espectadores a um pesadelo que culminava, contudo, na restauração da ordem. Os assassinatos políticos tinham abalado a crença norte-americana na inviolabilidade da segurança nacional e na indestrutibilidade de seus líderes. O horror da vida real, em sua faceta mais violenta, alimentava manchetes de jornais e noticiários televisivos, tornando-se parte do cotidiano. Havia, portanto, uma gratificação em ver a ordem sendo reestabelecida e o diabo sendo escorraçado com a cauda entre as pernas.

O escritor Stephen King definiu *O Exorcista* como "um fenômeno social", concluindo que o próprio país ficou "possuído" pelo filme. Na época, o conflito geracional rasgava abismos entre o eleitorado maduro de Richard Nixon, a chamada "maioria silenciosa", e os ruidosos jovens que se revoltavam contra as arbitrariedades de um sistema que denunciavam como perverso. Para o autor Nicholas Cull: "*O Exorcista* encontrou o país dividido como jamais estivera antes em termos geracionais. O mundo dos jovens, cuja linguagem e cultura desafiavam abertamente o passado, era um enigma para os americanos mais velhos. [...] A transformação de menina em um monstro possuído pelo demônio explicitava o medo crescente dos Estados Unidos perante seus jovens".

A frase de Chris MacNeil, "Aquela coisa lá em cima não é a minha filha!", ecoou com retumbante potência nos lares norte-americanos, onde o comportamento dos filhos causava perplexidade nos pais. O autor David J. Skal concluiu que *O Exorcista* se tornou "um ritual cultural amplamente divulgado não de exorcismo do demônio, mas dos confusos sentimentos parentais de culpa e responsabilidade na era do Vietnã quando — sob uma perspectiva conservadora — a garotada desbocada

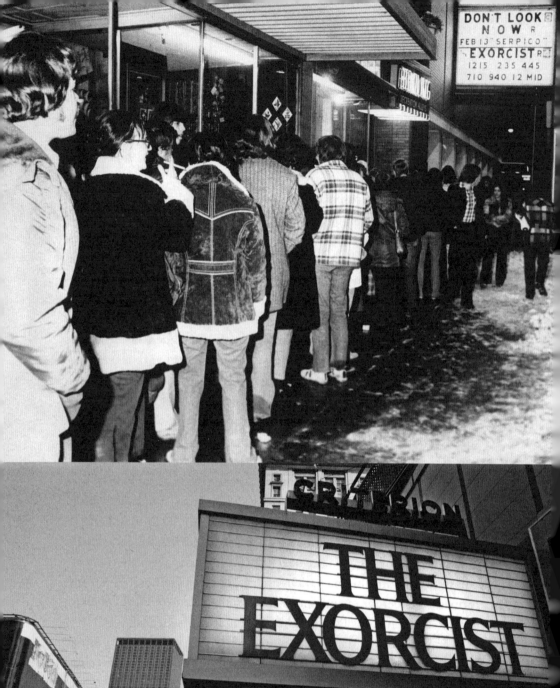

estava tomando drogas que afetavam a personalidade e agindo de forma agressiva. Em suma, tornando a vida dos adultos bastante desagradável". Stephen King, em seu livro aula *Dança Macabra*, reforça a afirmação: "Foi um filme para todos aqueles pais que sentiram, numa espécie de terror e agonia, que estavam perdendo seus filhos e não conseguiam entender por que ou como isso estava acontecendo".

O viés sócio-político supostamente entretecido na trama incomodava William Peter Blatty. O autor via *O Exorcista* como "um trabalho apostólico" (ver *Fé*), e qualquer discussão que se afastasse da temática religiosa para ele deturpava uma mensagem que percebia como óbvia: "Li teorias ridículas, até mesmo de críticos que respeito, sobre como o romance simboliza a rebeldia adolescente e essas bobajadas sociológicas [...] Não há mensagem oculta. O livro é o que é, e comunica o que queria que fosse comunicado".

Menos missionário e mais metalúrgico, William Friedkin também não gostava de intelectualizar a arte, mas sabia que quanto mais a crítica e o público se conectassem com *O Exorcista* enquanto material, mais duradouro seria o impacto do filme. O diretor reconhecia o potencial da obra de funcionar tanto como um cadinho para os flamejantes metais dos anos 1970, como, em retrospecto, ser interpretado como um produto visionário: "Creio que a maior parte do nosso entretenimento atualmente é resultado de um colapso nervoso nacional após os três assassinatos e a Guerra do Vietnã. E acho que estamos convalescendo de outra convulsão com o governo Nixon. *O Exorcista* tem muito a dizer para as gerações futuras, nem que sirva apenas enquanto contexto histórico", profetizou ele.

OBRAS CITADAS

BISKIND, Peter. *Easy Riders, Raging Bulls: How the Sex-Drugs-and-Rock ´n´ Roll Generation Saved Hollywood*. New York: Simon & Schuster, 1998.

BLATTY, William Peter. *The Exorcist: 40th Anniversary Edition*. New York: Harper Collins, 2011.

_____. *The Exorcist* – the script. London: Faber and Faber, 2000.

BRIGHT, Michael. *Beasts of The Field: The Revealing Natural History of Animals in the Bible*. London: Robson Books, 2006.

BOZZUTO, James. "Cinematic neurosis following 'The Exorcist'. Report of four cases". Journal of Nervous and Mental Disorders. 161.1 (1975): 43–48.

BURSTYN, Ellen. *Lessons in Becoming Myself*. New York: Penguin Books, 2006.

COOK, David A. *History of the American Cinema: Lost Illusions* (1970 to 1979). California: University of California Press, 2000.

CREED, Barbara. *The Monstrous Feminine: Film, Feminism, Psychoanalysis*. New York: Routledge, 1992.

DERRY, Charles. *Dark Dreams 2.0. – A Psychological History of the Modern Horror Film from the 1950s to the 21st Century*. North Carolina: McFarland 7 company, Inc., Publishers, 2009.

DIXON, Wheeler Winston. *A History of Horror*. New Jersey: Rutgers UP, 2010.

FRIEDKIN, William. *The Friedkin Connection: A Memoir*. New York: Harper Collins, 2013.

GRANT, Barry Keith e SHARRETT, Christopher. *Planks of Reason: Essays on the Horror Film*. Maryland: Scarecrow Press, Inc., 2004.

IACCINO, James F. *Psychological Reflections on Cinematic Terror: Jungian Archetypes in Horror Films*. Westport: Praeger, 1994

KING, Stephen. *Dança Macabra*. Rio de Janeiro: Objetiva, 1981.

LINK, Luther. *The Devil: A Mask Without a Face*. London: Reaktion Books, 1995.

MADDREY, Joseph. *Nightmares in Red, White and Blue: The Evolution of the American Horror Film*. North Carolina: McFarland & Company, 2004.

MUIR, John Kenneth. *Horror Films of the 1970's*. North Carolina: McFarland & Company, 2002.

OLSON, Danel. *The Exorcist: Studies in the Horror Film*. Colorado: Centipede Press, 2012.

PERLSTEIN, Rick. *The Invisible Bridge: The Fall of Nixon and the Rise of Reagan*. New York: Simon & Schuster, 2014.

POOLE, W. Scott. *Satan in America – The Devil We Know*. Maryland: Rowman & Littlefield, 2009.

SKAL, David J.. *The Monster Show: A Cultural History of Horror*. New York: Faber & Faber, 2001.

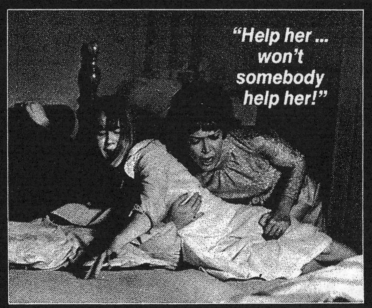

CRÉDITOS
O EXORCISTA
Estados Unidos/1973

ESTÚDIOS ENVOLVIDOS
WARNER BROS. INC/HOYA PRODUCTIONS INC
A WILLIAM FRIEDKIN FILM

PRODUÇÃO EXECUTIVA
NOEL MARSHALL

TÉCNICO DE ILUMINAÇÃO
DICK QUINLAN

PRODUÇÃO
WILLIAM PETER BLATTY

CONSULTOR DE COLORIZAÇÃO
ROBERT M. MCMILLAN

PRODUTOR ASSOCIADO
DAVID SALVEN

SUPERVISÃO DE EDIÇÃO
JORDAN LEONDOPOULOS

ESCRITÓRIO DE COORD. DE PRODUÇÃO
ANNE MOONEY

EDIÇÃO
EVAN LOTTMAN
NORMAN GAY

ASSISTENTE ADMINISTRATIVO
ALBERT SHAPIRO

ASSISTENTES DE EDIÇÃO
MICHAEL GOLDMAN
CRAIG MCKAY
JONATHAN PONTELL

ELENCO
NESSA HYAMS
JULIET TAYLOR
LOUIS DIGIAIMO

DESIGN DE PRODUÇÃO
BILL MALLEY

SUPERVISOR DE ROTEIRO
NICK SGARRO

ASSISTENTE DE DIREÇÃO DE ARTE
CHARLES BAILEY

DIREÇÃO
WILLIAM FRIEDKIN

CENOGRAFIA
JERRY WUNDERLICH

PRIMEIRO ASSISTENTE DE DIREÇÃO
TERENCE A. DONNELLY

CENÁRIOS
EDDIE GARZERO

SEGUNDO ASSISTENTE DE DIREÇÃO
ALAN GREEN

ADERECISTA
JOE CARACCIOLO

ROTEIRO
WILLIAM PETER BLATTY, BASEADO EM SEU ROMANCE

EFEITOS ESPECIAIS
MARCEL VERCOUTERE

DIREÇÃO DE FOTOGRAFIA
OWEN ROIZMAN

EFEITOS VISUAIS
MARV YSTROM

MAQUINISTA
EDDIE QUINN

FIGURINO
JOE FRETWELL

FIGURINO FEMININO **FLORENCE FOY**	MIXAGEM DE ÁUDIO **BUZZ KNUDSON**
FIGURINO MASCULINO **BILL BEATTIE**	EFEITOS SONOROS **RON NAGLE** **DOC SIEGEL**
MAQUIADOR **DICK SMITH**	**GONZALO GAVIRA** **BOB FINE**
CABELO **BILL FARLEY**	EDIÇÃO DE EFEITOS SONOROS **FRED BROWN** **ROSS TAYLOR**
DESIGN DE JOIAS **ALDO CIPULLO PARA CARTIER, NOVA YORK**	CONSULTOR DE SOM **HAL LANDAKER**
PERUCAS **REVILLON**	AGENTE DE DIVULGAÇÃO **HOWARD NEWMAN**
DESIGN DE TÍTULO **DAN PERRI**	FOTÓGRAFO DE DIVULGAÇÃO **JOSH WEINER**
MÚSICA "KANON FOR ORCHESTRA", "TAPE CELLO CONCERTO", "STRING QUARTET (1960)", "POLYMORPHIA", "THE DEVILS OF LOUDUN" POR KRZYSZTOF PENDERECKI; "FANTASIA FOR STRINGS" POR HANS WERNER HENZE; "THRENODY 1: NIGHT OF THE ELECTRIC INSECTS" POR GEORGE CRUMB; "FLIESSEND, AUSSERST ZART" EXTRAÍDA DE "FIVE PIECES FOR ORCHESTRA, OP. 10" POR ANTON WEBERN; "FROM THE WIND HARP" POR BEGINNINGS; "TUBULAR BELLS" POR MIKE OLDFIELD; "STUDY NO. 1", "STUDY NO. 2" POR DAVID BORDEN	CONSELHEIROS TÉCNICOS **REVERENDO JOHN NICOLA, S.J.** **REVERENDO THOMAS BERMINGHAM S.J.** **REVERENDO WILLIAM O'MALLEY, S.J.** **NORMAN E. CHASE, MÉDICO** **HERBERT E. WALKER, MÉDICO** **ARTHUR I. SNYDER, MÉDICO** SEQUÊNCIAS NO IRAQUE: DIREÇÃO DE FOTOGRAFIA **BILLY WILLIAMS** GERENTE DE PRODUÇÃO **WILLIAM KAPLAN**
MÚSICA ADICIONAL **JACK NITZSCHE**	SOM **JEAN-LOUIS DUCARME**
EDIÇÃO DE MÚSICA **GENE MARKS**	EDIÇÃO **BUD SMITH**
SOM **CHRIS NEWMAN**	ASSISTENTES DE EDIÇÃO **ROSS LEVY**

ELENCO:

ELLEN BURSTYN
COMO CHRIS MACNEIL

ROBERT SYMONDS
COMO DR. TANNEY

MAX VON SYDOW
COMO PADRE MERRIN, S.J.

ARTHUR STORCH
COMO O PSIQUIATRA

LEE J. COBB
COMO TENENTE
WILLIAM KINDERMAN

REVERENDO THOMAS
BERMINGHAM, S.J.
COMO O REITOR DA UNIVERSIDADE

KITTY WINN
COMO SHARON SPENCER

VASILIKI MALIAROS
COMO A MÃE DE KARRAS

JACK MACGOWRAN
COMO BURKE DENNINGS

TITOS VANDIS
COMO O TIO DE KARRAS

JASON MILLER
COMO PADRE DAMIEN KARRAS, S.J.

WALLACE ROONEY
COMO O BISPO

LINDA BLAIR
COMO REGAN MACNEIL

RON FABER
COMO O ASSISTENTE DE DIREÇÃO

REVERENDO WILLIAM
O'MALLEY, S.J.
COMO PADRE DYER, S.J.

DONNA MITCHELL
COMO MARY JO PERRIN

ROY COOPER
COMO O DECANO JESUÍTA

BARTON HEYMAN
COMO DR. KLEIN

ROBERT GERRINGER
COMO O SENADOR

PETE MASTERSON
COMO O DIRETOR CLÍNICO

MERCEDES MCCAMBRIDGE
COMO A VOZ DO DEMÔNIO

RUDOLF SCHUNDLER
COMO KARL

122 MINUTOS
10.949 PÉS
A CORES
METROCOLOR

GINA PETRUSHKA
COMO WILLIE

O EXORCISTA
A VERSÃO QUE VOCÊ NUNCA VIU

CENAS ADICIONAIS &
REMASTERIZAÇÃO DIGITAL
©2000 WARNER BROS.

EFEITOS VISUAIS ADICIONAIS
PACIFIC TITLE/COLOUR
TIMER/ TERRY HAGGAR

EDIÇÃO
AUGIE HESS

ASSISTENTE DE EDIÇÃO
DARRIN NAVARRO

CORTE DE NEGATIVO
RAY SABO

TRILHA SONORA
"QUIET VILLAGE"
POR LES BAXTER

EDIÇÃO DE MÚSICA
ROBERT GARRETT

DESIGN DE SOM E MÚSICA
STEVE BOEDDEKER

MIXAGEM DE ÁUDIO RECUPERADO
MICHAEL MINKLER
GARY A. RIZZO

SUPERVISÃO DE
EDIÇÃO DE SOM
RICHARD KING

EDIÇÃO DE SOM
RANDLE AKERSON
MARK PAPPAS
JAMES MATHENY
RICHARD BURTON
NOAH BLOUGH
DONALD SYLVESTER

1º ASSISTÊNCIA DE EDIÇÃO DE SOM
LINDA YEANEY
SUSAN DEMSKEY-HORIUCHI

2º ASSISTÊNCIA DE EDIÇÃO DE SOM E SET
ANDREW BOCK

EDIÇÃO DE DIÁLOGOS
RANDLE AKERSON

EDIÇÃO DE EFEITOS DE SOM
TIM NIELSON

SUPERVISÃO DE ADR
ROBERT ULRICH

EDIÇÃO
KERRY WILLIAMS

ASSISTENTE DE EDIÇÃO
DANA LEBLANC

SONOPLASTIA
GARY HECKER
MATT DETTMANN

EDIÇÃO
MARK PAPPAS

MIXAGEM
RICHARD DUARTE

DOLBY DIGITAL
SURROUND-EX/DTS/SDDS

132 MINUTES
11.879 PÉS
MPAA
37327

CRÉDITOS COMPILADOS
POR MARKKU SALMI.
UNIDADE DE FILMOGRAFIA DA BFI

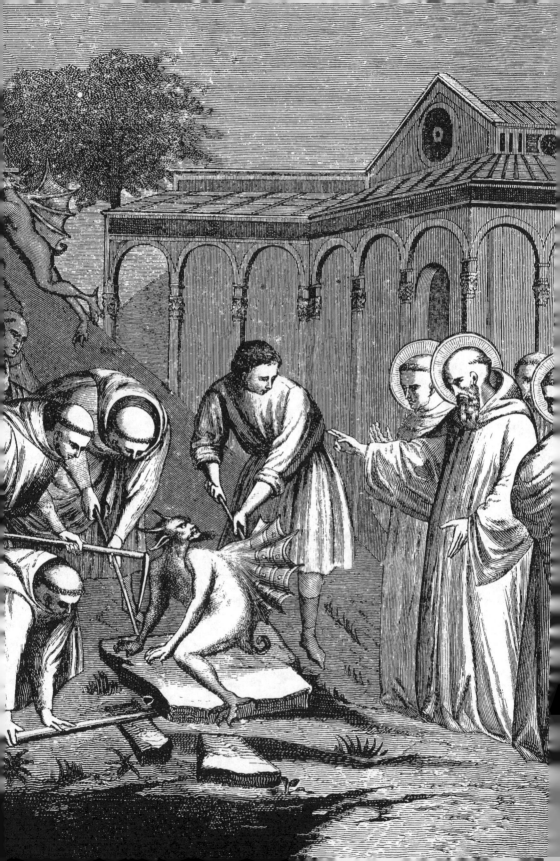

A quem recorrer em caso de

Possessão Demoníaca

por **Renan Santos**

No caso de surgir a necessidade de exorcizar demônios, talvez não seja fácil nem rápido localizar um sacerdote com o conhecimento técnico e a experiência concreta. Uma possibilidade a ser explorada é solicitar de forma direta a intervenção de algum dos diversos santos e santas conhecidos pela capacidade de realizarem o serviço. A seguir, alguns dos mais eficazes:

Santa Agripina

Nascida em berço nobre na Roma no século III, Agripina se converteu ainda jovem ao cristianismo. Levada à justiça sob acusação de ser cristã, com bravura declarou sua fé. Foi submetida a diversos suplícios em razão disso, vindo a falecer ou em decorrência dos ferimentos, ou por decapitação. Três mulheres se dispuseram a conduzir seu cadáver até Mineo, na Sicília. Durante o trajeto, o corpo de Agripina emitia um odor doce de santidade, e foi capaz de promover curas e espantar entidades maléficas. O dia de festejá-la em banquete é 23 de junho. Para invocar seu auxílio, acenda velas em seu nome, ou peregrine a seu santuário na Igreja de Santa Agripina em Mineo, na Sicília, ou na Capela de Santa Sicília em Boston, Estados Unidos.

Santa Aldegunda

Nasceu na primeira metade do século VII na região Norte da atual França. Aparentada com a família real merovíngia, desde a infância teve visões de anjos orientando-a a se dedicar às questões espirituais, e a devotar sua vida a Jesus Cristo. Também apareceram em suas visões o Espírito Santo, São Pedro, e uma criança enviada por Maria. O próprio diabo a visitou algumas vezes, no intuito de fazê-la cair em tentação, ridicularizá-la e testá-la em debates teológicos.

O dia de festejá-la em banquete é 30 de janeiro. Para invocar seu auxílio, acenda velas em seu nome, ou peregrine à Igreja de São Pedro e São Paulo em Maubeuge, na França.

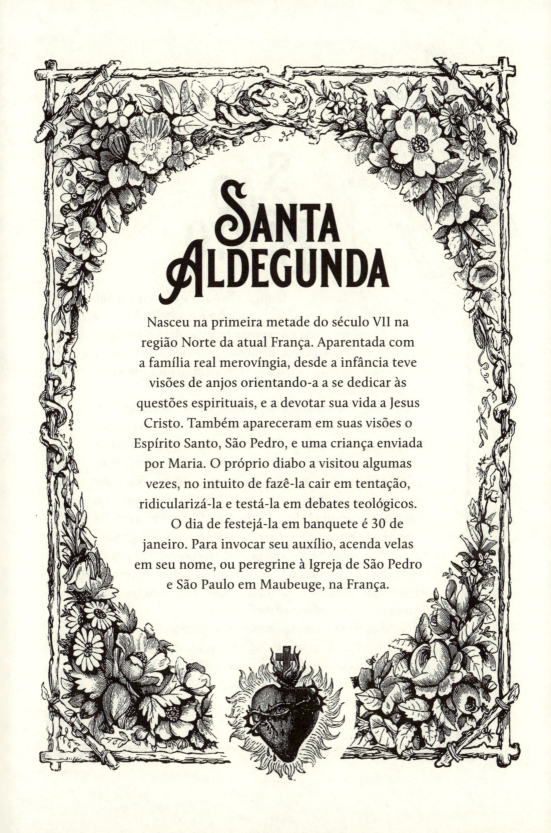

São Bento

Nasceu em família abastada e devota em 480 d.C., em Nórcia, onde hoje é a Itália. Viajou à Roma ainda jovem para empreender seus estudos religiosos; porém, ficou decepcionado com a vida na cidade grande. Decidiu se tornar um eremita e viver em oração em uma caverna.

Os monges de um mosteiro próximo, cientes de sua devoção, o convidaram para liderá-los; porém, acabaram não tolerando o rigor do ascetismo de São Bento. Tentaram envenená-lo, mas o santo orou, e o cálice envenenado caiu e se quebrou. Após abandonar o monastério e retornar à sua caverna, outra tentativa de envenenamento — dessa vez, por um monge invejoso de sua profunda fé — também foi frustrada via oração.

Sua fama em conseguir expulsar até o mais maligno dos demônios é tamanha que sua medalha é considerada um excelente artefato protetor. Dentre as frases expressas nela por siglas, estão "Vade retro, Satanás!" e "O que me ofereces é maligno, beba o veneno tu mesmo!".

O dia de festejá-lo em banquete é 11 de julho. Para invocar seu auxílio, acenda velas, ofereça-lhe doses de conhaque ou do licor francês batizado em seu nome (Bénédictine), ou peregrine à Abadia de Monte Cassino, na Itália, ou à Abadia de São Bento em Saint-Benoît-sur-Loire, na França.

São Dênis

Missionário cristão do século III, foi enviado da Itália para a Gália. Sua eficácia em converter pagãos ao cristianismo causou incômodo entre as autoridades locais, a ponto de uma autoridade romana ter ordenado sua execução. Sobreviveu mesmo após ter sido açoitado. Condenado outra vez à decapitação, após ter a cabeça decepada, o corpo de São Dênis se levantou, juntou-a do chão, e marchou por diversos quilômetros até enfim perecer. É um dos Catorze Santos Auxiliares, conhecido por seu poder em espantar demônios ou espíritos indesejados. O dia de festejá-lo em banquete é 9 de outubro. Para invocar seu auxílio, ofereça-lhe pão ou vinho francês, faça caridade em seu nome, ou peregrine à Basílica de São Denis, em Paris.

San Domenico

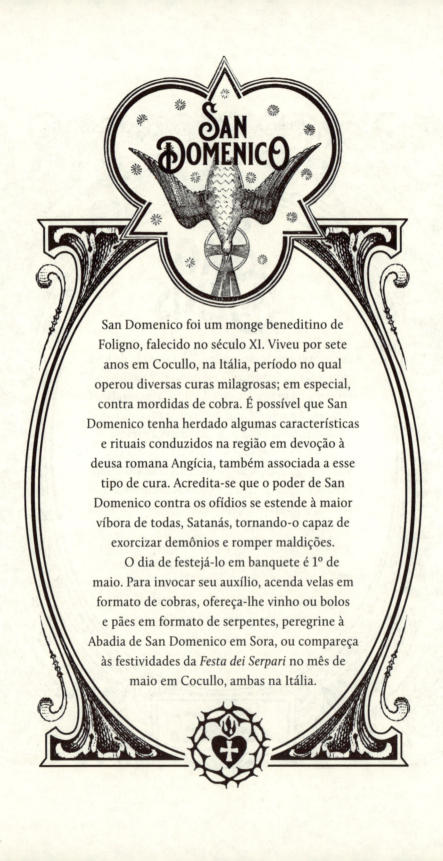

San Domenico foi um monge beneditino de Foligno, falecido no século XI. Viveu por sete anos em Cocullo, na Itália, período no qual operou diversas curas milagrosas; em especial, contra mordidas de cobra. É possível que San Domenico tenha herdado algumas características e rituais conduzidos na região em devoção à deusa romana Angícia, também associada a esse tipo de cura. Acredita-se que o poder de San Domenico contra os ofídios se estende à maior víbora de todas, Satanás, tornando-o capaz de exorcizar demônios e romper maldições.

O dia de festejá-lo em banquete é 1º de maio. Para invocar seu auxílio, acenda velas em formato de cobras, ofereça-lhe vinho ou bolos e pães em formato de serpentes, peregrine à Abadia de San Domenico em Sora, ou compareça às festividades da *Festa dei Serpari* no mês de maio em Cocullo, ambas na Itália.

SANTA DIMPNA

Nascida com a mesma aparência que a de sua mãe devota cristã, Dimpna era filha de um rei celta do século VII. Quando sua mãe faleceu ainda jovem, o rei declarou que só se casaria de novo caso encontrassem outra mulher idêntica a ela. A busca se revelou infrutífera; a única pessoa que satisfazia a condição era sua única filha. Repugnada com a hipótese, Dimpna fugiu para a Bélgica.

Seu pai acabou encontrando-a. Após mais uma vez se recusar a trair sua fé cristã e desposá-lo, foi por ele decapitada. Quando a tumba de Dimpna foi descoberta, milagres ocorreram, curando pessoas de doenças mentais, epilepsia e influências malignas. Imagens antigas de Santa Dimpna a retratam com o diabo acorrentado a seus pés.

O dia de festejá-la em banquete é 15 de maio. Para invocar seu auxílio, acenda velas comuns azuis ou prateadas, ou brancas em formato de crânio; ou peregrine até a Igreja de Santa Dimpna em Geel, na Bélgica.

Santo de Inácio Loyola

Nasceu na última década do século XV, na província basca de Guipúzcoa, ao Norte da Espanha. Recebeu a tonsura quando garoto, porém, dedicou a juventude às artes militares. Aos trinta anos, em batalha contra os franceses, foi atingido com brutalidade por uma bala de canhão nas pernas. Levado ao castelo de Loyola, foi submetido a diversas e dolorosas cirurgias para consertá-las, sem sucesso.

Para superar o tédio enquanto se recuperava, dedicou-se a leituras religiosas sobre Cristo e os santos. Teve diversas visões, incluindo a do próprio diabo, o qual lhe visitava na forma de serpente. Reavivada sua fé, abandonou a espada e adotou um estilo de vida ascético, indo morar em uma caverna à beira do rio Cardoner. Passou dias em jejum e oração. Deu origem à ordem jesuítica ao fundar a Companhia de Jesus.

O dia de festejá-lo em banquete é 31 de julho. Para invocar seu auxílio, coloque uma imagem dele na frente ou atrás da porta de casa, leia e medite a respeito de seus Exercícios Espirituais, ou peregrine até a Igreja do Santo Nome de Jesus em Roma.

São José

Em razão de ser o esposo de Maria e pai adotivo de Jesus Cristo, São José foi abençoado em especial com a graça divina. Apenas um homem de tamanha pureza poderia desempenhar essa dupla função, e é essa extrema sacralidade que torna sua presença e intervenção muito temida e evitada por entidades malignas. Não por acaso, São José é conhecido como o "Terror dos Demônios".

O dia de festejá-lo em banquete é 19 de março. Para invocar seu auxílio, cozinhe uma farta refeição e a oferte aos pobres; ou peregrine ao Oratório de São José em Montreal, no Canadá, ou à Capela Loretto em Santa Fé, nos Estados Unidos.

Santa Margarida de Antioquia

Conhecida no oriente como Santa Marina, a Mártir, Santa Margarida nasceu ao final do século III em Antioquia, atual Turquia. Filha de um pastor pagão, perdeu a mãe ainda jovem. Sua cuidadora era uma mulher cristã, que lhe iniciou na religião. Foi expulsa de casa pelo pai devido à sua nova fé, e passou a viver no campo com sua cuidadora, de quem se tornou filha de criação.

Uma autoridade romana se apaixonou por ela e exigiu-lhe que abandonasse o cristianismo e se casasse com ele; ela recusou as duas propostas. Em resposta, o homem submeteu-a a diversas modalidades de tortura, na expectativa de que assim ela abandonaria a própria fé. Porém, eventos miraculosos a protegeram em todas as ocasiões. As mais extraordinárias foram sobreviver a ser colocada em um caldeirão de óleo fervente (um terremoto ocorreu, rompendo suas correntes, e ela emergiu ilesa), e ter sido engolida viva por Satanás na forma de um dragão ou serpente gigante (sua pureza era tamanha que o repugnou, e teve de cuspi-la, intacta). Acabou morta apenas via decapitação.

Integra o grupo dos Catorze Santos Auxiliares, e é muito eficaz em combater entidades malignas.

O dia de festejá-la em banquete é 13 de julho (no Oriente) ou 20 de julho (no Ocidente). Para invocar seu auxílio, ofereça-lhe velas e incenso, ou peregrine a alguma das mais de 250 igrejas fundadas em seu nome na Inglaterra.

Nascido ao final do século III, na Sicília, converteu-se ainda criança ao cristianismo. Algumas versões de sua lenda afirmam que o garoto tinha apenas 7 anos (outras, apenas 12) quando seu pai descobriu sua nova religião. Submeteu o menino a diversas torturas, e o colocou na prisão. São Vito foi visitado por um anjo, que lhe ajudou a escapar. O garoto então fugiu com o casal de servos cristãos que o haviam convertido, e viveram por um tempo no campo.

São Vito efetuou curas milagrosas, como a de um garoto mordido por cães raivosos. Acabou sendo conduzido à presença de Diocleciano, imperador de Roma, para exorcizar um demônio que se apoderara de seu filho. Após executar bem o serviço, ao invés de ser recompensado, foi acusado de feitiçaria e preso. Submetido a diversas torturas, saiu ileso de todas, até enfim ser resgatado por um anjo.

Integra o grupo dos Catorze Santos Auxiliares, e é muito eficaz em combater entidades malignas.

O dia de festejá-lo em banquete é 15 de junho. Para invocar seu auxílio, faça doações em seu nome para abrigos de animais; dance em sua homenagem, ou peregrine até a Catedral de São Vito em Praga, na República Tcheca.

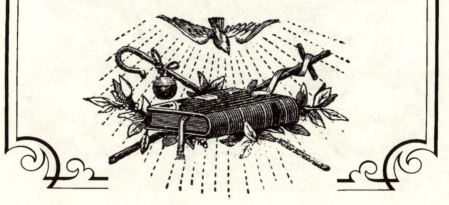

S. P. BENEDICTUS.
welcher durch das H. Creutzes-zeichen und
seinen Seegen alle übel des
Leibs und der Seele vertreibet.

São Bento

Crux Sacra Sit Mihi Lux!
Non Draco Sit Mihi Dux!
Vade Retro Satana!
Nunquam Suade Mihi Vana!
Sunt Mala Quae Libas!
Ipse Venena Bibas!

A Cruz Sagrada seja a minha luz,
não seja o dragão o meu guia.
Retira-te, Satanás!
Nunca me aconselhes coisas vãs.
É mau o que tu me ofereces,
bebe tu mesmo os teus venenos!

Mark Kermode é o principal crítico de cinema do Reino Unido. Nascido em 1963 em Hertfordshire, tem um PhD pela Universidade de Manchester, com uma tese sobre ficção de horror. A carreira como crítico de cinema começou em meados da década de 1980, quando começou a escrever resenhas de filmes para várias publicações britânicas. Conhecido por sua paixão pela Sétima Arte e seu estilo afiado e inimitável, escreveu livros sobre cinema, colaborou em documentários e apresentou diversos programas de rádio e televisão, incluindo o ultrapopular *Kermode and Mayo's Film Review* com Simon Mayo. Kermode também está à frente de podcasts sobre cinema, um programa de trilha sonora de filmes na rádio Scala, além de fazer apresentações mensais ao vivo no BFI (Instituto de Cinema Britânico), *Mark Kermode Live in 3D*. Em 2017, colaborou com o mestre William Friedkin no documentário *O Diabo e o Padre Amorth*. Seu filme favorito é *O Exorcista*.